Teutemacher · Handbuch zur Kassenführung

Online-Version inklusive!

Stellen Sie dieses Buch jetzt in Ihre „digitale Bibliothek" in der NWB Datenbank und nutzen Sie Ihre Vorteile:

▶ Ob am Arbeitsplatz, zu Hause oder unterwegs: Die Online-Version dieses Buches können Sie jederzeit und überall da nutzen, wo Sie Zugang zu einem mit dem Internet verbundenen PC haben.

▶ Die praktischen Recherchefunktionen der NWB Datenbank erleichtern Ihnen die gezielte Suche nach bestimmten Inhalten und Fragestellungen.

▶ Die Anlage Ihrer persönlichen „digitalen Bibliothek" und deren Nutzung in der NWB Datenbank online ist kostenlos. Sie müssen dazu nicht Abonnent der Datenbank sein.

Ihr Freischaltcode: **BCWNRZUUTVJDZOIYRMZOUV**

Teutemacher, Handbuch zur Kassenführung

So einfach geht's:

(1.) Rufen Sie im Internet die Seite **www.nwb.de/go/online-buch** auf.

(2.) Geben Sie Ihren Freischaltcode in Großbuchstaben ein und folgen Sie dem Anmeldedialog.

(3.) Fertig!

Alternativ können Sie auch den Barcode direkt mit der **NWB Mobile** App einscannen und so Ihr Produkt freischalten! Die NWB Mobile App gibt es für iOS, Android und Windows Phone!

Die NWB Datenbank – alle digitalen Inhalte aus unserem Verlagsprogramm in einem System.

www.nwb.de

Handbuch zur Kassenführung

Praxishandbuch für die rechtssichere Umsetzung

Von
Tobias Teutemacher

ISBN 978-3-482-65311-7

© NWB Verlag GmbH & Co. KG, Herne 2015
www.nwb.de

Alle Rechte vorbehalten.

Dieses Buch und alle in ihm enthaltenen Beiträge und Abbildungen sind urheberrechtlich geschützt. Mit Ausnahme der gesetzlich zugelassenen Fälle ist eine Verwertung ohne Einwilligung des Verlages unzulässig.

Satz: Griebsch & Rochol Druck GmbH & Co. KG, Hamm
Druck: medienHaus Plump GmbH, Rheinbreitbach

VORWORT

„Eine ordnungsgemäße Kassenführung, wie sie das Finanzamt verlangt, gibt es nicht." Mit dieser Aussage kommentieren Steuerberater die Mängel in der Kassenführung ihrer Mandanten. Diese Mängel sind zurückzuführen auf vielfache Unkenntnis der gesetzlichen Vorschriften. Auch die durch BMF-Schreiben (wie die 1. und 2. Kassenrichtlinie) geschaffenen Erleichterungen sind vielfach nicht bekannt.

Die Frage, was unter einem Tagesendsummenbon zu verstehen ist, können viele nicht beantworten. Die Standardantwort lautet lapidar, der Z-Bon. Aber welcher von einer EDV-Registrierkasse erstellte Bericht ist damit gemeint? Der Finanz- oder Bedienerbericht? Welche Inhalte müssen zwingend auf einem Tagesendsummenbon stehen, damit dieser den Anforderungen der Finanzverwaltung entspricht?

Welche Dokumentationspflichten bestehen, wenn in der Praxis ein PC-(Kassen-)System eingesetzt wird? Ist es ausreichend, wenn ein Z-Bon aufbewahrt wird oder müssen noch mehr Dokumente und Daten aufbewahrt werden?

Auch die neuen Grundsätze zur ordnungsgemäßen Führung und Aufbewahrung von Büchern, Aufzeichnungen und Unterlagen in elektronischer Form sowie zum Datenzugriff (*GoBD*) haben Konsequenzen auf die Kassenführung. Der Ablauf der täglichen Dokumentation der Geschäftsvorfälle in der Praxis muss sich ändern. Aber wie?

Welche Rechte hat die Betriebsprüfung beim Datenzugriff auf Kassensysteme? Wie sehen die Pflichten des Unternehmers diesbezüglich aus?

Fragen über Fragen im Zusammenhang mit der Kassenführung.

Meine Erfahrungen, die ich während meiner 18-jährigen Tätigkeit in verschiedenen Prüfungsdiensten der Finanzverwaltung sammeln konnte, sind in dieses *„Handbuch zur Kassenführung"* eingeflossen. Dieses gibt in verständlicher Form die Antworten auf die o. g. Fragen. Es richtet sich nicht nur an Steuerberater/innen und Prüfer/innen der Finanzverwaltung, sondern auch an die Unternehmerinnen und Unternehmer in bargeldintensiven Betrieben. Mit vielen Abbildungen werden die wichtigsten gesetzlichen Anforderungen erklärt. Hinzu kommt die *„Checkliste Kassenführung"*, mit der schnell überprüft werden kann, ob die gesetzlichen Anforderungen an eine ordnungsgemäße Kassenführung erfüllt werden.

Münster, im April 2015　　　　　　　　　　　　　　　　　　　　　　　Tobias Teutemacher

INHALTSVERZEICHNIS

Vorwort	V
Inhaltsverzeichnis	VII
Abbildungsverzeichnis	XV
Tabellenverzeichnis	XVII
Abkürzungsverzeichnis	XIX

I.	Einleitung	1
II.	Nutzung des Handbuchs	4
III.	Allgemeine Einführung ins Thema	5
IV.	Buchführungs- und Aufzeichnungspflichten	9
1.	Rechtsgrundlagen zu Buchführungs- und Aufzeichnungspflichten	10
	1.1 Abgeleitete Buchführungspflicht nach § 140 AO	11
	1.2 Buchführungs- und Aufzeichnungspflichten nach Handelsrecht	12
	1.3 Buchführungs- und Aufzeichnungspflichten nach Steuerrecht für bestimmte Unternehmer	13
	1.4 Buchführungs- und Aufzeichnungspflichten nach anderen Steuergesetzen	14
	1.5 Buchführungs- und Aufzeichnungspflichten nach anderen Gesetzen	16
2.	Allgemeine Anforderungen an die Buchführung/Grundsätze ordnungsgemäßer Buchführung im Zusammenhang mit Kassenaufzeichnungen	17
	2.1 Allgemeines	17
	2.2 Verantwortlichkeit	19
	2.3 Grundsatz der Einzelaufzeichnung	20
	2.3.1 Einzelaufzeichnung	20
	2.3.2 Ausnahmeregelung	22
	2.3.3 Einzelaufzeichnungspflicht im Taxigewerbe	23
	2.3.4 Einzelaufzeichnungspflicht im digitalen Zeitalter	25
	2.3.5 Aktuelles zum Thema Einzelaufzeichnungspflicht	26
	2.4 Grundsatz der Nachvollziehbarkeit und Nachprüfbarkeit	26
	2.5 Grundsatz der Wahrheit, Klarheit und fortlaufenden Aufzeichnung	34
	2.5.1 Vollständigkeit (§ 239 Abs. 2 HGB, § 146 Abs. 1 Satz 1 AO)	34
	2.5.2 Wahrheit, Klarheit und Richtigkeit	35
	2.5.3 Zeitgerechte Verbuchung	36

	2.6	Grundsatz der Unveränderbarkeit (§ 239 Abs. 3 HGB, § 146 Abs. 4 AO)	40
	2.7	Grundsatz der Kassensturzfähigkeit	42
	2.8	Wichtige Urteile zu Mängeln in der Kassenführung	45
3.	Aufzeichnungspflichten im Besonderen		45
	3.1	Behandlung von Gutscheinen in der Kasse	45
		3.1.1 Gutscheine	45
		3.1.2 „2-für-1-Gutscheine"	46
	3.2	Kassenführung bei Unternehmen mit mehreren Kassen	47
	3.3	Diebstahl und Unterschlagung	47
	3.4	Trinkgelder	47
	3.5	Retouren und Warenrücknahmen	48
	3.6	Stornobuchungen	48

V. Aufbewahrungspflichten nach Handels- und Steuerrecht — 53

1.	Aufbewahrungspflichten nach Handelsrecht		53
2.	Aufbewahrungspflichten nach Steuerrecht		53
3.	Besondere Aufbewahrungspflichten bei Kassensystemen		55
	3.1	Verzicht auf die Aufbewahrung von Kassenstreifen bei Einsatz elektronischer Registrierkassen (1. Kassenrichtlinie)	55
		3.1.1 Informationen zu einzelnen Bestandteilen des Tagesendsummenbons	60
		3.1.2 Grand Total-Speicher	62
		3.1.3 Trainingsbediener und Trainingsspeicher	63
		3.1.4 Fortlaufende Z-Nummer	63
	3.2	Aufbewahrung digitaler Unterlagen bei Bargeschäften (2. Kassenrichtlinie)	64
		3.2.1 Relevanz für sämtliche Kassenarten	64
		3.2.2 Einzelaufzeichnungspflicht	64
		3.2.3 Aufbewahrung steuerlich relevanter Daten	66
		3.2.4 Dokumentation der Einsatzorte von PC-Kassensystemen	66
		3.2.5 Abgleich der baren und unbaren Geschäftsvorfälle	68
		3.2.6 Einzuhaltende Dokumentationspflichten bei Taxametern	69
		3.2.7 Durchführung von technischen Anpassungen	69
		3.2.8 Schlussbemerkung zur 2. Kassenrichtlinie	70
4.	Die neuen GoBD und ihre Auswirkungen auf die Kassenführung		71
5.	Übersichten		72
6.	Zusammenfassende Übersicht der steuerlichen Aufzeichnungs- und Aufbewahrungsvorschriften		74

VI.	Aufzeichnungspflichten bei der Gewinnermittlung nach § 4 Abs. 3 EStG		75
VII.	Die gesetzliche Vermutung der sachlichen Richtigkeit der Buchführung (§ 158 AO) im Zusammenhang mit der Kassenführung		79
1.	Allgemeines		79
	1.1	Widerlegung der Richtigkeitsvermutung	79
	1.2	Voraussetzungen durch die Grundsätze ordnungsgemäßer Buchführung	80
2.	Akzessorietät zwischen Aufzeichnungs- und Aufbewahrungspflichten		83
VIII.	Geschäftskasse, Kassenbericht, Kassenbuch und PC-Kassenbuch		85
1.	Geschäftskasse		85
2.	Kassenberichte		86
	2.1	Retrograd aufgebaute Kassenberichte	86
	2.2	Progressiv aufgebaute Kassenberichte	89
3.	Auf Tabellenkalkulationsprogrammen basierende Kassenberichte		90
4.	Kassenbuch		91
IX.	Arten von Kassen		95
1.	Offene Ladenkasse		95
	1.1	Funktionsweise	95
	1.2	Aufzeichnungs- und Aufbewahrungspflichten	96
2.	EDV-Registrierkassen		98
	2.1	EDV-Registrierkassen älterer Bauart	100
	2.2	EDV-Registrierkassen neuerer Bauart mit elektronischem Journal	101
	2.3	Wichtige Erläuterungen zu EDV-Registrierkassen	102
		2.3.1 Grundprogrammierung	102
		2.3.2 Schlüsselfunktionen	103
		2.3.3 Abrechnungsebenen	104
		2.3.4 Von der Erfassung bis zur Rechnung	106
	2.4	Aufzeichnungs- und Aufbewahrungspflichten	108
3.	EDV-Registrierkassen neuerer Bauart oder proprietäre Kassensysteme		111
	3.1	Funktionsweise	112
	3.2	Aufzeichnungs- und Aufbewahrungspflichten	112
4.	PC-(Kassen-)Systeme		114
	4.1	Funktionsweise	114
	4.2	Aufzeichnungs- und Aufbewahrungspflichten	115

X. Der Tagesendsummenbon und andere Ausdrucke aus einer EDV-Registrierkasse bzw. einem PC-(Kassen-)System und ihre Bedeutung — 117

1. Tagesendsummenbon — 118
2. Bediener-, Kellner- oder Verkäuferberichte — 120
3. Hauptgruppen-, Warengruppen- und Artikelberichte — 121
4. Stundenumsatz- oder Zeitzonenberichte — 123
5. Kettenberichte — 124

XI. Datenzugriff — 125

1. Rechtliche Grundlagen für den Datenzugriff auf Kassensysteme — 125
2. Hilfsmittel bei Grundsatzfragen im Zusammenhang mit dem Datenzugriff bei Kassen — 130
3. Zugriffsmöglichkeiten — 130
   - 3.1 Unmittelbarer, direkter Datenzugriff — 130
   - 3.2 Mittelbarer Datenzugriff — 131
   - 3.3 Datenträgerüberlassung — 131

XII. Mitwirkungspflichten des Unternehmers (Stpfl.) (§ 200 AO) — 133

1. Unterstützungsleistungen des Unternehmers bei der Ausübung des Datenzugriffs durch die Betriebsprüfung — 133
   - 1.1 Unterstützungsleistungen beim unmittelbaren Datenzugriff — 133
   - 1.2 Unterstützungsleistungen beim mittelbaren Datenzugriff — 134
   - 1.3 Unterstützungsleistungen bei Datenträgerüberlassung — 134
   - 1.4 Verstöße gegen die Mitwirkungspflichten — 135

XIII. Manipulationsmöglichkeiten bei Kassen — 137

1. Nicht registrierte Einnahmen — 145
2. Unterdrückung der Z-Nummer im Tagesendsummenbon — 145
3. Unterdrückung von Storni/Retouren/Warenrücknahmen — 145
4. Manipulationen mit Trainingsbedienern und externen Bedienern — 148
5. Pro-forma-Rechnungen — 150
6. Warengruppen als „durchlaufender Posten" — 151
7. Manipulationen mit mobilen Geräten — 151
8. Manipulationsprogramme („Zapper", „Phantomware" & Co.) — 153
   - 8.1 Zapper — 153
   - 8.2 Phantomware — 154
9. Die Lösung des Manipulationsproblems — 154
10. Der strafrechtliche Aspekt — 157

XIV.	Folgen einer nicht ordnungsgemäßen Kassenführung		159
1.	Schätzungsbefugnis		159
	1.1	Schätzungsbefugnis bei Kassenfehlbeträgen	161
	1.2	Schätzungsbefugnis bei fehlender Kassenbelegführung	161
	1.3	Schätzungsbefugnis wegen fehlendem Z-Zähler auf dem Tagesendsummenbon	161
	1.4	Schätzungsbefugnis bei Erwerb einer Manipulationssoftware	162
	1.5	Schätzungsbefugnis bei Einnahmenüberschussrechnung	162

XV.	Checklisten ordnungsgemäßer Kassenführung		165
1.	Checkliste Kassenführung		165
2.	Checkliste über die aufbewahrungspflichtigen Kassenunterlagen und deren Aufbewahrungsfristen		174

XVI.	Anhang			181
1.	BMF-Schreiben vom 9. 1. 1996 – IV A 8 – S 0310 – 5/95			181
	Verzicht auf die Aufbewahrung von Kassenstreifen bei Einsatz elektronischer Registrierkassen			181
2.	BMF-Schreiben vom 26. 11. 2010 – IV A 4 – S 0316/08/10004-07			182
	Aufbewahrung digitaler Unterlagen bei Bargeschäften			182
3.	BMF-Schreiben vom 14. 11. 2014 – IV A 4 – S 0316/13/10003			184
	Grundsätze zur ordnungsmäßigen Führung und Aufbewahrung von Büchern, Aufzeichnungen und Unterlagen in elektronischer Form sowie zum Datenzugriff (GoBD)			184
	1.	Allgemeines		184
		1.1	Nutzbarmachung außersteuerlicher Buchführungs- und Aufzeichnungspflichten für das Steuerrecht	184
		1.2	Steuerliche Buchführungs- und Aufzeichnungspflichten	184
		1.3	Aufbewahrung von Unterlagen zu Geschäftsvorfällen und von solchen Unterlagen, die zum Verständnis und zur Überprüfung der für die Besteuerung gesetzlich vorgeschriebenen Aufzeichnungen von Bedeutung sind	184
		1.4	Ordnungsvorschriften	185
		1.5	Führung von Büchern und sonst erforderlichen Aufzeichnungen auf Datenträgern	185
		1.6	Beweiskraft von Buchführung und Aufzeichnungen, Darstellung von Beanstandungen durch die Finanzverwaltung	186
		1.7	Aufzeichnungen	186

	1.8	Bücher	186
	1.9	Geschäftsvorfälle	186
	1.10	Grundsätze ordnungsmäßiger Buchführung (GoB)	187
	1.11	Datenverarbeitungssystem; Haupt-, Vor- und Nebensysteme	187
2.		Verantwortlichkeit	187
3.		Allgemeine Anforderungen	188
	3.1	Grundsatz der Nachvollziehbarkeit und Nachprüfbarkeit (§ 145 Absatz 1 AO, § 238 Absatz 1 Satz 2 und Satz 3 HGB)	189
	3.2	Grundsätze der Wahrheit, Klarheit und fortlaufenden Aufzeichnung	189
		3.2.1 Vollständigkeit (§ 146 Absatz 1 AO, § 239 Absatz 2 HGB)	189
		3.2.2 Richtigkeit (§ 146 Absatz 1 AO, § 239 Absatz 2 HGB)	191
		3.2.3 Zeitgerechte Buchungen und Aufzeichnungen (§ 146 Absatz 1 AO, § 239 Absatz 2 HGB)	191
		3.2.4 Ordnung (§ 146 Absatz 1 AO, § 239 Absatz 2 HGB)	192
		3.2.5 Unveränderbarkeit (§ 146 Absatz 4 AO, § 239 Absatz 3 HGB)	193
4.		Belegwesen (Belegfunktion)	194
	4.1	Belegsicherung	195
	4.2	Zuordnung zwischen Beleg und Grund(buch)aufzeichnung oder Buchung	195
	4.3	Erfassungsgerechte Aufbereitung der Buchungsbelege	195
	4.4	Besonderheiten	197
5.		Aufzeichnung der Geschäftsvorfälle in zeitlicher Reihenfolge und in sachlicher Ordnung (Grund(buch)aufzeichnungen, Journal- und Kontenfunktion)	198
	5.1	Erfassung in Grund(buch)aufzeichnungen	198
	5.2	Digitale Grund(buch)aufzeichnungen	199
	5.3	Verbuchung im Journal (Journalfunktion)	199
	5.4	Aufzeichnung der Geschäftsvorfälle in sachlicher Ordnung (Hauptbuch)	201
6.		Internes Kontrollsystem (IKS)	201
7.		Datensicherheit	202
8.		Unveränderbarkeit, Protokollierung von Änderungen	202
9.		Aufbewahrung	203
	9.1	Maschinelle Auswertbarkeit (§ 147 Absatz 2 Nummer 2 AO)	205
	9.2	Elektronische Aufbewahrung	207

	9.3	Elektronische Erfassung von Papierdokumenten (Scanvorgang)	208
	9.4	Auslagerung von Daten aus dem Produktivsystem und Systemwechsel	209
10.		Nachvollziehbarkeit und Nachprüfbarkeit	209
	10.1	Verfahrensdokumentation	210
	10.2	Lesbarmachung von elektronischen Unterlagen	211
11.		Datenzugriff	211
	11.1	Umfang und Ausübung des Rechts auf Datenzugriff nach § 147 Absatz 6 AO	211
	11.2	Umfang der Mitwirkungspflicht nach §§ 147 Absatz 6 und 200 Absatz 1 Satz 2 AO	213
12.		Zertifizierung und Software-Testate	215
13.		Anwendungsregelung	215

Literaturverzeichnis   217
Verzeichnis wichtiger Urteile   219
Stichwortverzeichnis   229

ABBILDUNGSVERZEICHNIS

ABB. 1:	Folgen einer nicht ordnungsgemäßen Kassenführung	2
ABB. 2:	Gründe für die Nutzung von Kassensystemen	5
ABB. 3:	Prüfungsansätze der Betriebsprüfung	6
ABB. 4:	Möglicher Ablauf einer Kassenprüfung	8
ABB. 5:	Gültigkeit der BMF-Schreiben in Bezug auf Kassen	9
ABB. 6:	Übersicht wichtiger Aufzeichnungs- und Aufbewahrungsnormen	10
ABB. 7:	Übersicht Kaufleute i. S. d. HGB	12
ABB. 8:	Übersicht Buchführungspflicht nach Handelsrecht	13
ABB. 9:	Übersicht wichtiger Anforderungen an die Buch- und Kassenführung	19
ABB. 10:	Aufzeichnungspflichten	20
ABB. 11:	Dokumentation der Einzelaufzeichnungen	22
ABB. 12:	Grundsatz der Nachprüfbarkeit	28
ABB. 13:	Progressive und retrograde Prüfbarkeit	29
ABB. 14:	Bewirtungsrechnungen (mit und ohne Zusatz nach § 4 Abs. 5 Nr. 2 Satz 3 EStG)	31
ABB. 15:	Tagesendsummenbon	32
ABB. 16:	Monatsendsummenbon (Z2)	33
ABB. 17:	Auszug aus IDEA-Prüfsoftware bezüglich der Festschreibung	38
ABB. 18:	Auszug aus elektronischem Journal	49
ABB. 19:	Zwei Ausdrucke von Finanzberichten im X-Modus	50
ABB. 20:	Durch Managerstorno manipulierter Tagesendsummenbon	51
ABB. 21	Grundprogrammierung einer Registrierkasse (Auszug)	59
ABB. 22:	Muster eines Tagesendsummenbons (Programmierung beim Stpfl.)	60
ABB. 23:	Muster eines Tagesendsummenbons lt. Werksprogrammierung	61
ABB. 24:	Anwendung des BMF-Schreibens vom 9. 1. 1996 und 26. 11. 2010 bis 31. 12. 2014	72
ABB. 25:	Anwendung des BMF-Schreibens vom 9. 1. 1996 und 26. 11. 2010 ab 1. 1. 2015	73
ABB. 26:	Zusammenfassende Übersicht der steuerlichen Aufzeichnungs- und Aufbewahrungsvorschriften	74
ABB. 27:	Muster eines retrograd aufgebauten Kassenberichts	87
ABB. 28:	Mustereintragungen in einem Kassenbericht	88
ABB. 29:	Muster eines progressiv aufgebauten Kassenberichts	89
ABB. 30:	Mustereintragungen in einem progressiv aufgebauten Kassenbericht	90
ABB. 31:	Muster Excel Kassenbuch	91
ABB. 32:	Musterkassenbuch	92
ABB. 33:	Musterzählprotokoll	97

ABB. 34:	EDV-Registrierkasse älterer Bauart mit Papierjournal	100
ABB. 35:	EDV-Registrierkasse neuerer Bauart mit elektronischem Journal	101
ABB. 36:	Muster eines X-Berichts	105
ABB. 37:	Muster eines Z-Berichts	106
ABB. 38:	Registriervorgang	107
ABB. 39:	Rechnung	107
ABB. 40:	Funktionsweise EDV-Registrierkassen	108
ABB. 41:	Tagesendsummenbon ohne wichtige Informationen	110
ABB. 42:	Anforderungen an ein PC-(Kassen-)System	115
ABB. 43:	Beispiel für einen Finanz-, Finanzarten- oder Transaktionsbericht	119
ABB. 44:	Bedienerbericht Kellner 3 mit Nachstorno	121
ABB. 45:	Aufbau Hauptgruppen, Warengruppen und Artikel	122
ABB. 46:	Stundenumsatzbericht	123
ABB. 47:	Übersicht über die gesetzlichen Grundlagen zum Datenzugriff	129
ABB. 48:	Finanzbericht (= Tagesendsummenbon) als Z-Bericht	140
ABB. 49:	Finanzbericht (= Tagesendsummenbon) als X-Bericht	142
ABB. 50:	Auszug aus der Kassenprogrammierung	143
ABB. 51:	Beispiele für Manipulationen	144
ABB. 52:	Beispiel Nachstorno im Journal erkennbar	146
ABB. 53:	Beispiel Nachstorno im Artikelbericht erkennbar	148
ABB. 54:	Hauptgruppenbericht	149
ABB. 55:	Bedienerbericht	150
ABB. 56:	Programmierung der Warengruppe „Warme Getränke"	151
ABB. 57:	Manipulation mit mobilen Kassengeräten	152
ABB. 58:	Hinweis für den Bediener aus einem Zapperprogramm	154

TABELLENVERZEICHNIS

TAB. 1:	Übersicht über Buchführungs- und Aufzeichnungspflichten nach dem Umsatzsteuergesetz	14
TAB. 2:	Übersicht über Buchführungs- und Aufzeichnungspflichten nach dem Einkommensteuergesetz	15
TAB. 3:	Übersicht über Buchführungs- und Aufzeichnungspflichten nach der Abgabenordnung	15
TAB. 4:	Übersicht über Buchführungs- und Aufzeichnungspflichten außersteuerrechtlicher Vorschriften (hier nur beispielhafte Auflistung)	16
TAB. 5:	Aufzeichnungspflichten im Taxigewerbe mit Fremdpersonal	24
TAB. 6:	Aufzeichnungspflichten im Taxigewerbe bei Alleinfahrern	24
TAB. 7:	Muster für ein Einsatzprotokoll von EDV-Registrierkassen	67
TAB. 8:	Vergleich Inhaltsverzeichnis GoBD mit GoBS und GDPdU	71
TAB. 9:	Unmittelbarer und mittelbarer Gegenbeweis	80
TAB. 10:	Proprietäre Kassensysteme	113
TAB. 11:	Berichtsarten	117

ABKÜRZUNGSVERZEICHNIS

BtMVV	Betäubungsmittel-Verschreibungsverordnung
DAVOS	Datenzugriff auf vorgelagerte Systeme (Wortschöpfung von Betriebsprüfern des Landes Niedersachsen)
GDPdU	Grundsätze zum Datenzugriff und zur Prüfbarkeit digitaler Unterlagen
GoB	Grundsätze ordnungsmäßiger Buchführung
GoBD	Grundsätze zur ordnungsmäßigen Führung und Aufbewahrung von Büchern, Aufzeichnungen und Unterlagen in elektronischer Form sowie zum Datenzugriff
GoBS	Grundsätze ordnungsmäßiger DV-gestützter Buchführungssysteme
GT	Grand Total
GuV	Gewinn- und Verlustrechnung
HGB	deutsches Handelsgesetzbuch
MiLoG	Mindestlohngesetz
PLU	Price-Look-Up = Preis-Nachschlags-Code = Identifikationsnummer für Produkte
POS	Point of Sale
RennwLottG	Rennwett- und Lotteriegesetz
RennwLottGABest	Ausführungsbestimmungen zum Rennwett- und Lotteriegesetz
SchfHwG	Schornsteinfeger-Handwerksgesetz
Stpfl.	Steuerpflichtiger
WWS	Warenwirtschaftssystem

I. Einleitung

Mit diesem Handbuch soll den Unternehmern mit Betrieben, in denen überwiegend Umsätze mit Bargeld erzielt werden (im Weiteren, dem Stpfl.), ihren steuerlichen Beratern, der Betriebsprüfung der Finanzverwaltung, Kassenherstellern, Kassenaufstellern und allen anderen Interessierten ein Überblick über die Formen der Kassenführung gegeben werden. Die Grundsätze ordnungsgemäßer Kassenführung sind wichtiger Bestandteil der Grundsätze ordnungsgemäßer Buchführung und in einer Vielzahl von Fällen der Grund, die sachliche Richtigkeit einer Buchführung anzuzweifeln.

Jeder Steuerberater mit Mandanten, die bargeldintensive Unternehmen betreiben, stellt sich in der Praxis die folgenden Fragen:

► Welche Art der Kassenführung empfehle ich meinem Mandanten?
  − Soll er eine offene Ladenkasse führen?
  − Lohnt sich die Anschaffung einer EDV-Registrierkasse?
  − Wäre ein PC-(Kassen-)System die bessere Lösung?
  − Soll ein App-Kassensystem angeschafft werden, in dem die Daten in einer Datenwolke gespeichert werden?
► Welche gesetzlichen Aufzeichnungs- und Aufbewahrungsregelungen muss der Mandant beachten?
► Was ist ein Tagesendsummenbon?
► Wie muss dieser aussehen?
► Wie kann der Mandant vor Zuschätzungen des Finanzamts im Rahmen von Betriebsprüfungen geschützt werden?
► Welche Risiken bestehen für mich als Steuerberater?
► u.v.m.

Schon an dieser Stelle lässt sich festhalten, dass bei bargeldintensiven Betrieben die Kassenführung einen wichtigen Beratungsschwerpunkt (aus Sicht der Steuerberatung) und einen wesentlichen Prüfungsschwerpunkt der Betriebsprüfung (aus Sicht der Finanzverwaltung) darstellt.

Die Folgen einer nicht ordnungsgemäßen Kassenführung (s. ABB. 1) können für einen Stpfl. existentiell gefährdend sein. Stellt die Betriebsprüfung die Nichtordnungsmäßigkeit der Kassenführung fest, führt dies in der Praxis i.d.R. zu Zuschätzungen, die wiederum Steuernachzahlungen für mehrere Jahre zur Folge haben. Es kommt zu Hinzuschätzungen und daraus resultierenden Steuernachzahlungen, die teilweise die Existenz des Stpfl. und seines Unternehmens bedrohen, denn vielen Stpfl. fehlt in dieser aktuellen Lage das Geld dafür. Aus diesem Grund muss der ordnungsgemäßen Kassenführung sehr viel Aufmerksamkeit gewidmet werden.

I. Einleitung

Betriebsprüfungen bei Betrieben, die überwiegend Bargeschäfte tätigen, führen in 95 % der Fälle[1] zu dem Ergebnis, dass die Kassenführung verworfen wird, weil die vorgelegten Bücher bzw. Aufzeichnungen sowie Daten nicht den Ordnungsvorschriften entsprechen und damit die sachliche Richtigkeit in Zweifel gezogen wird. Anschließend wird mit Hilfe moderner Kalkulationsmethoden[2] der – nach Auffassung der Betriebsprüfung – tatsächlich erzielte Gewinn berechnet. Bei erheblichen Abweichungen gegenüber dem erklärten Gewinn ergibt sich daraus ein weiterer Grund, die sachliche Richtigkeit der gesamten Buchführung anzuzweifeln.

Ggfs. ist bei Verdacht einer Steuerhinterziehung ein entsprechendes Strafverfahren nach § 370 Abs. 1 Nr. 1 AO einzuleiten. Schlimmstenfalls kommt es zum Entzug der Arbeitserlaubnis (s. Widerruf der Approbation bei Apothekern[3]).

Von Seiten der Steuerberater wird meistens nur die Aussage getätigt, dass die Finanzverwaltung „Unerfüllbare Anforderungen an die Kassenführung"[4] stellt. Im guten Glauben vertrauen viele Steuerberater darauf, dass die von den Mandanten vorgelegten Kassenunterlagen den tatsächlichen Gegebenheiten entsprechen, ohne diese näher zu hinterfragen. Dabei wird vergessen, dass die unrichtige Abgabe von Steuererklärungen den Straftatbestand der Steuerhinterziehung auslöst und dass ggfs. auch für den Steuerberater bzw. seinen Angestellten die Gefahr besteht, dass sie sich der Beihilfe zur Steuerhinterziehung strafbar machen.

Denn den Tatbestand der Beihilfe zur Steuerhinterziehung erfüllt derjenige, der geschätzte Umsätze des Haupttäters trotz des bekannten Umstandes, dass ordnungsgemäße Einnahmeaufzeichnungen nicht vorliegen, in die USt-Voranmeldungen und USt-Erklärungen übernimmt und bei einer vorsätzlichen Beihilfe zur Steuerhinterziehung ist die Inanspruchnahme des Gehilfen als Haftungsschuldner möglich.[5]

Gleichzeitig kann es auch dazu kommen, dass Mandanten den Steuerberater in Haftung nehmen, für die Steuerzahlungen, die sich aufgrund einer Betriebsprüfung oder sogar Steuerfahndungsprüfung ergeben.[6] Ein Steuerberater, der von der Steuerunehrlichkeit seines Mandanten weiß, etwa aufgrund dessen fehlerhafter Buchführung (= Kassenführung) oder aufgrund der Nichterklärung eines steuerpflichtigen Umsatzes, handelt als Gehilfe mit Vorsatz, wenn er gleichwohl seinen Mandanten weiterhin unterstützt, indem er in seiner Kanzlei unrichtige Betriebszahlen in Steuerformulare eintragen lässt, diese mit seinem Kanzleistempel versieht und damit den Anschein der Richtigkeit erweckt.[7]

---

1 *Kalischke*, Betriebe bangen vor Steuerprüfern – Beamte verwerfen immer mehr Kassenbuchführungen, Westfälische Nachrichten (WN) vom 15. 3. 2013.
2 *Wähnert*, Der Beweiswert der neuen interaktiven Prüfungstechnik, NWB, BBK 2014 S. 80-391.
3 *VG Ansbach*, Urteil vom 26. 11. 2013, – AN 4 K 13.0121 und 4 K 13.0122, OpenJur 2014 S. 18.
4 Unerfüllbare Anforderungen an die Kassenführung, Jahresveranstaltung des *Arbeitskreises des Steuerberaterverbandes Westfalen-Lippe* und der *Steuerberaterkammer Westfalen-Lippe* „AKFA" vom 13. 3. 2013.
5 *FG Münster*, Urteil vom 20. 9. 2006 – 5 K 4518/02 U, EFG 2007 S. 488-491.
6 *BGH*, Urteil vom 15. 4. 2010 – IX ZR 189/09, DStR 2010 S. 1695.
7 *FG Nürnberg*, Urteil vom 10. 12. 2002 II 536/2000.

I. Einleitung

Die Ordnungsmäßigkeit der Kassenführung sollte somit einen Beratungsschwerpunkt darstellen. Der Steuerberater sollte aktiv seinen Mandanten sensibilisieren.

Auch Kassenhersteller und Kassenaufsteller sollten sich über die Ordnungsmäßigkeit der Kassenführung informieren.

Auf Messen und in Gesprächen wurde mir in den letzten Jahren mehrfach gesagt, dass sich Kassen mit denen Einnahmenveränderungen oder die Verhinderung von Ausdrucken nicht möglich sind, nur schwer verkaufen lassen, aber ihnen ist vielfach nicht bekannt, welche Konsequenzen es hat, wenn dem Kunden geholfen wird, Steuern zu sparen.

Viele verweisen ihre Kunden bezüglich der Kassenführung an die Steuerberater.

In den Fällen, in den von diesen Personen Kassen bzw. Kassensysteme vertrieben werden, die Kassenmanipulationen ermöglichen evtl. sogar Kassenmanipulationssoftware beinhalten, haften auch diese für hinterzogene Steuern der Kunden. Beim Verkauf von Kassenmanipulationssoftware besteht die Beihilfe zur Steuerhinterziehung darin, dass komplette EDV-Registrierkassen und PC-(Kassen-)Systeme verkauft werden, in dem Wissen um die Möglichkeiten, die diese Systeme bieten und dies mit dem Ziel, den Kunden eine Steuerverkürzung zu ermöglichen (s. hierzu FG Rheinland-Pfalz, Urteil vom 7.1.2015[8]).

---

8 *FG Rheinland Pfalz*, Urteil vom 7.1.2015 – 5 V 2068/14.

II. Nutzung des Handbuchs

Das Handbuch ist für die Praxis konzipiert. Die einzelnen Kapitel können unabhängig voneinander gelesen werden.

Nach einer allgemeinen Einführung (Kapitel III.) werden die wichtigsten gesetzlichen Buchführungs- und Aufzeichnungspflichten nach Handels- und Steuerrecht (Kapitel IV.) erläutert.

Es folgen die Vorschriften zu den handels- und steuerrechtlichen Aufbewahrungspflichten (Kapitel V.). Auch auf die Erleichterungen, die durch die 1. und 2. Kassenrichtlinie durch den BMF geschaffen wurden, wird eingegangen.

Die Besonderheiten bei der Gewinnermittlung durch Einnahmenüberschussrechnung werden in Kapitel VI. thematisiert.

Mit der gesetzlichen Vermutung der sachlichen Richtigkeit der Buchführung und Kassenführung beschäftigt sich Kapitel VII.

Wie Kassenbücher und Kassenberichte nach den Grundsätzen ordnungsgemäßer Kassenführung zu führen sind, wird im Kapitel VIII. an Mustervordrucken dargestellt.

Die Arten und Besonderheiten der Kassenführung bei offener Ladenkasse, EDV-Registrierkassen oder PC-(Kassen-)Systemen zeigt Kapitel IX.

Was unter einem Tagesendsummenbon zu verstehen ist und welche vielfältigen Berichte einzelne Kassen dem Stpfl. zur Verfügung stellen, erfährt der Leser des Kapitels X. Auch die Bedeutung der Berichte für die betriebswirtschaftliche Praxis und für die Betriebsprüfung wird in diesem Kapitel erläutert.

Kapitel XI. und XII. beschäftigen sich mit dem Datenzugriff der Finanzverwaltung nach § 147 Abs. 6 AO und den Mitwirkungspflichten des Stpfl. im Zusammenhang mit dem Datenzugriff.

An einigen Praxisbeispielen werden Manipulationsmöglichkeiten an EDV-Registrierkassen und PC-(Kassen-)Systemen im Kapitel XIII. beschrieben.

Das Kapitel XIV. beschäftigt sich mit den Folgen einer nicht ordnungsgemäßen Kassenführung. Welche Schätzungsbefugnis hat die Finanzverwaltung?

In Kapitel XV. befindet sich die Checkliste Kassenführung sowie die Checkliste über die aufbewahrungspflichtigen Unterlagen im Zusammenhang mit der Kassenführung.

III. Allgemeine Einführung ins Thema

In wirtschaftlichen Betrieben mit einem überwiegenden Anteil von Bargeschäften, z. B. Apotheken, Automatenaufsteller, Bäckereien, Bistros, Eisdielen, Friseure, Gastwirtschaften, Supermärkte, Restaurants, Tankstellen etc., findet man heutzutage die unterschiedlichsten Formen der Kassenführung. Von der einfachen offenen Ladenkasse über EDV-Registrierkassen, PC-(Kassen-)Systemen bis hin zu neuartigen App-Kassen.

Auch in anderen Dienstleistungsbereichen, z. B. Taxiunternehmen, Handwerk etc., nehmen DV gestützte Abrechnungssysteme immer mehr an Bedeutung zu. Oftmals sind diese noch verbunden mit anderen Haupt-, Vor- und Nebensystemen, wie z. B. Warenwirtschaftssystemen, die dafür Sorge tragen, dass Verkaufsvorgänge zügig abgewickelt werden und der Unternehmer laufend über seinen Warenbestand informiert wird.

Es gibt viele Arten der Kassenführung. Dies ist ein Ergebnis fehlender gesetzlicher Regelungen. Weder im HGB noch im Steuerrecht finden sich Aussagen darüber. Auch eine Bonierungspflicht gibt es nach hiesigen Gesetzen nicht.

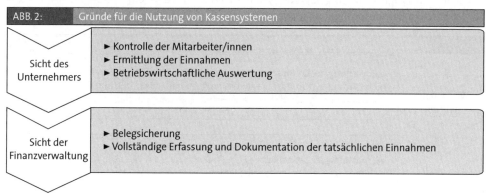

ABB. 2: Gründe für die Nutzung von Kassensystemen

Sicht des Unternehmers
- Kontrolle der Mitarbeiter/innen
- Ermittlung der Einnahmen
- Betriebswirtschaftliche Auswertung

Sicht der Finanzverwaltung
- Belegsicherung
- Vollständige Erfassung und Dokumentation der tatsächlichen Einnahmen

Dem Unternehmer dienen die vorgenannten Formen der Kassenführung nicht nur der zügigen Erfassung der Verkaufsvorgänge inkl. der Tageseinnahmen, die in die Buchführung einfließen, sondern in erster Linie der Kontrolle der Mitarbeiter.

Schon dem Erfinder der Registrierkassen, James Jacob Ritty,[9] diente seine Erfindung der Überwachung des Personals. Er versuchte damit den Diebstahl durch Angestellte zu verringern.

Heutzutage lassen sich z. B. Kaffeeautomaten oder Schankanlagen mit den Kassensystemen verbinden, sodass Angestellte nur dann etwas verkaufen können, wenn sie es vorher auch boniert haben.

Darüber hinaus erhält der Unternehmer durch diverse Möglichkeiten der betriebswirtschaftlichen Auswertung Detailinformationen über Geschäftsvorfälle, einzelne Geschäftsbereiche (Im-Haus-Verkauf, Außer-Haus-Verkauf), Arbeitsabläufe, etc. Diese betriebswirtschaftlichen bzw. statistischen Auswertungen erlauben eine zielorientierte Unternehmensführung. Arbeitsabläufe und Personaleinsatz können mit Hilfe diverser betriebswirtschaftlicher Berichte optimiert

---

9 *James Jacob Ritty*, geboren 29. 10. 1836 in Dayton, Ohio; verstorben: 29. 3. 1918.

III. Allgemeine Einführung ins Thema

werden. Das Waren-, Speisen- und Getränkeangebot kann kundenorientiert verbessert werden. Dies senkt Kosten und erhöht die Gewinne.

Auch lassen sich in vielen Bereichen für den Kunden unkompliziert Rechnungen i. S. d. Umsatzsteuergesetzes (UStG) erstellen, die diese dann wiederum für steuerliche Zwecke, z. B. zur Geltendmachung des Vorsteuerabzugs, nutzen können.

So lassen sich im Bereich der Gastronomie auch Bewirtungsbelege erstellen, die die Kunden zur steuerlichen Anerkennung von Aufwendungen für die Bewirtung von Personen aus geschäftlichem Anlass als Betriebsausgaben (§ 4 Abs. 5 Nr. 2 EStG) benötigen.[10]

Seit Einführung der digitalen Betriebsprüfung mit dem BMF Schreiben zu den Grundsätzen zur Prüfbarkeit digitaler Unterlagen (GDPdU)[11] gehören die Überprüfung der Vollständigkeit der Betriebseinnahmen in Betrieben mit überwiegendem Barverkehr, die Prüfung der in diesen Betrieben eingesetzten EDV-Registrierkassen, PC-(Kassen-)Systemen und anderen vorgelagerten DV-Systemen, die die Grundlagen für die Ermittlung der Einnahmen darstellen sowie der damit verbundene Datenzugriff auf vorgelagerte Systeme (DAVOS[12]), zu einem Prüfungsschwerpunkt[13] der fiskalischen Betriebsprüfung aller Bundesländer.

ABB. 3:	Prüfungsansätze der Betriebsprüfung
Verfahrensprüfung	▸ Einhaltung der Grundsätze ordnungsgemäßer Buchführung ▸ Einhaltung der Grundsätze zur ordnungsgemäßen Führung und Aufbewahrung von Büchern, Aufzeichnungen und Unterlagen (GoBD)
Systemprüfung	▸ Ermittlung der tatsächlichen Einnahmen ▸ Datenzugriff auf vorgelagerte Systeme
Hilfsmittel	▸ Summarische Risikoprüfung (SRP) ▸ Checklisten ▸ Diverse Verprobungsmethoden

Die Prüfungsansätze beschränken sich dabei nicht mehr nur auf die Prüfung von Papierbelegen wie fortlaufend durchnummerierte Tagesendsummenbons, Kassenberichte und Kassenbücher, denn die Prüfungspraxis der letzten Jahre hat gezeigt, dass das, was auf dem Papier gedruckt wird, mit der Realität nicht viel zu tun hat.

---

10 *BMF*-Schreiben vom 21. 11. 1994 – IV B 2 – S 2145 – 165/94, BStBl 1994 I S. 855.
11 *BMF*-Schreiben vom 16. 7. 2001 – IV D 2 – S 0316 – 136/01, BStBl 2001 I S. 415.
12 DAVOS, diese Abkürzung für den **D**atenzugriff **a**uf **vo**rgelagerte **S**ysteme wurde von Betriebsprüfern des Landes Niedersachsen geschaffen.
13 VV NW FinMin 16. 5. 1995 – S 1502-4-V C 5, Tz. 4.1 Rationalisierung der Betriebsprüfung.

III. Allgemeine Einführung ins Thema

Eigene Erfahrungen aus der Steuerfahndung zeigen, dass teilweise nur 1/3 der tatsächlichen Einnahmen erklärt und versteuert werden.[14]

Im Rahmen der modernen Betriebsprüfung[15] werden nunmehr sämtliche zugänglichen Unterlagen und vor allem Daten auf Schlüssigkeit sowie eventuelle Manipulationen hin geprüft.

Gerade der manipulative Einsatz der Kassensysteme stellt die Prüfer nicht nur in Deutschland, sondern weltweit vor Probleme.[16] Näheres dazu im weiteren Verlauf zum Thema „Manipulationsmöglichkeiten bei Kassensystemen" (s. Kapitel XIII.).

Im gesamten Bundesgebiet gibt es mittlerweile eine Vielzahl von Betriebsprüfungsstellen und speziell eingerichteten Stabstellen, die sich mit dem Datenzugriff, Analysieren und Auswerten der Daten auseinandersetzen. Unterstützung erhalten diese noch durch die IT-Fahndungsprüfer mit detaillierten Datenbankkenntnissen der Steuerfahndungsämter (in NRW) bzw. Steuerfahndungsstellen in den Finanzämtern (z. B. in Bayern).

Der Datenzugriff nach § 147 Abs. 6 AO stellt der Betriebsprüfung dabei eine Vielzahl von Massendaten für die Prüfung zur Verfügung. Die moderne Kassenprüfung ist, wie z. B. die Summarische Risikoprüfung,[17] ein Bestandteil neuer Prüfungsmethoden, die ein schnelles Urteil über die Ordnungsmäßigkeit der vorliegenden Buchführung zulassen.[18] Dabei stellt sich immer häufiger das Problem, wie die alt hergebrachten Grundsätze ordnungsgemäßer Buchführung und Aufzeichnungen in die neue Welt der digitalen Dokumentation und Speicherung umzusetzen sind.

Hinsichtlich der Prüfbarkeit der Kassenführung und der damit zusammenhängenden Vorsysteme hat sich in den Betriebsprüfungsstellen der Finanzämter und im Prüfungsverhalten der Prüfer einiges geändert. Wie eine moderne Kassenprüfung im Rahmen einer Betriebsprüfung der Finanzverwaltung aussehen kann zeigt die folgende ABB. 4.

---

14 Es handelt sich hierbei um zwei Fälle aus Dezember 2014 und Januar 2015, in denen die Inhaber von gastronomischen Betrieben ihre Kassen derart manipuliert hatten, dass mehr als 60 % der Einnahmen nicht versteuert wurden.
15 *Harle/Olles*, Die moderne Betriebsprüfung, NWB Verlag 2014.
16 *OECD* (2013), Originaltitel: Electronic Sales Suppression: A Threat to Tax Revenues, Paris.
17 *Wähnert*, Anwendbarkeit, Aussagekraft und Grenzen stochastischer Manipulationstests, Steuerliche Betriebsprüfung 2008 S. 312-318.
18 *Huber/Wähnert*, Neue interaktive Prüfungstechnik, NWB 2009 S. 2814-2818.

III. Allgemeine Einführung ins Thema

ABB. 4: Möglicher Ablauf einer Kassenprüfung

1. ▶ Beurteilung der Kassenführung
   – Wie wird die Kasse genutzt? (= Arbeitsabläufe von der Registrierung bis zur Verbuchung)
   – Wie erfolgt die Dokumentation? (= Aufzeichnung der Einnahmen, Ausgaben etc.)

2. ▶ Prüfung der Kassenprogrammierung
   – Stammdaten-, Bediener-, Warengruppen-, Artikelprogrammierung
   – Dokumentation der Storni

3. ▶ Datenzugriff auf die Kassensysteme
   – Abruf der Einzeldaten
   – Abruf der Berichte

4. ▶ Analyse der Daten

5. ▶ Schlussbericht

IV. Buchführungs- und Aufzeichnungspflichten

Ob ein Unternehmer Aufzeichnungs- und Aufbewahrungspflichten zu erfüllen hat, ergibt sich aus den §§ 238 ff. HGB und §§ 140, 141 AO. Wer nicht nach diesen Vorschriften Bücher und Aufzeichnungen führen muss, kann seinen Gewinn durch Einnahmenüberschussrechnung (§ 4 Abs. 3 EStG) ermitteln.

Die Ausgestaltung der Aufzeichnungs- und Aufbewahrungspflichten, also das „wie" regeln weitere Einzelvorschriften, §§ 145-147 AO, sowie diverse BMF-Schreiben, die teilweise im Zusammenhang mit der Kassenführung bekannt gegeben wurden:

- ▶ Grundsätze ordnungsgemäßer DV-gestützter Buchführungssysteme (GoBS),[19]
- ▶ Grundsätze zum Datenzugriff und zur Prüfbarkeit digitaler Unterlagen (GDPdU),[20]
- ▶ Verzicht auf die Aufbewahrung von Kassenstreifen bei Einsatz elektronischer Registrierkassen[21] (= 1. Kassenrichtlinie, s. auch Kapital XVI.1.),
- ▶ Aufbewahrung digitaler Unterlagen bei Bargeschäften[22] (= 2. Kassenrichtlinie, s. auch Kapitel XVI.2.),
- ▶ Grundsätze zur ordnungsgemäßen Führung und Aufbewahrung von Büchern, Aufzeichnungen und Unterlagen in elektronischer Form sowie zum Datenzugriff (GoBD, s. Kapitel XVI.3.).[23]

Die Anwendbarkeitszeiten der vorgenannten BMF-Schreiben ist der folgenden ABB. 5 zu entnehmen:

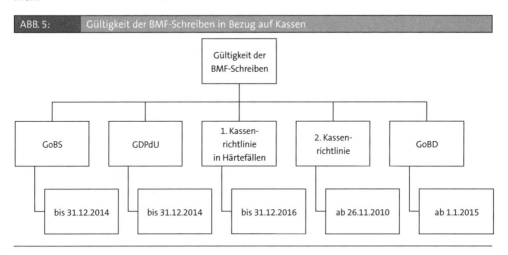

ABB. 5: Gültigkeit der BMF-Schreiben in Bezug auf Kassen

---

19 *BMF*-Schreiben vom 7. 11. 1995 – IV A 8 – S 0316 – 52/95, BStBl 1995 I S. 738.
20 *BMF*-Schreiben vom 16. 7. 2001 – IV D 2 – S 0316 – 136/01, BStBl 2001 I S. 415.
21 *BMF*-Schreiben vom 9. 1. 1996 – IV A 8 – S 0310 – 5/95, BStBl 1996 I S. 34.
22 *BMF*-Schreiben vom 26. 11. 2010 – IV A 4 – 2 0316/08/10004-07, BStBl 2010 I S. 1342.
23 *BMF*-Schreiben vom 14. 11. 2014 – IV A 4 – S 0316/13/10003, BStBl 2014 I S. 1450.

1. Rechtsgrundlagen zu Buchführungs- und Aufzeichnungspflichten

Die folgende ABB. 6 fasst die wichtigsten handels- und steuerrechtlichen Buchführungs- und Aufzeichnungspflichten zusammen:

ABB. 6:	Übersicht wichtiger Aufzeichnungs- und Aufbewahrungsnormen	
Übersicht über wichtige Buchführungs- und Aufzeichnungspflichten		
▶ Aufzeichnungspflichten	▶	§ 140 AO Buchführungs- und Aufzeichnungspflichten nach anderen Gesetzen
	▶	§ 141 AO Buchführungspflicht bestimmter Stpfl.
	▶	§§ 143, 144 AO Aufzeichnung des Wareneingangs und Warenausgangs
	▶	§ 22 UStG Aufzeichnungspflichten
▶ Grundsätze ordnungsgemäßer Buchführung (in Bezug auf die Kassenführung)	▶	§ 145 Abs. 1 Satz 1 AO, § 238 Abs. 1 Satz 2 HGB Ein sachverständiger Dritter muss sich in angemessener Zeit einen **Überblick über die Geschäftsvorfälle** und über die Lage des Unternehmens verschaffen können.
	▶	§ 145 Abs. 1 Satz 2 AO, § 238 Abs. 1 Satz 3 HGB Die Geschäftsvorfälle müssen sich in der Entstehung und Abwicklung verfolgen lassen.
	▶	§ 145 Abs. 2 AO Aufzeichnungen sind so vorzunehmen, dass sie den Zweck, den sie für die Besteuerung erfüllen sollen, erreichen.
	▶	§ 146 Abs. 1 Satz 1 AO, § 239 Abs. 2 HGB Buchungen und Aufzeichnungen müssen vollständig, richtig, zeitgerecht und geordnet vorgenommen werden.
	▶	§ 146 Abs. 1 Satz 2 AO Kasseneinnahmen und Kassenausgaben sollen **täglich** festgehalten werden.
	▶	§ 146 Abs. 4 AO, § 239 Abs. 3 HGB Buchungen oder Aufzeichnungen dürfen nicht in einer Weise verändert werden, dass der ursprüngliche Inhalt nicht mehr feststellbar ist.

		▶ § 146 Abs. 5 AO, § 239 Abs. 4 HGB Führen von Büchern auf Datenträgern
▶ Aufbewahrungspflichten	▶	§ 257 Abs. 1 bis Abs. 4 HGB Einordnung der Unterlagen und Aufbewahrungsfristen
	▶	§ 147 Abs. 1 Nr. 1 bis 5, Abs. 2 u. 3 AO Einordnung der Unterlagen, Aufbewahrungsart und Fristen
	▶	§ 147 Abs. 6 AO Datenzugriffsrecht der Finanzverwaltung

1.1 Abgeleitete Buchführungspflicht nach § 140 AO

> **§ 140 AO:**
> *„Wer nach anderen Gesetzen als den Steuergesetzen Bücher und Aufzeichnungen zu führen hat, die für die Besteuerung von Bedeutung sind, hat die Verpflichtungen, die ihm nach den anderen Gesetzen obliegen, auch für die Besteuerung zu erfüllen."*

Durch diese Vorschrift werden die außersteuerlichen Buchführungs- und Aufzeichnungsvorschriften, die auch für die Besteuerung von Bedeutung sind, für das Steuerrecht nutzbar gemacht.[24] Außersteuerliche Buchführungspflichten ergeben sich insbesondere aus den handelsrechtlichen Vorschriften §§ 238 ff. HGB und aus den dort bezeichneten handelsrechtlichen Grundsätzen ordnungsgemäßer Buchführung.[25] Die neuen GoBD verweisen in stärkerem Maße auf diese außersteuerlichen Aufzeichnungs- und Aufbewahrungspflichten als bisher im vorangegangenen BMF-Schreiben zu den Grundsätzen ordnungsgemäßer DV-gestützter Buchführungssysteme (GoBS) von 1995.

Aus den GoBD lässt sich zwischen den Zeilen erkennen, dass die Finanzverwaltung zukünftig auf alle Bücher und Aufzeichnungen, die als Daten auf einem DV-System und somit auch in EDV-Registrierkassen und PC-(Kassen-)Systemen gespeichert sind, zugreifen möchte. Dies ist jedoch nach dem Wortlaut des § 140 AO nur zulässig, soweit diese Informationen für die Besteuerung von Bedeutung sind.

Da die Begriffe **„Bücher"** und **„Aufzeichnungen"** im Gesetz nicht näher definiert werden, bedarf es einer genaueren Beschreibung. Die genaue Begriffsklärung ist von Bedeutung für die später noch zu erläuternde Pflicht zur Aufbewahrung (§ 257 HGB, § 147 AO). Mit dem neuen BMF-Schreiben zu den *„Grundsätzen ordnungsgemäßer Führung und Aufbewahrung von Büchern, Aufzeichnungen und Unterlagen in elektronischer Form sowie zum Datenzugriff"* (GoBD)[26] werden diese Begriffe näher definiert.

---

24 *AEAO* zu § 140 – Buchführungs- und Aufzeichnungspflichten nach anderen Gesetzen.
25 *BMF* vom 14.11.2014, a.a.O. Rz. 3.
26 *BMF* vom 14.11.2014, a.a.O.

Danach sind unter **Aufzeichnungen** alle dauerhaft verkörperten Erklärungen über Geschäftsvorfälle in Schriftform oder auf Medien mit Schriftersatzfunktion (z. B. auf Datenträgern) zu verstehen. Dazu zählen alle Darstellungen in Worten, Zahlen, Symbolen und Grafiken.[27] Rechtlich kommt es dabei nicht darauf an, **wie** die Aufzeichnungen dokumentiert werden, ob mit einer EDV-Registrierkasse oder einem PC-(Kassen-)System oder einer Buchführungssoftware.

Der Begriff „**Bücher**" umfasst nicht nur die Handelsbücher des Kaufmanns, in denen dieser seine Handelsgeschäfte und die Lage des Vermögens ersichtlich macht (§ 238 Abs. 1 Satz 1 HGB), sondern auch die entsprechenden Aufzeichnungen, die bei Nichtkaufleuten diesen entsprechen.[28]

1.2 Buchführungs- und Aufzeichnungspflichten nach Handelsrecht

Nach § 238 Abs. 1 Satz 1 HGB ist jeder Kaufmann verpflichtet, Bücher zu führen und in diesen seine Handelsgeschäfte und die Lage seines Vermögens nach den Grundsätzen ordnungsgemäßer Buchführung ersichtlich zu machen. Entsprechend dem gesetzlichen Wortlaut sind von der Buchführungspflicht betroffen:

- **Ist-Kaufleute, § 1 HGB**, d. h. Einzelkaufleute, deren Handelsgewerbe einen nach Art und Umfang kaufmännisch eingerichteten Gewerbebetrieb erfordert (siehe auch § 1 Abs. 2 HGB), es sei denn, die Voraussetzungen der §§ 241a, 242 HGB liegen vor.
- **Kaufleute kraft Eintragung, § 2 HGB**, d. h. Kaufleute, deren Gewerbebetrieb nach Art und Umfang einen in kaufmännischer Weise eingerichteten Gewerbebetrieb nicht erfordert, die ihre Firma freiwillig ins Handelsregister eintragen lassen, z. B. Kleingewerbetreibende.
- **Land- und Forstwirte, § 3 HGB**, sofern deren Betrieb nach Art und Umfang einen in kaufmännischer Weise eingerichteten Geschäftsbetrieb erfordert (auch land- und forstwirtschaftlicher Nebenbetrieb, § 3 Abs. 3 HGB) und eine Eintragung im Handelsregister erfolgt ist.
- **Handelsgesellschaften, § 6 HGB**, u. a. OHG (§ 105 HGB), KG (§ 161 HGB), AG (§§ 1, 3 AktG), KGaA (§§ 1, 278 AktG), GmbH (§§ 1, 41 GmbHG) etc.

ABB. 7:	Übersicht Kaufleute i. S. d. HGB	
Kaufleute i. S. d. HGB		
Istkaufmann	Kannkaufmann	Formkaufmann
§ 1 HGB	§§ 2, 3 HGB	§ 6 HGB
Kaufmann kraft Betätigung	Kaufmann kraft Eintragung im Handelsregister	Kaufmann kraft Rechtsform z. B. OHG, KG, GmbH, AG

---

27 *BMF* vom 14.11.2014, a. a. O. Rz. 12.
28 *BMF* vom 14.11.2014, a. a. O. Rz. 15.

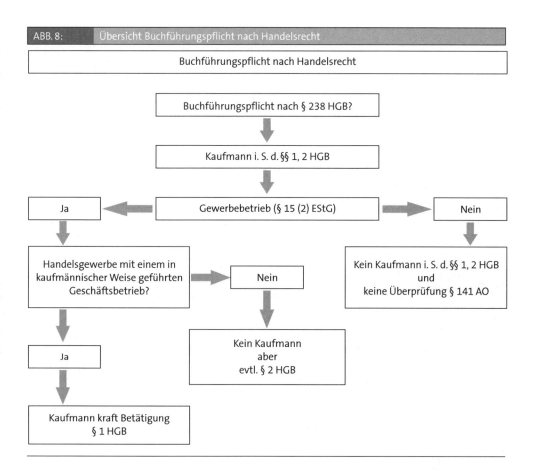

ABB. 8: Übersicht Buchführungspflicht nach Handelsrecht

1.3 Buchführungs- und Aufzeichnungspflichten nach Steuerrecht für bestimmte Unternehmer

Kaufleute sind über § 140 AO i.V. mit §§ 238 ff. HGB verpflichtet, Bücher und Aufzeichnungen zu führen. Darüber hinaus verpflichtet § 141 AO **gewerbliche Unternehmer sowie Land- und Forstwirte** dazu, für ihre einzelnen Betriebe Bücher zu führen, wenn

- die **Umsätze** einschließlich der steuerfreien Umsätze, ausgenommen die Umsätze nach § 4 Abs. 8-10 UStG, **500.000 €** im Kalenderjahr (§ 141 Abs. 1 Nr. 1 AO) überschreiten oder

- die selbstbewirtschafteten land- und forstwirtschaftlichen Flächen einen **Wirtschaftswert** (§ 46 BewG) von mehr als **25.000 €** haben (§ 141 Abs. 1 Nr. 3 AO)

  oder

- der **Gewinn aus Gewerbebetrieb** mehr als **50.000 €** im **Wirtschaftsjahr** beträgt (§ 141 Abs. 1 Nr. 4 AO) oder

- der **Gewinn aus Land- und Forstwirtschaft** mehr als **50.000 €** im **Kalenderjahr** (d. h. zeitanteilige Ermittlung nach § 4a Abs. 2 Nr. 1 EStG) beträgt.

IV. Buchführungs- und Aufzeichnungspflichten

Die Buchführungspflicht tritt mit Überschreiten einer der o. g. Grenzen ein. Die Pflicht Bücher zu führen beginnt jedoch erst mit Beginn des Wirtschaftsjahres, das auf die Bekanntgabe der Mitteilung folgt, durch die die Finanzbehörde auf den Beginn dieser Verpflichtung hingewiesen hat (§ 141 Abs. 2 Satz 1 AO).

Die Buchführungspflicht endet mit Ablauf des Wirtschaftsjahres, das auf das Wirtschaftsjahr folgt, in dem die Finanzbehörde feststellt, dass die Voraussetzungen nicht mehr vorliegen (§ 141 Abs. 2 Satz 2 AO). Einer besonderen Mitteilung bedarf es in diesem Fall nicht.

1.4 Buchführungs- und Aufzeichnungspflichten nach anderen Steuergesetzen

Im Zusammenhang mit einer ordnungsgemäßen Kassenführung sind weitere Aufzeichnungs- und Aufbewahrungspflichten aus verschiedenen Einzelsteuergesetzen zu beachten. Die Übersicht auf den folgenden Seiten gibt einen Überblick (in Auszügen) über die wichtigsten steuerlichen Aufzeichnungspflichten:

TAB. 1:	Übersicht über Buchführungs- und Aufzeichnungspflichten nach dem Umsatzsteuergesetz
Rechtsnorm	Inhalt
Umsatzsteuergesetz	
§ 22 Abs. 1 Nr. 1	Aufzeichnungen über die vereinbarten Entgelte (Betriebseinnahmen) für die vom Unternehmer ausgeführten Lieferungen und sonstigen Leistungen, getrennt nach Steuersätzen, sowie nach steuerpflichtigen und steuerfreien Umsätzen (auch Optionen nach § 9 UStG). Dies gilt entsprechend für die Bemessungsgrundlagen nach § 10 Abs. 4, wenn Lieferungen im Sinne des § 3 Abs. 1b (= Gegenstandsentnahmen), sonstige Leistungen im Sinne des § 3 Abs. 9a sowie des § 10 Abs. 5 ausgeführt werden.
§ 22 Abs. 1 Nr. 2	Aufzeichnungen über die vereinnahmten Entgelte und Teilentgelte für noch nicht ausgeführte Lieferungen und sonstige Leistungen. Es ist darzulegen, wie sich die Entgelte und Teilentgelte auf die steuerpflichtigen Umsätze, getrennt nach Steuersätzen, und auf die steuerfreien Umsätze verteilen. → Anzahlungen oder Vorauszahlungen
§ 22 Abs. 1 Nr. 3	Aufzeichnungen über die Bemessungsgrundlage für Lieferungen und sonstige Leistungen → i. S. d. § 3 Abs. 1b (Entnahme von Gegenständen) → i. S. d. § 3 Abs. 9a Nr. 1 („Entnahme" von sonstigen Leistungen) → i. S. d. § 3 Abs. 1b Nr. 2 (unentgeltliche Zuwendungen von Gegenständen an das Personal; Ausnahme: Aufmerksamkeiten) soweit diese zum Vorsteuerabzug berechtigen.

1. Rechtsgrundlagen zu Buchführungs- und Aufzeichnungspflichten

§ 22 Abs. 1 Nr. 5	Aufzeichnungen über die Entgelte für steuerpflichtige Lieferungen und sonstige Leistungen, die an den Unternehmer für sein Unternehmen ausgeführt worden sind (= Betriebsausgaben), und die vor Ausführung dieser Umsätze gezahlten Entgelte und Teilentgelte, soweit für diese Umsätze nach § 13 Abs. 1 Nr. 1 Buchstabe a Satz 4 die Steuer entsteht, sowie die auf die Entgelte und Teilentgelte entfallenden Steuerbeträge.
Beachte:	Die Aufzeichnungspflichten gelten für **alle Unternehmer!**
	Somit auch für Unternehmer, die nur steuerfreie oder nicht steuerbare Umsätze ausführen.
	Erleichterungen für Kleinunternehmer: s. § 65 UStDV. Auf die besondere Bearbeitung der Aufzeichnungspflichten nach § 22 UStG für die Gewinnermittlung nach § 4 Abs. 3 EStG (Einnahmenüberschussrechnung) wird in Kapitel VI. noch näher eingegangen.

TAB. 2: Übersicht über Buchführungs- und Aufzeichnungspflichten nach dem Einkommensteuergesetz

Rechtsnorm	Inhalt
Einkommensteuergesetz	
§ 4 Abs. 3 Satz 5	Die Wirtschaftsgüter des Anlagevermögens und Wirtschaftsgüter des Umlaufvermögens i. S. d. § 4 Abs. 3. Satz 4 sind in ein laufend zu führendes Verzeichnis aufzunehmen.
§ 4 Abs. 4a Satz 6	Bei der Gewinnermittlung nach § 4 Abs. 3 sind Entnahmen und Einlagen für Zwecke des § 4 Abs. 4a gesondert aufzuzeichnen.
§ 4 Abs. 7	Nicht abziehbare Betriebsausgaben i. S. d. § 4 Abs. 5 Satz 1 Nr. 1-4, 6b und 7 sind einzeln und getrennt von den sonstigen Betriebsausgaben aufzuzeichnen (gilt auch bei der Gewinnermittlung durch Einnahmenüberschussrechnung).[29]

TAB. 3: Übersicht über Buchführungs- und Aufzeichnungspflichten nach der Abgabenordnung

Rechtsnorm	Inhalt
Abgabenordnung	
§ 143	**Gewerbliche Unternehmer** müssen den **Wareneingang** gesondert aufzeichnen. Die Aufzeichnungspflicht gilt für alle Waren: Rohstoffe, unfertige Erzeugnisse, Hilfsstoffe und Zutaten, die der Unternehmer im Rahmen seines Gewerbebetriebs zur Weiterveräußerung oder zum Verbrauch entgeltlich oder unentgeltlich, für eigene (= Entnahmen) oder für fremde Rechnung, erwirbt.

---

[29] *BFH* vom 10. 1. 1974, BStBl 1974 II S. 211; *BFH* vom 22. 1. 1988, BStBl 1988 II S. 535; *BFH* vom 14. 9. 1989 – IV R 122/88, BFH/NW 1990 S. 495.

IV. Buchführungs- und Aufzeichnungspflichten

§ 144	Gewerbliche Unternehmer, die nach der **Art ihres Geschäftsbetriebs Waren** regelmäßig **an andere gewerbliche Unternehmer** zur Weiterveräußerung oder zum Verbrauch als Hilfsstoffe liefern (z. B. Großhändler, Zulieferer), müssen den erkennbar für diese Zwecke bestimmten **Warenausgang** gesondert aufzeichnen.
Beachte:	Bei buchführenden Gewebetreibenden genügt es, wenn sich die geforderten Angaben aus der Buchführung ergeben bzw. die Aufzeichnungspflichten im Rahmen der Buchführung erfüllt werden.

1.5 Buchführungs- und Aufzeichnungspflichten nach anderen Gesetzen

Branchenspezifische Aufzeichnungspflichten sind zugleich steuerrechtliche Pflichten.[30] Im Folgenden eine **beispielhafte** Übersicht von Aufzeichnungspflichten aus anderen Gesetzen (nur Auszüge), die über § 140 AO auch für steuerliche Zwecke gelten:

TAB. 4:	Übersicht über Buchführungs- und Aufzeichnungspflichten außersteuerrechtlicher Vorschriften (hier nur beispielhafte Auflistung)
Rechtsnorm	**Inhalt**
§ 38 Abs. 3 GewO	Die Landesregierungen können durch Rechtsverordnung für die in Abs. 1 genannten Gewerbezweige bestimmen, in welcher Weise die Gewerbetreibenden ihre Bücher zu führen und dabei Daten über einzelne Geschäftsvorgänge, Geschäftspartner, Kunden und betroffene Dritte aufzuzeichnen haben, z. B. für Auskunfteien, Detekteien, § 38 Abs. 1 Nr. 2 GewO.
§ 28f SozGB	Bei der Ausführung eines Dienst- oder Werkvertrags im **Baugewerbe** hat der Unternehmer die Lohnunterlagen und die Beitragsabrechnung **so zu gestalten**, dass eine Zuordnung der Arbeitnehmer, des Arbeitsentgelts und des darauf entfallenden Gesamtsozialversicherungsbeitrags zu dem jeweiligen Dienst- oder Werkvertrag möglich ist, § 28f Abs. 1a SozGB.
§ 19 SchfHwG	Schornsteinfeger müssen **Kehrbücher** führen.
§§ 13-15 BtMVV	**Apotheken**, ärztliche und tierärztliche Hausapotheken, Praxen und Kliniken müssen Eintragungen über Zugänge, Abgänge und Bestände der Betäubungsmittel sowie die Übereinstimmung der Bestände mit den geführten Nachweisen führen.
§ 21 StBerG	Lohnsteuerhilfevereine haben sämtliche Einnahmen und Ausgaben fortlaufend und vollständig aufzuzeichnen. Diese Aufzeichnungen müssen unverzüglich und in deutscher Sprache vorgenommen werden. Für einzelne Mitglieder der Lohnsteuerhilfevereine empfangene Beträge sind vom Vereinsvermögen getrennt zu erfassen und gesondert zu verwalten. Sie müssen zu Beginn ihrer Tätigkeit und am Ende eines jeden Geschäftsjahres aufgrund einer für diesen Zeitpunkt vorgenommenen Bestandsaufnahme ihre Vermögenswerte und Schulden aufzeichnen und in einer Vermögensübersicht zusammenstellen.

---

30 *FG Rheinland-Pfalz* vom 1. 4. 2014 – 5 K 1227/13.

§ 4 RennwLottG §§ 10, 11 Rennw-LottGABest	Der Unternehmer des Totalisators und der Buchmacher haben über die Wette eine Urkunde (Wettschein) auszustellen. Im Durchschreibeverfahren sind zwei gleichlautende Wettscheine auszustellen. Die Wettscheine müssen enthalten a) den Tag der Ausstellung, b) den Namen, Ort und Tag des Rennens, c) den Namen oder die Programmnummer des gewetteten Pferdes oder der Pferde, d) die Art und den Inhalt der Wette, e) den Betrag des Wetteinsatzes, f) den Namen des Buchmachers und der Person, die in seinem Auftrag und für seine Rechnung die Wette abgeschlossen oder vermittelt hat. Der Wettschein ist vom Buchmacher oder dem Gehilfen zu unterschreiben. Darüber hinaus sind Aufstellungen und Abrechnungen mit den Buchmachergehilfen und Geschäftsbücher zu führen. Die Aufbewahrungsfristen belaufen sich auf 3 Jahre.
§§ 13, 17 Mindestlohngesetz (MiLoG)	§ 17 MiLoG hat der Arbeitgeber besondere Aufzeichnungspflichten zu erfüllen, indem er ▶ Beginn, ▶ Ende und ▶ Dauer der täglichen Arbeitszeit für alle Arbeitnehmer aufzeichnen muss. Diese Aufzeichnungen sind mindestens zwei Jahre aufzubewahren.

Welche Folgen der Verstoß gegen außersteuerliche Aufzeichnungs- und Aufbewahrungspflichten mit sich bringt, zeigt ein Urteil des FG Rheinland-Pfalz. Im Urteilsfall wurde dem Finanzamt zugestanden eine Gewinnzuschätzung vorzunehmen, weil ein Fahrlehrer seine Aufzeichnungen, zu denen er nach dem Fahrlehrergesetz verpflichtet war, nicht für das Finanzamt aufbewahrte.[31]

2. Allgemeine Anforderungen an die Buchführung/Grundsätze ordnungsgemäßer Buchführung im Zusammenhang mit Kassenaufzeichnungen

2.1 Allgemeines

§ 238 Abs. 1 Satz 1 HGB schreibt vor, dass jeder Kaufmann verpflichtet ist, Bücher zu führen und in diesen seine Handelsgeschäfte und die Lage seines Vermögens nach den Grundsätzen ordnungsgemäßer Buchführung ersichtlich zu machen. Diese Ordnungsmäßigkeit erfordert, dass

---

31 *FG Rheinland-Pfalz* vom 1.4.2014 – 5 K 1227/13, EFG 2014 S. 1320-1323.

die Buchführung so beschaffen ist, dass jederzeit ein das Verhältnis des Vermögens und der Schulden darstellender Abschluss erstellt werden kann. Diese Forderung, dass dies aufgrund einer ordnungsgemäßen Buchführung möglich sein muss, besagt, dass ein Abschluss allein aufgrund von Bestandsaufnahmen nicht genügt. Vielmehr müssen sich die Geschäftsvorfälle und die Lage des Vermögens aus der Gesamtheit der geschäftlichen Unterlagen ergeben, in denen sich der Ablauf des betrieblichen Geschehens wiederspiegelt. Deshalb müssen für jeden Geschäftsvorfall Unterlagen oder Belege vorhanden sein oder es muss der Geschäftsvorfall selbst durch eine Aufzeichnung mit hinreichender Identifizierbarkeit buchmäßig festgehalten werden.

BEACHTE:
Die Buchungen und die sonst erforderlichen Aufzeichnungen **müssen** durch einen Beleg nachgewiesen werden können.[32]

Des Weiteren ist Voraussetzung, dass die geschäftlichen Unterlagen nicht planlos gesammelt und aufbewahrt werden, denn das würde mit zunehmender Zahl und Verschiedenartigkeit der Geschäftsvorfälle zur Unübersichtlichkeit der Buchführung führen, einen jederzeitigen Abschluss unangemessen erschweren und die Gefahr erhöhen, dass Unterlagen verloren gehen oder später leicht aus der Buchführung entfernt werden können.

Diesem Prinzip der Belegsicherung dienen die **Grundaufzeichnungen** (z. B. Eintragungen in Kassenbücher = Erfassung des Geschäftsvorfalls), die auch die Möglichkeit garantieren, von der späteren Buchung bis zum Beleg zurück den Geschäftsvorfall zu identifizieren. Dies bedeutet, dass die Grundaufzeichnungen fortlaufend, vollständig und richtig geführt werden müssen. Grundaufzeichnungen, die diese Voraussetzungen nicht erfüllen, sind wertlos, machen die Buchführung unglaubwürdig und nehmen ihr die Beweiskraft.[33]

Grundaufzeichnungen sind an kein bestimmtes System gebunden. Somit erfüllen alle Systeme (auch Kassen-, Buchführungssysteme und sonstige Systeme, wie z. B. Warenwirtschaftssysteme) die Voraussetzungen, die die Geschäftsvorfälle fortlaufend, vollständig und richtig so in der Buchführung dokumentieren und festhalten, dass die Grundaufzeichnungsfunktion, nämlich Belegsicherung und Garantie der Unverlierbarkeit des Geschäftsvorfalls, erfüllt werden (Verbuchung = Systematische Übertragung der Grundbuchaufzeichnungen in das Journal bzw. auf die Sachkonten).

Somit ist von besonderer Bedeutung, dass sämtliche Geschäftsvorfälle chronologisch und materiell mit ihrem richtigen und erkennbaren Inhalt festgehalten werden.

Die bisher dargelegten handelsrechtlichen Vorschriften über die Anforderungen einer ordnungsgemäßen Buchführung gelten über § 140 AO auch für das Steuerrecht, wenn sie für die Besteuerung von Bedeutung sind.

Darüber hinaus sind in den §§ 145-147 AO weitere steuerliche Ordnungsvorschriften normiert, die

a) nicht nur bei den Buchführungs- und Aufzeichnungspflichten nach § 140 AO (= abgeleitete Buchführungspflicht) und nach den §§ 141-144 AO (= originäre steuerliche Buchführungspflicht) anzuwenden sind,

---

[32] BMF vom 14.11.2014, a. a. O. Rz. 30.
[33] *BFH* vom 26.3.1968 – IV 63/63, BStBl II 1968 S. 527.

b) auch von den Stpfl. einzuhalten sind, die nach anderen Steuergesetzen verpflichtet sind, Aufzeichnungen zu führen, wie z. B. nach § 4 Abs. 3 Satz 5, Abs. 7 EStG und nach § 22 UStG.[34]

Werden sowohl die handelsrechtlichen (§§ 238 ff HGB) als auch die in den §§ 145-147 AO normierten Aufzeichnungs-, Ordnungs- und Aufbewahrungsvorschriften nicht eingehalten, liegen grundsätzlich nicht ordnungsgemäße Buch- und Kassenführungen vor, die ggf. zu einer Verwerfung der gesamten Buchführung führen können. Als Folge besteht für die Finanzverwaltung eine Schätzungsbefugnis nach § 162 AO (s. auch Kapitel XIV.).

ABB. 9: Übersicht wichtiger Anforderungen an die Buch- und Kassenführung

Rechtsnorm	Grundsatz	Inhalt
▶ § 238 Abs. 1 Satz 2 und 3 HGB und § 145 Abs. 1 AO	▶ Grundsatz der Nachvollziehbarkeit und Nachprüfbarkeit (= Übersichtlichkeit)	▶ Die Buchführung muss so beschaffen sein, dass sie einem sachverständigen Dritten innerhalb angemessener Zeit einen Überblick über die Geschäftsvorfälle und über die Lage des Unternehmens vermitteln kann. ▶ Die Geschäftsvorfälle müssen sich in ihrer Entstehung und Abwicklung verfolgen lassen.
▶ § 239 Abs. 2 HGB und § 146 Abs. 1 AO	▶ Grundsätze der Wahrheit, Klarheit und fortlaufenden Aufzeichnung	▶ Im Einzelnen: Grundsatz der … – Vollständigkeit → vollzählig und lückenlos – Richtigkeit → in Übereinstimmung mit den tatsächlichen Verhältnissen – Zeitgerechtigkeit → zeitnah – Geordnetheit → systematische Erfassung, übersichtliche, eindeutige und nachvollziehbare Buchungen – Unveränderbarkeit → ursprünglicher Inhalt muss feststellbar bleiben

2.2 Verantwortlichkeit

Der Steuerpflichtige (Stpfl.) bzw. die gesetzlichen Vertreter der Unternehmen (z. B. Geschäftsführer und Vorstand bei Kapitalgesellschaften) unterliegen der Verpflichtung, darauf zu achten, dass alle Aufzeichnungs- und Aufbewahrungspflichten, die sich aus den Gesetzen ergeben, eingehalten werden und zwar auch dann, wenn Buchführungs- und Aufzeichnungsaufgaben teil-

---

34 *BFH* vom 24. 6. 2009 – VIII R 80/06, BStBl 2010 II S. 452.

IV. Buchführungs- und Aufzeichnungspflichten

weise oder vollständig auf Dritte (z. B. Steuerberater) übertragen werden.[35] Im Rahmen einer Außenprüfung unterliegen diese Personen einer gesteigerten Sachaufklärungspflicht (s. hierzu auch Kapitel XII. Mitwirkungspflichten des Unternehmers).

Insbesondere bei einer elektronisch bzw. digital unterstützten Kassenführung ist – wie bei einem manuell geführten Kassenbericht bzw. Kassenbuch herkömmlicher Art – darauf zu achten, dass Manipulationen der Kassenaufzeichnungen ausgeschlossen sind und dass das System programmmäßige Sicherungen und Sperren beinhaltet, die schon vom Zeitpunkt der ersten Speicherung an verhindern, dass einmal eingegebene Daten der nachträglichen Änderung preisgegeben werden.[36] Nicht der Kassenhersteller oder der Kassenaufsteller muss dafür Sorge tragen, dass die eingesetzte EDV-Registrierkasse bzw. das eingesetzte PC-(Kassen-)System den Grundsätzen ordnungsgemäßer Buchführung entspricht, sondern der Stpfl. bzw. die gesetzlichen Vertreter. Sollten diese fachlich nicht in der Lage sein, einzuordnen, welche handels- und steuerrechtlichen Vorschriften einzuhalten sind, müssen sie sich die entsprechenden Informationen bei fachkundigen Personen, z. B. ihren steuerlichen Beratern, einholen.

2.3 Grundsatz der Einzelaufzeichnung

ABB. 10: Aufzeichnungspflichten

Was ist aufzuzeichnen?

- Die in Bargeld bestehende Gegenleistung
  → Bareinnahme (=Barzahlungsbetrag)
- Inhalt des Geschäfts
  → Lieferung/sonstige Leistung, Art der Tätigkeit
- Name/Firma des Käufers, Benennung des Kunden
- Name/Firma des Verkäufers

2.3.1 Einzelaufzeichnung

Aktuell ist der Begriff „Einzelaufzeichnung" explizit weder im Handelsrecht noch im Steuerrecht definiert. Aus Sicht der Finanzverwaltung ergibt sich diese Pflicht aber aus den Grundsätzen ordnungsgemäßer Buchführung (GoB).

Die GoB, insbesondere § 238 Abs. 1 Satz 3, § 246 Abs. 1 Satz 1 und Abs. 2 Satz 1 HGB, § 140, § 145 Abs. 1 Satz 2 AO erfordern prinzipiell die Aufzeichnung eines jeden einzelnen Handelsgeschäfts – dazu gehören auch die einzelnen sich im Geschäft abspielenden Kassenvorgänge –, also **jede Betriebseinnahme** und **Betriebsausgabe**, **Einlage** und **Entnahme soweit zumutbar**, mit ausreichender Bezeichnung des Geschäftsvorfalls.[37]

---

[35] *BMF* vom 14. 11. 2014, a. a. O. Rz. 21.
[36] *FG Düsseldorf* vom 20. 3. 2008 – K 4689/06, EFG 2008, S. 1256; *FG Düsseldorf*, Beschluss vom 15. 2. 2007 – 16 V 4691/06.
[37] *BFH* vom 1. 10. 1969 – I R 73/66, BStBl 1970 II S. 45.

Die Geschäftsvorfälle müssen sich in ihrer Entstehung und Entwicklung nachvollziehen lassen, sodass eine Überprüfung ihrer Grundlagen, ihrer Inhalte und ihrer Bedeutung für den Betrieb jederzeit möglich ist.[38]

Dies ist nur zu gewährleisten, wenn der Stpfl. sämtliche Grund-, Einzel- und Ursprungsaufzeichnungen auch aufbewahrt. Zu diesen Aufzeichnungen gehören nicht nur Kassenaufzeichnungen auf Papier, sondern auch Daten aus allen EDV-Registrierkassen, PC-(Kassen-)Systemen und diesen vor- oder nachgelagerten Systemen, wie z. B. Warenwirtschaftssysteme bei Apotheken.

Darüber hinaus müssen diese (Kassen-)Aufzeichnungen vollständig, richtig, zeitgerecht und geordnet vorgenommen werden (§ 146 Abs. 1 Satz 1 AO).

Das bedeutet nicht nur die Aufzeichnung der in Geld bestehenden Gegenleistung, sondern auch des Inhalts des Geschäfts und des Namens oder der Firma und der Anschrift des Vertragspartners (Identität). Dem Grundsatz nach gilt das auch für Bareinnahmen. Der Umstand der sofortigen Bezahlung rechtfertigt keine Ausnahme von diesem Grundsatz.[39] Somit ergibt sich eine Einzelaufzeichnungspflicht immer dann, wenn für den Kunden eine (fortlaufend nummerierte) Rechnung i. S. d. § 14 Abs. 4 UStG erstellt wurde oder der Leistungsempfänger bekannt ist.

Mussangaben nach den Grundsätzen ordnungsgemäßer Buchführung:

▶ Die in Bargeld bestehende Gegenleistung, Bareinnahme (Barzahlungsbetrag);

▶ Inhalt des Geschäfts, d. h.

  – Gegenstand des Kaufvertrags (Lieferung/Sonstige Leistung),

  – Art der Tätigkeit;

▶ Name/Fima des Käufers, Benennung des Kunden,[40]

▶ Name/Firma des Verkäufers.

---

38 *BFH* vom 12. 10. 1966 – IV 472/60, BStBl 1966 III S. 372.
39 *BFH* vom 26. 2. 2004 – XI R 25/02, BStBl 2005 II S. 599.
40 *BMF*-Schreiben vom 5. 4. 2004 – IV D 2 – S 0315 – 9/04, BStBl 2004 I S. 419.

IV. Buchführungs- und Aufzeichnungspflichten

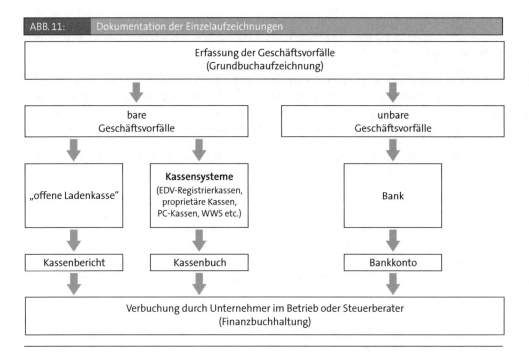

Wird gegen den Grundsatz der Einzelaufzeichnungsverpflichtung verstoßen, hat die Finanzverwaltung das Recht der Schätzung.[41]

Bei den Einzelaufzeichnungspflichten sind branchenspezifische Mindestaufzeichnungspflichten und Zumutbarkeitsgesichtspunkte zu berücksichtigen.

2.3.2 Ausnahmeregelung

Aus Gründen der Zumutbarkeit und Praktikabilität hat der BFH bereits in den sechziger Jahren entschieden, dass bestimmte Berufsgruppen (Verkauf von Waren im Einzelhandel) von der Pflicht zur Einzelaufzeichnung entbunden werden, wenn sie in ihren Betrieben Waren von geringerem Wert an eine unbestimmte Vielzahl nicht bekannter und auch nicht feststellbarer Personen verkaufen.[42]

Dazu gehören u. a.: Einzelhandel mit Lebensmitteln, Tabakwaren, Schreibwaren, Kleinstbetriebe, Kleinpreisgeschäfte, Selbstbedienungsläden, Supermärkte, Verkaufswagen, Automatengeschäfte, Handwerker mit Verkaufsgeschäften, Marktstände, Stehbierhallen, Gaststätten, Restaurant- und Imbissbetriebe etc.

Von der Zumutbarkeit von Einzelaufzeichnungen über die Identität ist jedenfalls bei einer Annahme von Bargeld im Wert von 15.000 € und mehr auszugehen. Dies gilt auch, wenn die Summe aus mehreren Geschäften zusammen 15.000 € übersteigt.[43]

---

41 *BFH* vom 27. 1. 1989 – III B 130/88, BFH/NV 1999 S. 767 und vom 26. 2. 2004 – XI R 25/02, BStBl 2004 II S. 599.
42 BFH vom 12. 5. 1966 – IV 472/60, BStBl 1966 III S. 371.
43 *BMF*-Schreiben vom 5. 4. 2004 – IV D 2 – S 0315 – 9/04, BStBl 2004 I S. 419.

Die **Ausnahmeregelung** findet **keine Anwendung** bei z. B.

▶ Hotel- und Beherbergungsgewerben hinsichtlich der Meldezettel,[44]

▶ Autoreparaturwerkstätten,[45]

▶ Werkverträgen für kundenspezifisch gefertigte Schmuckstücke in Juwelier-, Gold- und Silberschmiedegeschäften,

▶ Restaurants und Gaststätten in Bezug auf Rechnungen über **Bewirtungskosten*** (s. Praxishinweis), Familienfeiern, Betriebsveranstaltungen, Seminarveranstaltungen, Tagungen, bei denen Name und Anschrift des Kunden bekannt sind.

> **PRAXISHINWEIS:**
>
> **Bewirtungskosten**
>
> Nach dem BMF-Schreiben vom 21.11.1994[46] müssen Bewirtungsbelege maschinell erstellt werden. Danach sind *Rechnungen über Bewirtungskosten alle Dokumente, die eine Bewirtungsleistung abrechnen (s. ABB. 14). Daraus ergibt sich, dass jeder „normale" Abschluss-(= Rechnungs-)Bon, der mit Hilfe einer EDV-Registrierkasse, einem proprietären Kassensystem oder von einer PC-Kasse erstellt wird, eine Rechnung darstellt. Damit muss dieser Beleg die Voraussetzungen für eine Rechnung i. S. d. § 14 Abs. 4 UStG erfüllen.*
>
> Bei Rechnungen i. S. d. § 33 UStDV (= Rechnungen über Kleinbeträge) ist es hinsichtlich der erteilten Rechnungen ausreichend, wenn Tagesendsummenbons aufbewahrt werden, die die Gewähr der Vollständigkeit bieten und den Namen des Geschäfts, das Ausstellungsdatum und die Tagesendsumme enthalten. Im Übrigen sind die in den BMF-Schreiben vom 9.1.1996, BStBl I S. 34, und vom 26.11.2010, BStBl I S. 1342, genannten Voraussetzungen zu erfüllen (s. Abschnitt 14b.1. UStAE).
>
> Bei Nutzung von EDV-Registrierkassen bzw. PC-(Kassen-)Systemen, die Einzelaufzeichnungen entsprechend dem BMF-Schreiben vom 26.11.2010[47] dokumentieren, speichern und für eine Außenprüfung im Rahmen des Datenzugriffs bzw. der Datenträgerüberlassung zur Verfügung stellen, muss m. E. kein Papierausdruck mehr erfolgen. Voraussetzung ist aber, dass die Daten gesichert werden und jederzeit reproduzierbar sind.

Einzelaufzeichnungen sind in den vorgenannten Fällen zumutbar, weil der Name des Käufers aus anderen Gründen bekannt ist.

2.3.3 Einzelaufzeichnungspflicht im Taxigewerbe

An dieser Stelle sei noch kurz auf die Besonderheiten der Einzelaufzeichnung im Taxigewerbe hingewiesen.

Im Bereich des **Taxigewerbes** erfüllen die sog. Schichtzettel in Verbindung mit den Angaben, die sich auf dem Kilometerzähler und dem Taxameter des einzelnen Taxis ablesen lassen, die sich aus der Einzelaufzeichnungspflicht ergebenden Mindestanforderungen; damit wird den branchenspezifischen Besonderheiten dieses Gewerbes ausreichend Rechnung getragen:[48]

---

44 *BFH* vom 27.1.1989 – III B 130/88, BFH/NV 1989, S. 767.
45 *BFH* vom 9.10.1958 – IV 119/57, DStZ/B 1958 S. 523.
46 *BMF* vom 21.11.1994 – IV B 2 – S 2145 – 165/94, BStBl I S. 855.
47 *BMF* vom 26.11.2010, a. a. O.
48 *BFH* vom 26.2.2004 – XI R 25/02, BStBl 2004 II S. 599.

IV. Buchführungs- und Aufzeichnungspflichten

TAB. 5: Aufzeichnungspflichten im Taxigewerbe mit Fremdpersonal

Praxishinweis:
Mindesteinzelaufzeichnungen im Taxigewerbe (bei Unternehmen mit Fremdpersonal)
Folgende Angaben muss ein Schichtzettel enthalten:
- Name und Vorname des Fahrers/der Fahrerin
- Schichtdauer (Datum, Schichtbeginn, Schichtende)
- Summe der Total- und Besetztkilometer laut Taxameter
- Anzahl der Touren lt. Taxameter
- Summe der Einnahmen lt. Taxameter
- Kilometerstand lt. Tachometer (bei Schichtbeginn und -ende)
- Einnahmen für Fahrten ohne Nutzung des Taxameters
- Zahlungsart (z. B. bar, EC-Cash, ELV – Elektronisches Lastschriftverfahren, Kreditkarte)
- Summe der Gesamteinnahmen
- Angaben über Lohnabzüge angestellter Fahrer
- Angaben von sonstigen Abzügen (z. B. Verrechnungsfahrten)
- Summe der verbleibenden Resteinnahmen
- Summe der an den Unternehmer abgelieferten Beträge
- Kennzeichen der Taxe

TAB. 6: Aufzeichnungspflichten im Taxigewerbe bei Alleinfahrern

Praxishinweis:
Mindesteinzelaufzeichnungen im Taxigewerbe (bei Unternehmen ohne Fremdpersonal = Alleinfahrer)
Grundsatz:
Keine formale Führung von „Schichtzetteln" erforderlich, aber Einzelaufzeichnungspflicht.
Forderung der Finanzverwaltung in Betriebsprüfungen:
- Einzelaufzeichnungen und Mindestinhalte
  oder
- folgende **Mindestinhalte**
  - Summe der Total- und Besetztkilometer laut Taxameter
  - Anzahl der Touren lt. Taxameter
  - Summe der Einnahmen lt. Taxameter
  - Kilometerstand lt. Tachometer (bei Schichtbeginn und -ende)
  - Einnahme für Fahrten ohne Nutzung des Taxameters
  - Summe der Gesamteinnahmen

2.3.4 Einzelaufzeichnungspflicht im digitalen Zeitalter

Im Zusammenhang mit der Überprüfung des Datenzugriffsrechts der Betriebsprüfung auf Daten von Warenwirtschaftssystemen (WWS) bei **Apotheken** wurde in der Rechtsprechung[49] und in der Literatur[50] darüber diskutiert, ob auch im „Computerzeitalter" die höchstrichterliche Rechtsprechung, dass die in § 238 Abs. 1 HGB und § 145 Abs. 1 AO zum Ausdruck kommenden Grundsätze ordnungsgemäßer Buchführung derartige Einzelaufzeichnungen aus Zumutbarkeits- und Praktikabilitätsgründen regelmäßig nicht verlangen, wenn der Unternehmer gegen Barzahlung Waren von geringerem Wert an eine unbestimmte Vielzahl von Kunden im offenen Ladengeschäft verkauft, weiter Gültigkeit besitzt.

Zur Zumutbarkeit führte der *BFH*[51] in seiner Entscheidung vom 12. 5. 1966 wie folgt aus: *„Es ist technisch, betriebswirtschaftlich und praktisch unmöglich, an die Aufzeichnung der einzelnen zahlreichen baren Kassenvorgänge in Einzelhandelsgeschäften gleiche Anforderungen wie bei anderen Handelsgeschäften zu stellen, nämlich zur Identifizierung und zur Bestimmung des Inhalts des Geschäfts, Namen und Anschrift des Kunden und den Gegenstand des Kaufvertrages festzuhalten."* Auch in aktuelleren Entscheidungen[52] wird auf diese Entscheidung immer noch Bezug genommen.

Insbesondere die Urteile des *FG Hessen*[53] und des *FG Münster*[54] weisen darauf hin, dass die o. g. Ausnahmeregelung weiter Gültigkeit besitzt. Soweit hiernach auf Einzelaufzeichnungen verzichtet werden darf, sind die Tagessummen der Kasseneinnahmen und Ausgaben in Form von Kassenberichten oder mit Hilfe eines Kassenbuchs täglich festzuhalten.[55] Die aus der Tageskasse ausgezählte Summe der Tageseinnahmen- und -ausgaben ist in das in Form aneinandergereihter Kassenberichte geführte Kassenbuch zu übertragen.[56] Die zugehörigen Z-Bons sind als sonstige Unterlagen i. S. d. § 147 Abs. 1 Nr. 4 und Nr. 5 AO aufzubewahren.[57]

Zu beachten ist dabei, dass die Entscheidung des *BFH* aus dem Jahre 1966 zu einer Zeit getroffen wurde, als Aufzeichnungen im Papierformat geführt wurden. Zu dieser Zeit konnte es einem Unternehmer aus Praktikabilitätsgründen auch nicht zugemutet werden, jeden einzelnen Geschäftsvorfall gegen Barzahlung bei Waren von geringem Wert an ihm unbekannte Personen zu dokumentieren. Die Zeiten haben sich jedoch geändert. Der Grundsatz der Einzelaufzeichnung, die Frage nach der Zumutbarkeit und die damit einhergehende Ausnahmeregelung müssen im digitalen Zeitalter, wo u. a. EDV-Registrierkassen und PC-(Kassen-)Systeme bzw. Warenwirtschaftssysteme, die u. a. über Tablet-PCs bzw. auf Handys installierten Apps, eingesetzt werden, neu geregelt werden. In der Praxis haben sich die betrieblichen Prozesse und Abläufe in den

---

49 FG Sachsen Anhalt 1 K 395/12, Revision eingelegt, Az. BFH X R 29/13; *FG Münster* 2 K 4112/12 E, Revision eingelegt, Az. BFH X R 47/13.
50 *Bellinger*, Umfang der Datenzugriffsrechte nach § 147 Abs. 6 AO in Kasseneinzeldaten, StBP 2011 S. 278-283; *Harle/Olles*, Datenzugriff auf Einzelaufzeichnungen im Einzelhandel, StBP 2013 S. 333-337; *Härtl*, Einzelaufzeichnungspflicht und Datenzugriff auf digital aufgezeichnete Geschäftsvorfälle von Bargeschäften, StBP 2014 S. 1-6.
51 *BFH* vom 12. 5. 1966 – IV 472/60, BStBl 1966 III S. 371.
52 U. a. *BFH* vom 7. 2. 2008 – X B 189/07 (nicht amtlich veröffentlicht); BFH vom 7. 2. 2007 – I B 161/05, V B 161/05, V B 162/05, BFH/NV 2007 S. 1208-1209; *FG Sachsen-Anhalt* vom 23. 5. 2013 1 K 396/12, DStRE 2014 S. 230-236.
53 *FG Hessen* 4 K 422/12, EFG 2013 S. 1186-1189.
54 *FG Münster* vom 10. 10. 2013 – 2 K 4112/12/E, EFG 2014 S. 91-96.
55 *BFH* vom 1. 10. 1969 – I R 73/66, BStBl II 1970 S. 45; *BFH* vom 20. 6. 1985 – IV R 41/82, BFH/NV 1985 S. 12.
56 *BFH* vom 7. 7. 1977– IV R 205/72, BStBl II 1978 S. 307; *BFH* vom 21. 2. 1990 – X R 54/87, BFH/NV 1990, S. 683.
57 *FG Bremen* vom 24. 9. 1996 – 2 94 085 K 2, EFG 1997 S. 449; *FG Hamburg*, vom 4. 12. 1990 – II 104/88, EFG 1991 S. 507.

letzten Jahrzehnten erheblich weiterentwickelt. In einer Vielzahl von Betrieben, die überwiegend Bargeschäfte tätigen, werden Systeme eingesetzt, die jeden Geschäftsvorfall dokumentieren, und es werden tatsächlich Einzelaufzeichnungen geführt. In diesen Fällen darf die Zumutbarkeit kein Entscheidungskriterium mehr für die Anwendung der Ausnahmeregelung sein.

Werden elektronische Grund(buch)aufzeichnungen zur Erfüllung der Einzelaufzeichnungspflicht tatsächlich technisch, betriebswirtschaftlich und praktisch geführt, dann sind diese Daten auch aufzubewahren und in maschinell auswertbarer Form vorzulegen. Insoweit stellt sich die Frage der Zumutbarkeit und Praktikabilität nicht.[58] Dies bedeutet, dass in allen Fällen (z. B. Apotheken, Groß- und Einzelhandel, Gastronomie, etc.), in den PC-(Kassen-)Systeme eingesetzt werden, die Geschäftsvorfälle einzeln, vollständig, chronologisch und richtig aufzuzeichnen sind und anschließend auch aufbewahrt werden müssen.

Der BFH führt in seinem Urteil vom 16. 12. 2014[59] dazu aus, dass ein Stpfl. der sich für ein modernes PC-Kassensystem entscheidet, das zum einen sämtliche Kassenvorgänge einzeln und detailliert aufzeichnet (mithin insbesondere die in Geld bestehende Gegenleistung sowie den Inhalt des Geschäfts) und zum anderen auch eine langfristige Aufbewahrung (Speicherung) der getätigten Einzelaufzeichnungen ermöglicht, kommt er gerade damit der ihm obliegenden Verpflichtung zur Aufzeichnung der einzelnen Verkäufe nach. Er kann sich in diesem Fall nicht (mehr) auf die Unzumutbarkeit der Aufzeichnungsverpflichtung berufen. Beim Einsatz von PC-(Kassen-)Systemen stellt sich wie oben dargestellt die Frage der Zumutbarkeit nicht.

2.3.5 Aktuelles zum Thema Einzelaufzeichnungspflicht

Zukünftig soll die Einzelaufzeichnungspflicht explizit in die AO aufgenommen werden. Eine zurzeit (Stand Anfang 2015) beim Bundesfinanzministerium eingerichtete „Arbeitsgruppe Sanktionen" hat folgende Gesetzesänderung beim § 145 AO hinsichtlich der Einzelaufzeichnungspflicht vorgeschlagen. Es soll ein neuer Satz 2 mit folgendem Wortlaut eingefügt werden:

„Die Geschäftsvorfälle müssen einzeln aufgezeichnet werden (Einzelaufzeichnungspflicht) und sich in ihrer Entstehung und Abwicklung verfolgen lassen."

Damit würde eine Einzelaufzeichnungspflicht gesetzlich normiert.

2.4 Grundsatz der Nachvollziehbarkeit und Nachprüfbarkeit[60]

Der Grundsatz der Nachvollziehbarkeit, § 145 Abs. 1 Satz 1 AO (wortgleich mit § 238 Abs. 1 Satz 2 HGB), besagt, dass die Buchführung so beschaffen sein muss, dass sie einem sachverständigen Dritten innerhalb angemessener Zeit einen Überblick über die Geschäftsvorfälle und über die Lage des Unternehmens vermitteln kann.

Darüber hinaus müssen die Buchungen und die sonst erforderlichen Aufzeichnungen durch einen Beleg nachgewiesen werden (Belegprinzip).

Des Weiteren müssen sich die Geschäftsvorfälle in ihrer Entstehung und Abwicklung verfolgen lassen, § 145 Abs. 1 Satz 2 AO.

---

58 *BMF* vom 14. 11. 2014, Rz. 39.
59 *BFH*-Urteil vom 16. 12. 2014 – X R 42/13.
60 *BMF* vom 14. 11. 2014, Tz. 3.1.

2. Allgemeine Anforderungen an die Buchführung/GoB

Bezogen auf die Buchführung im Allgemeinen bedeutet dies, dass nicht nur klare Kontenbezeichnungen geführt werden, sondern dass die gesamte Organisation des Rechnungswesens klar und übersichtlich gegliedert ist. Die Aufzeichnungen sind so vorzunehmen, dass der Zweck, den sie für die Besteuerung erfüllen sollen, erreicht wird.

Da die „*Kassenführung*" wesentlicher Bestandteil der Buchführung ist, gilt der Grundsatz der Nachvollziehbarkeit und Nachprüfbarkeit auch und insbesondere für sämtliche Formen der Kassenführung:

- offene Ladenkasse,
- EDV-Registrierkasse,
- PC-(Kassen-)Systeme.

Eine ordnungsgemäße Buchführung kann dann nicht vorliegen, wenn die Kassenbuchführung bzw. das Kassensystem von einem sachverständigen Dritten nicht innerhalb angemessener Zeit auf seine Ordnungsmäßigkeit hin überprüft werden kann. Die Angemessenheit der Frist, die erforderlich ist, um den notwendigen Überblick zu bekommen, bestimmt sich nach Art und Umfang des Rechenwerks und dem Grad der Sachkunde des Dritten.

Im Zeitalter der modernen, leistungsfähigen PC-(Kassen-)Systeme mit kombinierten Warenwirtschaftssystemen und komplexen Datenbanken, sind die Grundsätze der Übersichtlichkeit und Nachprüfbarkeit nur einzuhalten, wenn einem sachverständigem Dritten aussagekräftige und vollständige Verfahrensdokumentationen zur Verfügung gestellt werden, die es ihm ermöglichen, jeden einzelnen Geschäftsvorfall nachzuvollziehen. Dazu ist es zwingend erforderlich, dass es zu den programmintern ablaufenden „Business Logiken"[61] ausreichende Dokumentationen gibt, die es ermöglichen, von der ursprünglichen Eingabe der Bestellung über die Rechnung für den Kunden bis zum Tagesabschluss und der Dokumentation des Geschäftsvorfalls in den Einnahmen, jeden Schritt nachzuvollziehen. Darüber hinaus muss gewährleistet sein, dass sich die im Laufe der Jahre ergebenden Änderungen, z. B. durch Softwareupdates, zeitlich abgrenzen lassen.

Im Zusammenhang mit EDV-Registrierkassen und PC-(Kassen-) Systemen gehören eine ausführliche **Bedienungsanleitung**, eine **Programmieranleitung** und die **Grundprogrammierung** bzw. Aufzeichnungen über die vom Anwender zusätzlich getroffenen organisatorischen Maßnahmen und Einrichtungen („*Customizing*" bzw. „*Customization*"[62]) zu den wichtigsten aufzubewahrenden **Mindest-Dokumentationsunterlagen**. Gerade das *Customizing* macht die Systeme anfällig für missbräuchliche Nutzungen.

---

61 *Business Logic* = engl. = Anwendungslogik, vom Hersteller programmierte Softwareprozeduren. Bei der *Business Logic* (Anwendungs-/Geschäftslogik) handelt es sich um einen abstrakten Begriff in der Softwaretechnik, der eine Abgrenzung der durch die Aufgabenstellung selbst motivierten Logik eines Softwaresystems von der technischen Implementierung zum Ziel hat. Damit ist die Business Logic nicht natürlich vorgegeben, sondern ein vom Programmierer beeinflusster und definierter Ablauf im Programm.

62 *Customizing* = engl., *to customize* = anpassen.

IV. Buchführungs- und Aufzeichnungspflichten

Die Prüfbarkeit der formellen und sachlichen Richtigkeit im Rahmen von Betriebsprüfungen bezieht sich sowohl auf einzelne Geschäftsvorfälle (= Einzelprüfung) als auch auf die Prüfbarkeit des gesamten Systems. Es werden verstärkt Datenzugriffe auf vorgelagerte Systeme (kurz: DAVOS[63]) vorgenommen. Mithilfe der Verfahrensdokumentation und Testeingaben in das Kassensystem wird die Ordnungsmäßigkeit überprüft.

Der Grundsatz der Nachvollziehbarkeit (s. ABB. 12) des § 145 Abs. 1 Satz 2 HGB (wortgleich mit § 238 Abs. 1 Satz 3 HGB) schreibt vor, dass sich die Geschäftsvorfälle in ihrer Entstehung und Abwicklung verfolgen lassen.

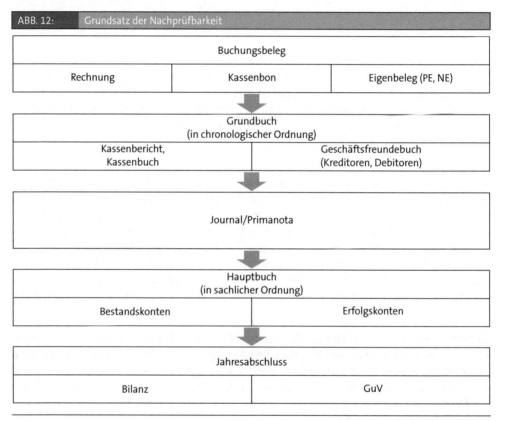

ABB. 12: Grundsatz der Nachprüfbarkeit

Die vorgenannten handels- und steuerrechtlichen Gesetzesvorschriften regeln, dass sich die Geschäftsvorfälle in ihrer Entstehung und Abwicklung lückenlos nachvollziehen lassen. Diese Voraussetzung ist dann gegeben, wenn die progressive und retrograde Prüfbarkeit der Buchführung gegeben ist.

---

[63] Die Kurzform „DAVOS" ist eine Wortschöpfung der niedersächsischen Betriebsprüfung.

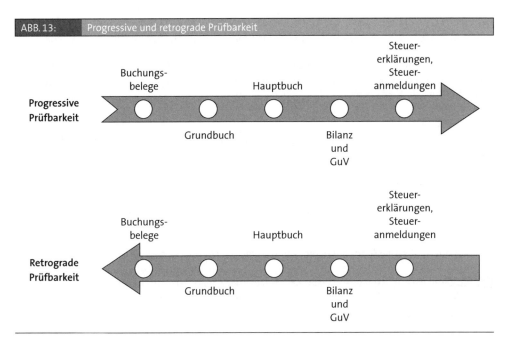

ABB. 13 zeigt, dass bei der **progressiven Prüfung** die Buchführung so beschaffen sein muss, dass ausgehend vom Buchungsbeleg über die Grund(buch)aufzeichnungen und Journale bis zu den Konten (Hauptbuch), danach zur Bilanz mit Gewinn- und Verlustrechnung und schließlich zur Steueranmeldung bzw. Steuererklärung jeder Schritt nachvollziehbar ist.[64]

Die **retrograde Prüfung** beginnt bei den Steuererklärungen bzw. Steueranmeldungen und endet beim Buchungsbeleg.

Beide Prüfungsmethoden müssen für die gesamte Dauer der Aufbewahrungsfristen und in jedem Verfahrensschritt möglich sein. Zahlenverdichtungen sind nur zulässig, wenn sie nicht zu einer ins Gewicht fallenden Beeinträchtigung der Prüfbarkeit der Buchführung führen.

Bei EDV-Registrierkassen und PC-(Kassen-)Systemen erfordert die Nachprüfbarkeit der einzelnen Aufzeichnungen eine aussagekräftige und vollständige Verfahrensdokumentation (u. a. Bedienungs- und Programmieranleitung, Dokumentationen über Datenbankstrukturen, etc.), die zum einen den aktuellen und zum anderen den historischen Systeminhalt für die Dauer der Aufbewahrungsfrist nachweist und den in der Praxis eingesetzten Versionen des DV-Systems entspricht.[65]

Wie im Einzelnen die konkrete Ausgestaltung der Verfahrensdokumentation auszusehen hat, ist abhängig von der Komplexität und Diversifikation der Geschäftstätigkeit und der Organisationstruktur sowie des eingesetzten DV-Systems.[66]

---

64 *BMF* vom 14.11.2014, a.a.O. Rz. 33.
65 *BMF* vom 14.11.2014, a.a.O. Rz. 34.
66 *BMF* vom 14.11.2014, a.a.O. Rz. 151.

Bei einer EDV-Registrierkasse, die keine Einzelaufzeichnungen sichern und aufbewahren kann, müssten u. a. die Bedienungsanleitung und das Programmierhandbuch aufbewahrt werden.

Komplexe Datenbanken (z. B. SQL[67]-Datenbanken) beinhalten eine Vielzahl von Tabellen, Prozeduren etc. Hier müssen detaillierte Unterlagen aufbewahrt werden (z. B. PDF-Dokumente), die es dem sachverständigen Dritten ermöglichen, die einzelnen Geschäftsvorfälle nachzuvollziehen.

Darüber hinaus verlangt das Belegprinzip, dass zu jeder Buchung ein Beleg und zu jedem Beleg eine Buchung gehören.

Es gilt der Grundsatz: **Keine Buchung ohne Beleg!**[68]

Aus diesem Grunde müssen auch bei Barentnahmen aus bzw. Bareinlagen in die Kasse, die in einem Kassenbericht dokumentiert werden, Eigenbelege geschrieben werden.

An folgendem abschließenden Beispiel soll die Nachvollziehbarkeit erläutert werden:

> **BEISPIEL** In einem gastronomischen Betrieb wird eine EDV-Registrierkasse eingesetzt, die die Daten nicht digital einzeln aufzeichnet, sondern nur in so genannten Summenspeichern.
>
> Die Dokumentation sieht wie folgt aus:

---

67 *SQL*, engl. Abkürzung für *Structured Query Language*, es handelt sich dabei um eine Datenbanksprache.
68 *BFH* vom 26. 3. 1968 – IV 63/63, BStBl 1968 II S. 527.

2. Allgemeine Anforderungen an die Buchführung/GoB

ABB. 14: Bewirtungsrechnungen (mit und ohne Zusatz nach § 4 Abs. 5 Nr. 2 Satz 3 EStG)

```
            ZUR STEUEROASE
            FAMILIE SCHWARZGELD
            TEL. 02345-12345

RECHNUNGSNR. 60           31/03/2015   #2178
0001 ALEX

              *RECHNUNG*

SPEISEN:
  6x DIVERSE SPEISEN      15.00       €90.00
GETRÄNKE:
  1x 0,3 TANGO             2.30        €2.30
  1x 0,3 KREFELDER         2.30        €2.30
  1x 0,3 DIEBELS ALT       2.30        €2.30
  1x 0,5 WEIZEN FREE       3.30        €3.30
  1x 0,5 WEIZENBIER        3.30        €3.30
  1x 0,33 MALZBIER         2.20        €2.20
  5x KORN                  1.00        €5.00
  1x 0,2 FANTA             1.80        €1.80
ZWISCH. SUMME                         €112.50
                     INCL. 19%MWST     €17.96
NETTO-A         €94.54

BAR                                  €112.50

            SCHWEIZER LANDSTR. 11
              12345 FINANZLOCH
            ST.NR.: 111/2222/333
```

```
            ZUR STEUEROASE
            FAMILIE SCHWARZGELD
            TEL. 02345-12345

RECHNUNGSNR. 59           31/03/2015   #2176
0001 ALEX

              *RECHNUNG*

SPEISEN:
  1x DIVERSE SPEISEN      15.80       €15.80
  1x DIVERSE SPEISEN      14.30       €14.30
  1x DIVERSE SPEISEN      17.90       €17.90
  1x DIVERSE SPEISEN      21.50       €21.50
GETRÄNKE:
  3x 0,5 WEIZEN FREE       3.30        €9.90
  2x 0,3 BIT ALKOHOLFREI   2.30        €4.60
ZWISCH. SUMME                          €84.00
                     INCL. 19%MWST     €13.41
NETTO-A         €70.59

BAR                                   €84.00

            SCHWEIZER LANDSTR. 11
              12345 FINANZLOCH
            ST.NR.: 111/2222/333
```

Angaben
zum Nachweis der Höhe und der
betrieblichen Veranlassung von
Bewirtungsaufwendungen

Bewirtete Person(en) :
_____
_____
_____
_____

Anlass der Bewirtung:
_____
_____

Höhe der Aufwendungen
                              €112.50
_____
bei Bewirtung im Restaurant

in anderen Fällen
_____

Ort   Datum
                              31/03/2015
_____
Unterschrift

Die Einzelaufzeichnungen lt. ABB. 14 werden in einem elektronischen Journal dokumentiert, welches nicht exportiert werden kann.

Bei Einsatz von EDV-Registrierkassen, die Einzelumsätze nicht dokumentieren können, muss zwingend ein vollständiger Tagesendsummenbon (s. ABB. 15) aufbewahrt werden.

IV. Buchführungs- und Aufzeichnungspflichten

ABB. 15: Tagesendsummenbon

```
                    ZUR STEUEROASE
                   FAMILIE SCHWARZGELD
                     TEL. 02345-12345

    000000 #2180 31/03/2015        23:00    [0001]
    ALEX

                         *Z1*

    ALLGEMEIN Z1                              0275

    WGR/GRUPPEN

    D02                          2 Q        2.04%
    ALK.FREIE GETRÄNKE                      €4.00
    UMS.19%MWST                  2Q         €4.00
    MWSTPF.ZW-SU                 2Q         €4.00
    D03                         10 Q       14.25%
    BIERE                                  €28.00
    UMS.19%MWST                 10Q        €28.00
    D04                          5 Q        2.54%
    SPIRITUOSEN                             €5.00
    UMS.19%MWST                  5Q         €5.00
    D11                         10 Q       81.17%
    DIVERSE SPEISEN                       €159.50
    UMS.19%MWST                 10Q       €159.50
    GRUPPE1                     27 Q      100.00%
                                          €196.50


    (+) WGR GES.                27 Q      100.00%
                                          €196.50

    TRANSAKTION

    NETTO1                                €196.50

    UMS.19%MWST                           €196.50
    INCL.19%MWST                           €31.37
    MWST GESAMT                            €31.37
    NETTO                                 €165.13

    RECHN-ZÄHLER                 2 Q
    KUNDEN                       2 Q

    BESTELLT                              €196.50
    BEZAHLT                               €196.50
    DURCHSCHNITT                           €98.25

    BAR                          2 Q      €196.50

    292E2F3F-552016F5-7BB1ACDF
    BAD8A6CF-8A6B428C

                   SCHWEIZER LANDSTR. 11
                     12345 FINANZLOCH
                  ST.NR.: 111/2222/333
```

Der vorliegende Tagesendsummenbon dokumentiert, dass die Einzelaufzeichnungen aus ABB. 14 erfasst wurden. Die Tageslosung wird dann in ein Kassenbuch oder Kassenbericht übertragen.

Eine weitere Kontrolle der Vollständigkeit der Einnahmen besteht in eventuell ausgedruckten und aufbewahrten Monatsberichten.

ABB. 16: Monatsendsummenbon (Z2)

```
              ZUR  STEUEROASE
              FAMILIE SCHWARZGELD
              TEL. 02345-12345

000000 #2183 31/03/2015         23:00    [0001]
ALEX

              *Z2*

ALLGEMEIN Z1                              0275
ALLGEMEIN Z2                              0024
-----------------------------------------------
WGR/GRUPPEN

DO1                         96 Q       28.42%
SPEISEN                                €801.30
UMS. 19%MWST                94Q        €785.80
UMS. 7%MWST                 2Q          €15.50
DO2                         60 Q        4.13%
ALK. FREIE GETRÄNKE                    €116.36
UMS. 19%MWST                60Q        €116.36
MWSTPF. ZW-SU               60Q        €116.36
DO3                         17 Q        1.63%
BIERE                                   €46.10
UMS. 19%MWST                17Q         €46.10
DO4                        162 Q        8.37%
SPIRITUOSEN                            €236.00
UMS. 19%MWST               162Q        €236.00
DO6                          3 Q        0.16%
WARME GETRÄNKE                           €4.60
UMS. 19%MWST                 3Q          €4.60
D11                         11 Q       41.12%
DIVERSE SPEISEN                       €1159.50
UMS. 19%MWST                11Q       €1159.50
D12                          1 Q       16.17%
DIVERSE GETRÄNKE                       €456.00
UMS. 19%MWST                 1Q        €456.00
D19                          4 Q        0.00%
BEILAGEN                                 €0.00
GRUPPE1                    354 Q      100.00%
                                      €2819.86
-----------------------------------------------
(+) WGR GES.               354 Q      100.00%
                                      €2819.86
-----------------------------------------------
TRANSAKTION

NETTO1                                €2819.86
-----------------------------------------------
UMS. 19%MWST                          €2804.36
INCL. 19%MWST                          €447.75
UMS. 7%MWST                             €15.50
INCL. 7%MWST                             €1.01
MWST GESAMT                            €448.76
NETTO                                 €2371.10
SPEISE AU.HS                            €15.50
-----------------------------------------------
SCHLEMMERB.                  1 Q        -0.04
SOFORTSTORNO                13 Q       €220.80
STORNO                       3 Q       €111.40
MGR-STORNO                   9 Q       €115.00
-----------------------------------------------
RECHN-ZÄHLER                 8 Q
KUNDEN                      64 Q
-----------------------------------------------
BESTELLT                              €2819.86
BEZAHLT                               €2819.86
DURCHSCHNITT                            €44.06
-----------------------------------------------
BAR                         63 Q      €2811.30
EC-CASH                      1 Q         €8.56

E9DFD91E-A30CED36-51DD3629
73A605D6-A5856438
```

IV. Buchführungs- und Aufzeichnungspflichten

Die Eintragungen im Kassenbuch/Kassenbericht werden anschließend verbucht und im Buchführungsjournal dokumentiert. Am Ende des Jahres werden die Sachkonten abgeschlossen und in einer Bilanz sowie Gewinn- und Verlustrechnung zusammengefasst. Der Gewinn bzw. Verlust wird in die Steuererklärung übertragen und stellt die Bemessungsgrundlage für die Besteuerung dar. Der Grundsatz der Nachvollziehbarkeit ist eingehalten, wenn die Betriebsprüfung ausgehend vom Tagesendsummen- und Monatsendsummenbon bis hin zur Steuererklärung jeden Schritt nachvollziehen kann. Auch die umgekehrte Prüfung von der Steuererklärung bis zum Tagesendsummenbon muss möglich sein. Nur dann wird der Grundsatz der Nachvollziehbarkeit erfüllt.

2.5 Grundsatz der Wahrheit, Klarheit und fortlaufenden Aufzeichnung

2.5.1 Vollständigkeit (§ 239 Abs. 2 HGB, § 146 Abs. 1 Satz 1 AO)

Aus dem Grundsatz der Einzelaufzeichnungspflicht (s. Kapitel IV.2.3) ergibt sich das lückenlose Erfassen aller Geschäftsvorfälle, die den Erfolg und das Vermögen des Unternehmens berühren, d. h. keine Vorgänge dürfen ausgelassen werden, aber es dürfen auch keine „fingierten oder manipulierten" Vorgänge (Hinweis auf § 154 AO) hinzugefügt werden. Auch dürfen Geschäftsvorfälle in der Buchführung nicht verrechnet und saldiert (bzgl. Saldierungsverbot s. § 246 HGB) werden oder sogar fehlen, z. B. wenn sie erfolgsneutral sind.

Die GoBD[69] verweisen auf zwei Urteile des BFH aus den 60er Jahren[70] aus denen hervorgeht, dass zu einem vollständig aufgezeichneten Geschäftsvorfall nicht nur die Aufzeichnung der in Geld bestehenden Gegenleistung, sondern auch der Inhalt des Geschäfts und der Name des Vertragspartners gehören und soweit zumutbar mit ausreichender Bezeichnung des Geschäftsvorfalls. Es wird darauf verwiesen, das branchenspezifische Mindestaufzeichnungspflichten (so z. B. im Taxigewerbe, s. Kapitel IV.2.3.3) und Zumutbarkeitsgesichtspunkte zu berücksichtigen sind.

An zwei Beispielen erläutern die GoBD[71] derartige entbehrliche Aufzeichnungen:

BEISPIELE

▶ In einem Einzelhandelsgeschäft kommt zulässigerweise eine PC-Kasse ohne Kundenverwaltung zum Einsatz. Die Namen der Kunden werden bei Bargeschäften nicht erfasst und nicht beigestellt.
– Keine Beanstandung –

▶ Bei einem Taxiunternehmer werden Angaben zum Kunden im Taxameter nicht erfasst und nicht beigestellt.
– Keine Beanstandung –

BEACHTE:

In all den Fällen, wo elektronische/digitale Grund(buch)aufzeichnungen zur Erfüllung der Einzelaufzeichnungspflichten **tatsächlich** technisch, betriebswirtschaftlich und praktisch geführt werden (z. B. in Warenwirtschaftssystemen von Apotheken), sind diese Daten auch aufzubewahren und in maschinell auswertbarer Form im Rahmen von Betriebsprüfungen vorzulegen. Die Frage der Zumutbarkeit und Praktikabilität stellt sich in diesen Fällen nicht.[72]

---

69 *BMF* vom 14.11.2014, a. a. O. Tz. 3.2.1, Rz. 37.
70 *BFH* vom 12.5.1966 – IV 472/60, BStBl 1966 III S. 372 und vom 1.10.1969 – I R 73/66, BStBl 1970 II S. 45.
71 *BMF* vom 14.11.2014, a. a. O., Tz. 3.2.1, Rz. 37.
72 *BMF* vom 14.11.2014, a. a. O. Rz. 39.

Die vollständige und lückenlose Erfassung und Wiedergabe aller Geschäftsvorfälle ist bei EDV-Registrierkassen, PC-(Kassen-)Systemen etc. durch ein Zusammenspiel von technischen (einschl. programmierten) und organisatorischen Kontrollen sicherzustellen, z. B. durch

- Erfassungskontrollen,
- Plausibilitätskontrollen bei Dateneingaben,
- inhaltlichen Plausibilitätskontrollen,
- automatisierten Vergaben von Datensatznummern,
- Lückenanalysen,
- Mehrfachbelegungsanalysen bei Belegnummern.

BEISPIELE

a) Leere Tischbons Teil I

Bei PC-(Kassen-)Systemen entstehen oftmals „leere Tischbons" durch das Öffnen und Schließen eines Tisches, ohne das tatsächliche Artikelbuchungen bzw. Bestellungen erfolgten. Das System vergibt eine Journalnummer ohne Umsatz.
Seitens der Hersteller von Kassensystemen werden diese Tischbons selten im Fiskalsystem oder Journal protokolliert, da kein wirtschaftlicher Umsatz generiert wurde. Derartig entstandene Lücken führen im Rahmen von Betriebsprüfungen stets zu Nachfragen bei durchgeführten Lückenanalysen.

b) Leere Tischbons Teil II

Leere Tischbons können auch durch einen etwas komplexeren Vorgang entstehen, der sich wie folgt beschreiben lässt:
Tisch öffnen – einen Artikel buchen – den gebuchten Artikel per Storno aus dem Bon entfernen – und Tisch schließen. Im Ergebnis wird auch dieser Geschäftsvorfall nicht im Fiskalsystem oder Journal dokumentiert.

Ergebnis:
Nach den Grundsätzen der Nachvollziehbarkeit und Vollständigkeit muss der Sachverhalt b) eindeutig im PC-(Kassen-)System erkennbar sein. Andernfalls liegt ein formeller Mangel vor.

BEACHTE:

„Die Erfassung oder Verarbeitung von tatsächlichen Geschäftsvorfällen darf nicht unterdrückt werden. So ist z. B. eine Bon- oder Rechnungserteilung ohne Registrierung der bar vereinnahmten Beträge (Abbruch des Vorgangs) in einem DV-System (= EDV-Registrierkasse und PC-(Kassen-)System) unzulässig!"[73]

2.5.2 Wahrheit, Klarheit und Richtigkeit

Der Grundsatz der Wahrheit und Klarheit (§ 146 Abs. 1 AO, § 239 Abs. 2 HGB) besagt, dass die Bücher und Aufzeichnungen vollständig, richtig, zeitgerecht und geordnet vorzunehmen sind. Die Buchungen müssen übersichtlich, deutlich und verständlich sein. Sie müssen darüber hinaus formell und materiell richtig sein. Dazu gehört auch eine zutreffende Bewertung. Alle betrieblichen Geschäftsvorfälle müssen in der Buchführung und somit auch in der Kassenführung als solche dargestellt werden, d. h. sie müssen auf den richtigen, „echten" Grundaufzeichnungen beruhen. Jede Buchung muss in Zusammenhang mit einem Beleg stehen.[74] Bare und unbare Geschäftsvorfälle müssen getrennt verbucht werden.[75] Ein Verstoß gegen den Grundsatz der

---

73 *BMF* vom 14. 11. 2014, a. a. O., Rz. 43.
74 *BFH* vom 24. 6. 1997 – VIII R 9/96, BStBl II 1998, S. 51.
75 *BFH* vom 1. 12. 1960 – IV 14/54, BBK Fach 10 S. 69.

Wahrheit und Klarheit liegt dann vor, wenn – z. B. bei einer fehlenden Geschäftskasse – Vorgänge als auch den privaten Bereich betreffend dargestellt werden, indem Bareinnahmen sofort als Entnahmen und Barausgaben sofort als Einlagen gebucht werden.[76]

2.5.3 Zeitgerechte Verbuchung

Der Grundsatz der zeitgerechten Verbuchung betrifft den zeitlichen Zusammenhang zwischen Geschäftsvorfall und Buchung (= Zeitspanne zwischen Eintreten eines buchungspflichtigen Vorgangs und dessen Eintragung ins Grundbuch). Die Grundsätze ordnungsgemäßer Buchführung verlangen grundsätzlich, dass Geschäftsvorfälle laufend gebucht werden (z. B. in einem elektronischen Journal einer EDV-Registrierkasse oder in einer Log-Datei = Datenerfassungsprotokoll in einem PC-(Kassen-)System). Die Geschäftsvorfälle sind demnach zeitnah zu buchen,[77] d. h. sie sind möglichst unmittelbar nach ihrer Entstehung in einer Grundaufzeichnung oder in einem Grundbuch zu erfassen.[78] Sie dürfen nicht für längere Zeit in der Schwebe gehalten werden, damit sie später nicht anders dargestellt[79] oder ganz außer Betracht gelassen werden können.[80] Eine genaue Frist ist weder im HGB noch in den Steuergesetzen festgelegt.

Es widerspricht jedoch dem Wesen der kaufmännischen Buchführung, sich zunächst auf die Sammlung von Belegen zu beschränken und nach Ablauf einer langen Zeit auf Grund dieser Belege die Geschäftsvorfälle in Grundaufzeichnungen oder Grundbüchern einzutragen. Die Funktion der Grundbuchaufzeichnungen kann auf Dauer auch durch eine geordnete und übersichtliche Belegablage erfüllt werden (§ 239 Abs. 4 HGB, § 146 Abs. 5 AO, H 5.2 „Grundbuchaufzeichnungen" EStH).

Im Einzelfall kommt es auf die Verhältnisse im Unternehmen sowie auf den Zweck der jeweiligen Eintragung an. Eine Erfassung von **unbaren** Geschäftsvorfällen innerhalb von zehn Tagen ist unbedenklich.[81] Bei zeitlichen Abständen zwischen der Entstehung eines Geschäftsvorfalls und seiner Erfassung sind daher geeignete Maßnahmen zur Sicherung der Vollständigkeit zu treffen.

Zeitgerechte Verbuchung verlangt – mit Ausnahme von Kassengeschäften – keine tägliche Aufzeichnung. Jeder Geschäftsvorfall ist möglichst unmittelbar zu erfassen, um eine Manipulation auszuschließen.[82]

§ 146 Abs. 1 Satz 2 AO verschärft die allgemeine Verpflichtung zur zeitnahen Verbuchung dadurch, dass Kasseneinnahmen und Kassenausgaben **täglich** festgehalten werden sollen. Denn die zeitgerechte Verbuchung der Geschäftsvorfälle und eine ordnungsgemäße Kassenführung sind bei Betrieben mit einem hohen Anteil an Bareinnahmen entscheidende Grundlagen einer kaufmännischen Buchführung. Damit soll die Belegsicherung und die Garantie der Unverlierbarkeit der Geschäftsvorfälle gewährleistet werden.

---

76 *BFH*-Urteil vom 12. 1. 1968 – IV R 33/67, BStBl II 1968 S. 341.
77 *BFH*-Urteil vom 5. 3. 1965 – VI 154/63, BStBl III 1965, S. 285.
78 *BMF* vom 14. 11. 2014, a. a. O. Tz. 3.2.3, Rz. 46.
79 *BFH* vom 10. 4. 1997 – IV B 90/96, BFH/NV 1992 S. 662.
80 *BFH* vom 11. 9. 1969 – IV R 106/68, BStBl II 1970 S. 307.
81 *BMF* vom 14. 11. 2014, a. a. O. Tz. 3.2.3, Rz. 47.
82 *BFH* vom 11. 3. 1988 – III R 62/87, BFH/NV 1989 S. 22.

Wie der *BFH* in mehreren Urteilen[83] ausgeführt hat, müssen sämtliche Geschäftsvorfälle fortlaufend, vollständig und richtig durch Grundaufzeichnungen so **zeitnah wie möglich** festgehalten werden. Die Pflicht zur Vornahme zeitnaher Verbuchung gilt vor allem für die Kassenbuchführung, deren Ordnungsmäßigkeit eine wesentliche Voraussetzung für die Ordnungsmäßigkeit der (gesamten) Buchführung überhaupt ist. Sie dient der Überprüfung des Istbestandes der Kasse anhand des (kassenbuchmäßigen) Sollbestandes („Kassensturzfähigkeit"). Werden Nebenkassen geführt, gilt dies für diese entsprechend. Eine Ausnahme gilt nur dort, wo die Tageslosung zulässigerweise über einen Kassenbericht ermittelt wird.[84]

Wie diese „Festhaltung" zu erfolgen hat, ob auf Papier (z. B. in einem Kassenbericht) oder digital (z. B. bei einem PC-(Kassen-)System in einer Datenbank) ist nicht normiert.

Nach § 146 Abs. 5 AO können die Bücher und die sonst erforderlichen Aufzeichnungen auch in der geordneten Ablage von Belegen bestehen oder auf Datenträgern geführt werden, soweit diese Formen der Buchführung einschließlich des dabei angewandten Verfahrens den Grundsätzen ordnungsgemäßer Buchführung entsprechen; bei Aufzeichnungen, die allein nach den Steuergesetzen vorzunehmen sind, bestimmt sich die Zulässigkeit der angewandten Verfahren nach dem Zweck, den die Aufzeichnungen für die Besteuerung erfüllen sollen.

Das BMF-Schreiben zu den GoBD weist jedoch darauf hin, dass wenn die Belegsicherung oder die Erfassung von Geschäftsvorfällen unmittelbar nach Eingang oder Entstehung mittels EDV-Registrierkasse oder PC-(Kassen-)System (jeweils mit elektronischen Grund(buch)aufzeichnungen) erfolgt, sich die Frage nach der Zumutbarkeit und Praktikabilität hinsichtlich der zeitgerechten Erfassung und Belegsicherung sowie längeren Fristen nicht stellt. Dienen DV-Systeme (EDV-Registrierkassen, Waagen mit Kassenfunktion, PC-(Kassen-)Systeme, Kasseneinzelaufzeichnungen, Warenwirtschaftssysteme, etc.) der Belegsicherung, ist eine spätere unprotokollierte Änderung nicht mehr zulässig.[85] Um die zeitgerechte Erfassung sicherzustellen, sollen eindeutige Zuordnungs- und Identifizierungsmerkmale erfasst werden, sodass spätere Änderungen offen sichtbar sind.

Gerade bei der Kassenführung mittels elektronischen Kassenbüchern, z. B. von DATEV, Agenda etc., wo eine Festschreibung der Daten optional möglich ist, sollte darauf geachtet werden, dass diese Festschreibungen täglich durchgeführt werden, weil ansonsten der Grundsatz der zeitgerechten Erfassung und der Grundsatz der Unveränderbarkeit nicht erfüllt werden.

PRAXISHINWEIS:

Im Rahmen einer Betriebsprüfung werden die Buchführungsdaten und somit auch die Kassendaten im Wege der Datenträgerüberlassung (Z3, Näheres s. Kapitel XI. 3.3) nach § 147 Abs. 6 AO übergeben. Dort wird in der Spalte Festschreibdatum dokumentiert, wann die tatsächliche Festschreibung erfolgt ist (s. ABB. 17)

---

[83] *BFH*-Urteile vom 12. 1. 1968 – VI R 33/67, BFH 91, S. 361; BStBl 1968 II S. 341 vom 1. 10. 1969 – I R 73/66; BFH 97 S. 21; BStBl 1970 II S. 45.
[84] *BFH*-Urteil vom 12. 5. 1966 – IV 472/60, BStBl 1966 III S. 371.
[85] *BMF* vom 14. 11. 2014, a. a. O. Tz. 3.2.3 Rz. 52.

IV. Buchführungs- und Aufzeichnungspflichten

ABB. 17: Auszug aus IDEA-Prüfsoftware bezüglich der Festschreibung

SALDO_ABS	UST_SATZ	UST_BETRAG	JOURNAL_NR	BUJA	VAZ	UST_ID	BU_DAT	FESTSCHREIBEDATUM
697,00	0,00	0,00	01-2011/0001-18	2011	201101		01.01.2011	31.10.2013
864,00	19,00	164,16	12-2011/0001-75	2011	201112		31.12.2011	31.10.2013
353,00	0,00	0,00	12-2011/0003-11	2011	201112		31.12.2011	31.10.2013
318,49	19,00	60,51	02-2011/0002-61	2011	201102		28.02.2011	31.10.2013
318,49	0,00	0,00	12-2011/JA01-1	2011	201112		31.12.2011	31.10.2013
712,00	0,00	0,00	01-2011/0001-19	2011	201101		01.01.2011	31.10.2013
332,00	0,00	0,00	12-2011/0003-12	2011	201112		31.12.2011	31.10.2013
3.075,46	0,00	0,00	01-2011/0001-16	2011	201101		01.01.2011	31.10.2013
18.307,05	0,00	0,00	01-2011/0001-17	2011	201101		01.01.2011	31.10.2013
7.555,00	0,00	0,00	01-2011/0001-24	2011	201101		01.01.2011	31.10.2013
7.844,00	0,00	0,00	12-2011/0003-25	2011	201112		31.12.2011	31.10.2013
3.510,00	0,00	0,00	12-2011/0003-41	2011	201112		31.12.2011	31.10.2013
1.608,20	0,00	0,00	01-2011/0001-23	2011	201101		01.01.2011	31.10.2013
726,80	0,00	0,00	12-2011/0003-18	2011	201112		31.12.2011	31.10.2013
2.335,00	0,00	0,00	12-2011/0003-26	2011	201112		31.12.2011	31.10.2013
2.255,00	0,00	0,00	01-2011/0001-25	2011	201101		01.01.2011	31.10.2013
1.500,00	0,00	0,00	01-2011/0001-26	2011	201101		01.01.2011	31.10.2013
16.987,20	0,00	0,00	01-2011/0001-2	2011	201101		01.01.2011	31.10.2013
692,50	0,00	0,00	01-2011/0002-2	2011	201101		31.01.2011	31.10.2013
14.679,70	0,00	0,00	01-2011/0002-4	2011	201101		31.01.2011	31.10.2013
195,70	0,00	0,00	01-2011/0002-3	2011	201101		31.01.2011	31.10.2013
448,30	0,00	0,00	01-2011/0002-5	2011	201101		31.01.2011	31.10.2013
3.179,90	0,00	0,00	01-2011/0002-6	2011	201101		31.01.2011	31.10.2013
589,60	0,00	0,00	01-2011/0002-7	2011	201101		31.01.2011	31.10.2013
3.199,40	0,00	0,00	01-2011/0002-8	2011	201101		31.01.2011	31.10.2013
3.961,50	0,00	0,00	01-2011/0002-9	2011	201101		31.01.2011	31.10.2013
11.574,40	0,00	0,00	01-2011/0002-11	2011	201101		31.01.2011	31.10.2013

Von besonderer Bedeutung bei der Führung von Büchern und Aufzeichnungen auf digitalen Datenträgern (z. B. Festplatten, SD-Karten etc.) ist, dass während der Dauer der gesetzlichen Aufbewahrungsfristen die Daten jederzeit verfügbar und unverzüglich, für eine entsprechende digitale Auswertung durch die Finanzverwaltung, lesbar gemacht werden können.

Maßgebend ist dabei, dass der Sollbestand lt. Kassenbuch mit dem durch Inventur ermittelten Istbestand jederzeit übereinstimmt und überprüft werden kann[86] (Näheres s. Kassensturzfähigkeit, Kapitel IV.2.7).

Hinsichtlich der Bargeschäfte gilt eine **tägliche Dokumentationspflicht (§ 146 Abs. 1 Satz 2 AO)** und für andere Geschäftsvorfälle eine Verbuchung innerhalb von längstens einem Monat,[87] sofern die Buchungsunterlagen organisatorisch gegen Verlust geschützt sind.[88] Eine ungeordnete Belegablage und spätere Verbuchung entspricht nicht den Grundsätzen ordnungsgemäßer Kassenführung.

Werden Kasseneinnahmen und Kassenausgaben nicht täglich festgehalten, Kasseneinlagen und Kassenentnahmen nur mit geschätzten Beträgen ohne Beleg nicht zeitgerecht verbucht, hat eine Schätzung der Besteuerungsgrundlagen zu erfolgen.[89]

Eine Kassenbuchführung, bei der die Bareinnahmen und Barausgaben erst am nächsten Geschäftstag aufgezeichnet werden, ist noch ordnungsgemäß, wenn zwingende geschäftliche Gründe (z. B. bei Filialbetrieben, wo ein Fahrer die Kassenunterlagen erst am Folgetag für die

---

[86] *Drüen*, in: Tipke/Kruse, Kommentar zur AO/FGO, Köln 2014, § 146 Rn. 27.
[87] *BFH* vom 25. 3. 1992 – I R 69/91, BStBl II 1992 S. 1010.
[88] *BFH* vom 10. 8. 1978 – V R 17/73, BStBl II 1979 S. 20.
[89] *BFH* vom 18. 12. 1984 – VIII R 195/82, BStBl II 1986 S. 226.

Buchführung mitbringt) einer Buchung noch am gleichen Tag entgegenstehen und aus den Buchungsunterlagen (z. B. Registrierkassenstreifen, Tagesendsummenbons, Zwischenaufzeichnungen, Belegen) sicher entnommen werden kann, wie sich der sollmäßige Kassenbestand seit dem Beginn des vorangegangenen Geschäftstages entwickelt hat. Die Betriebsprüfung kann in diesen Fällen den Sollkassenbestand noch verhältnismäßig einfach errechnen, indem sie den für den vorletzten Geschäftstag ausgewiesenen Kassenbestand um die in den Unterlagen ausgewiesenen Veränderungen berichtigt. Eine weitere Auflockerung der Eintragungspflicht ist nach Ansicht des BFH bei Stpfl. mit Ladenlokal nicht vertretbar.[90] Ein Kaufmann kann in diesem Fall auch unter schwierigen Umständen die Eintragung im Kassenbuch bis zum Abschluss des nächsten Geschäftstages vornehmen. Würden Eintragungen noch weiter verzögert, müsste die Betriebsprüfung zunächst längere Zwischenberechnungen anstellen und die noch nicht ausgewiesenen Kassenbestände der Vortage ermitteln. Der Geschäftsinhaber oder derjenige, der die Kassenbücher führt, könnten die Belege mehrerer Tage verwechseln und somit unrichtige Sollbestände ausweisen.[91]

Darüber hinaus bedingt das Erfordernis größter Zeitnähe, dass der Stpfl. selbst das Kassenbuch führen bzw. den Kassenbericht erstellen muss. Es ist nicht ausreichend, wenn der Stpfl. die Kassenbelege zunächst sammelt, ohne sie zu verbuchen und sie dann seinem Steuerberater einreicht, der sie einmal monatlich in das Kassenbuch einträgt, denn dann ist die Kassensturzfähigkeit nicht mehr gewährleistet.[92]

Die Aufzeichnung der Kasseneinnahmen nach 14 Tagen oder gar nur einmal im Monat begründet einen wesentlichen Mangel der Buchführung,[93] denn verspätete Aufzeichnungen erhöhen die Gefahr falscher Zuordnungen und unsachgemäßer Beteiligungen.[94]

Bei baren Geschäftsvorfällen, die zunächst ins „Unreine", z. B. in Collegeheften, Ringbüchern etc. notiert und erst danach im Kassenbuch eingetragen werden, besteht eine Pflicht zur Aufbewahrung dieser Ursprungsaufzeichnungen, da es sich um Grundaufzeichnungen für die „Buchung" im Kassenbuch handelt.[95]

Wird die tägliche Kasse in Form eines Kassenberichts geführt, dann ist die Aufbewahrung der Ursprungsaufzeichnungen über die Bargeschäfte nicht erforderlich, wenn deren Inhalt unmittelbar nach Auszählung der Tageskasse *„in das in Form aneinandergereihter Tageskassenberichte geführte Kassenbuch"* übertragen wird, den Ursprungsaufzeichnungen somit nur eine „Transportfunktion" zukommt.[96]

> BEISPIEL ▸ Der Inhaber einer Gaststätte, die im Erdgeschoss eines Hauses belegen ist, ermittelt bei Geschäftsschluss seine Tageseinnahmen durch Auszählen der Kasse und notiert das Ergebnis auf einen Zet-

---

90 *BFH* vom 31. 7. 1974 – I R 216/72, BStBl II 1975 S. 96.
91 *FG Sachsen*, Beschluss vom 4. 4. 2008 – 5 V 1035/07.
92 *BFH* vom 21. 2. 1990 – X R 54/87, BFH/NV 1990 S. 683.
93 *Drüen*, in: Tipke/Kruse, Kommentar zur AO/FGO, Köln 2014, § 146 Rn. 29.
94 *Devermann*, in: Offerhaus/Sohn/Lange, Kommentar zur USt, Heidelberg 2013, § 22 Rn. 27.
95 *FG Rheinland-Pfalz* vom 24. 11. 1987 – 2 K 233/85.
96 *BFH* vom 7. 7. 1977 – IV 205/72, BStBl II 1978 S. 307.

tel. Diesen Zettel nimmt er mit in seine im ersten Obergeschoß befindliche Wohnung und überträgt das Ergebnis in den Kassenbericht für den selbigen Tag.

Auch eine Buchführung, die unverbuchte Bareinnahmen erst im Rahmen der Abschlussbuchungen erfasst, ist nicht ordnungsgemäß.[97]

Die tägliche Aufzeichnungspflicht gilt auch für Privatentnahmen und -einlagen. Der Grundsatz der zeitgerechten Erfassung wird nicht eingehalten, wenn Entnahmen und Einlagen erst am Ende des Monats beim gruppenweisen Erfassen der Bargeschäfte im Rahmen der Finanzbuchführung ermittelt werden.[98] In diesem Zusammenhang sei darauf hingewiesen, dass ein schwerwiegender materieller Mangel vorliegt, wenn über Privatentnahmen und -einlagen keine Belege (Eigenbelege oder Quittungen) vorliegen.[99]

Ist der Unternehmer im Urlaub, muss er durch einen Beauftragten sicherstellen, dass die Kassenbelege geordnet aufbewahrt werden, damit er nach Beendigung seines Urlaubs die entsprechenden Eintragungen in seinen Kassenberichten bzw. seinem Kassenbuch vornehmen kann.[100]

2.6 Grundsatz der Unveränderbarkeit (§ 239 Abs. 3 HGB, § 146 Abs. 4 AO)

Nach § 146 Abs. 4 AO darf eine Buchung oder eine Aufzeichnung nicht in einer Weise verändert werden, dass der ursprüngliche Inhalt nicht mehr feststellbar ist. Auch solche Veränderungen dürfen nicht vorgenommen werden, deren Beschaffenheit es ungewiss lässt, ob sie ursprünglich oder erst später gemacht worden sind. Die in § 146 Abs. 4 AO aufgeführten Verbote entsprechen fast wörtlich den Verboten des § 239 Abs. 3 HGB.

Dies bedeutet, dass bei **papiergebundenen Kassenführungsformen** (Kassenberichte, Kassenbücher) keine Überschreibungen, Durchstreichungen, Rasuren, Radierungen, Auslöschungen etc. vorgenommen werden dürfen. Jede Veränderung muss feststellbar und nachvollziehbar sein.

Darüber hinaus darf nur Schreibmaterial verwendet werden, bei dem gewährleistet ist, dass das Geschriebene nicht spurlos beseitigt oder geändert werden kann und bis zum Ablauf der Aufbewahrungsfrist lesbar ist. Eintragungen oder Aufzeichnungen mit Bleistiften sind nicht zulässig.

Im Rahmen einer ordnungsgemäßen Kassenbuchführung ist einem Mangel der Belege nach Möglichkeit vorzubeugen. Werden **Bons auf Thermopapier** ausgedruckt, kann der Stpfl. einem Mangel durch Unlesbarkeit der Bons z. B. durch das Kopieren der Belege vorbeugen.[101]

Im digitalen Zeitalter und bei Nutzung von FiBu-Systemen, EDV-Registrierkassen, proprietären Kassen und PC-(Kassen-)Systemen kommt dieser Vorschrift eine besondere Bedeutung zu. Insbesondere weil § 146 Abs. 5 AO das Führen von Büchern und sonstigen Aufzeichnungen auf Datenträgern möglich macht, soweit diese Formen der Buchführung einschließlich des dabei angewandten Verfahrens den Grundsätzen ordnungsgemäßer Buchführung entsprechen.

---

97 *BFH* vom 26. 10. 1994 – X R 114/92, BFH/NV 1995 S. 373-375.
98 *BFH* vom 24. 6. 1954 – IV 296/53 U, BStBl III 1954 S. 282.
99 *FG Münster* vom 23. 3. 2000 – 5 V 7028/99 E, G, U.
100 *FG Köln* vom 27. 1. 2009 – 6 K 3954/07.
101 *FG Münster* vom 16. 5. 2013 – 2 K 3030/11 E, U, EFG 2014 S. 86-90 (red. Leitsatz und Gründe).

Die GoBD verpflichten den Unternehmer zur Einrichtung interner Kontrollsysteme, zur Beachtung der Datensicherheit, zur Dokumentation und zur Verfahrensprüfung des eingesetzten Systems. Digitale Aufzeichnungen müssen deshalb u. a. die Beleg-, Journal- und Kontenfunktion erfüllen.

Zur Unveränderbarkeit wird gefordert, dass die zum Einsatz kommenden EDV-Registrierkassen und PC-(Kassen-)Systeme die Gewähr bieten müssen, dass alle Informationen (Programme und Datenbestände), die einmal in den Verarbeitungsprozess eingeführt werden, erfasst werden und zudem nicht mehr unterdrückt oder ohne Kenntlichmachung überschrieben, gelöscht, geändert oder verfälscht werden können. Neue Daten dürfen nicht ohne Kenntlichmachung eingespielt werden.[102]

Konkret bedeutet dies:

▶ Der ursprüngliche Inhalt muss feststellbar sein.
▶ Die Geschäftsvorfälle müssen sich in ihrer Entstehung und Abwicklung verfolgen lassen.
▶ Alle Änderungen sind in „Datenerfassungsprotokollen" zu vermerken.
▶ Löschungen von Aufzeichnungen und Eintragungen nach Erfassung sind verboten.
▶ Sowohl der ursprüngliche als auch der geänderte Inhalt muss jederzeit (bis zum Ablauf der Aufbewahrungsfristen) erkennbar sein.

Wie diese Unveränderbarkeit gewährleistet wird, z. B. durch entsprechende Hardware (z. B. unveränderbare und fälschungssichere Datenträger) oder Software (z. B. mittels Zugriffsberechtigungskonzepten, Sicherungen, Sperren, Festschreibung, Löschmerker etc.), obliegt dem Stpfl. Werden solche Maßnahmen zur Sicherung nicht durchgeführt, stellt dieses einen Verstoß gegen den Grundsatz der Unveränderbarkeit dar.

Systemfunktionalitäten oder Manipulationsprogramme, die diesen Anforderungen entgegenwirken, führen zur Ordnungswidrigkeit der elektronischen Bücher und sonst erforderlichen elektronischen Aufzeichnungen.[103]

Sowohl die GoBS (gültig bis zum 31. 12. 2014) als auch die neuen GoBD (gültig ab 1. 1. 2015) sind auch auf Kassensysteme anwendbar. Dies zeigt sich insbesondere auch durch die 2. Kassenrichtlinie[104] zur „Aufbewahrung digitaler Unterlagen bei Bargeschäften", in der ausgeführt wird, dass die vorgenannten Geräte (gemeint sind Registrierkassen, Waagen mit Registrierkassenfunktion, Taxameter und Wegstreckenzähler u ä. Geräte) sowie die mit ihrer Hilfe erstellten digitalen Unterlagen den „Grundsätzen ordnungsgemäßer DV-gestützter Buchführungssysteme (GoBS)" entsprechen müssen. Anstelle der GoBS treten nunmehr die GoBD.

Die Praxis zeigt (Näheres s. Kapitel XIII. Manipulationen bei Registrierkassen), dass EDV-Registrierkassen, PC-(Kassen-)Systeme nur unzureichend gegen Veränderungen und Löschungen geschützt sind.

Wird ein PC-(Kassen-)System angeschafft, dass auf Manipulationen geradezu angelegt ist, kann davon ausgegangen werden, dass die angeschaffte Software entsprechend ihrem Zweck auch eingesetzt wird. Bei einer elektronisch unterstützten Kassenführung ist wie bei einer manuell

---

102 *BMF* vom 14. 11. 2014, Tz. 8, Rz. 107.
103 *BMF* vom 14. 11. 2014, Tz. 8, Rz. 112.
104 *BMF*-Schreiben vom 26. 11. 2010 – IV A 4 – S 0316/08/10004-07, BStBl I 2010 S. 1342.

geführten Kasse zu fordern, dass Manipulationen der Kassenaufzeichnungen möglichst ausgeschlossen werden. Das System muss programmmäßige Sicherungen und Sperren beinhalten, die schon vom Zeitpunkt der ersten Speicherung an verhindern, dass einmal eingegebene Daten der nachträglichen Änderung preisgegeben sind. Dies muss bereits vom Zeitpunkt der erstmaligen Speicherung an, nicht erst nach durchgeführter Verarbeitung, gewährleistet sein.[105]

Aber nicht nur im Bereich der Kassenführung besteht die Möglichkeit, Daten nachträglich zu ändern. Viele Buchführungssysteme beinhalten keine automatische Festschreibung. Diese kann vom Bearbeiter optional ausgeführt werden, was dazu führt, dass auch noch Tage oder Wochen später Daten geändert werden können.

BEACHTE:
Ein Buchungsstapel entspricht erst dann den GoBD, wenn er zeitnah festgeschrieben wird.

BEISPIEL Eine GmbH ist zur Abgabe monatlicher Umsatzsteuervoranmeldungen und zur Abgabe der Jahreserklärungen verpflichtet. Insgesamt müssen 13 Festschreibungen vorliegen und zwar immer zum Ende des jeweiligen Voranmeldungszeitraums.

Festschreibung

Der Begriff „Festschreibung" stammt aus der Buchführung. Bei verschiedenen Buchführungssystemen, z. B. Agenda, DATEV etc. wird dieser Begriff verwendet. Ab dem Zeitpunkt der Festschreibung können dann in der Buchführung alle Änderungen lückenlos nachvollzogen werden. Davor sind Änderungen jedoch möglich.

An dieser Stelle soll noch einmal darauf hingewiesen werden, dass vorgenannte Ordnungsvorschriften (Vollständigkeit, Klarheit, Richtigkeit, Unveränderbarkeit) in jedem Teilprozess der Prozesskette eingehalten werden müssen. Die Buchung im Buchführungssystem ist nur ein Teil dieser Prozesskette. Eine Buchung bis zum Ablauf des Folgemonats (wenn die Umsatzsteuervoranmeldung abzugeben ist) kann nur dann als unkritisch angesehen werden, wenn vorher zeitnah die Belegsicherung erfolgt und so die Vollständigkeit der Geschäftsvorfälle in jedem Einzelfall sichergestellt ist.

2.7 Grundsatz der Kassensturzfähigkeit

Durch Beschluss vom 23. 12. 2004[106] und diversen weiteren Urteilen[107] hat der *BFH* festgelegt, dass die Kassensturzfähigkeit als ein wichtiges Kriterium für die Ordnungsmäßigkeit der Kassen- und Buchführung anzusehen ist. Der Grundsatz der Kassensturzfähigkeit schreibt vor, dass die Kassenaufzeichnungen so beschaffen sein müssen, dass es einem sachverständigen Dritten (§ 238 Abs. 1 Satz 2 HGB, § 145 Abs. 1 Satz 1 AO) in angemessener Zeit möglich sein muss, einen Abgleich des Kassen-Soll-Bestands mit dem Kassen-Ist-Bestand (= Kassensturzfähigkeit) durchzuführen.[108]

---

105 *FG Düsseldorf* vom 20. 3. 2008 – 16 K 4689/06 E, U, F, EFG 2008 S. 1256-1258.
106 *BFH*-Beschluss vom 23. 12. 2004 – III b 14/04, BFH/NV 2005 S. 667.
107 *BFH*-Urteile vom 17. 11. 1981 – VIII R 174/77, BStBl 1982 II S. 43; vom 21. 2. 1990 – X R 54/87, BFH/NV 1990 S. 683, vom 12. 9. 1990 – I R 122/85, BFH/NV 1991 S. 573.
108 *BFH*-Urteile vom 23. 12. 2004 – III B 14/04, BFH/NV 2005 S. 667-669; vom 20. 9. 1989 – X R 39/87, BStBl II 1990 S. 109; vom 26. 8. 1975 – VIII R 109/70, BStBl II 1976 S. 2010.

Die Kassensturzfähigkeit gilt für jede im Betrieb eingesetzte Geschäftskasse, d. h. für jedes Geschäft, für jede Filiale oder Betriebsstätte und für jede Kassenart (offene Ladenkasse, proprietäre Kasse, PC-Kasse).

Die Kassensturzfähigkeit kann dadurch hergestellt werden, dass die einzelnen Bargeldgeschäftsvorfälle aufgezeichnet und die Belege den Kassenunterlagen beigefügt werden. In einem solchen Fall ist es zwar nicht erforderlich, dass der Kassenbestand täglich ermittelt wird, doch die Ursprungsaufzeichnungen über die Einnahmen müssen aufbewahrt werden.[109]

Ist hingegen eine Einzelaufzeichnung nicht zumutbar, weil sie technisch, betriebswirtschaftlich und praktisch unmöglich ist, so können die Bareinnahmen eines Tages („Tageslosung") durch einen sog. Kassenbericht ermittelt werden. Die Tageseinnahmen werden im Fall des Kassenberichtes nicht dadurch festgehalten, dass jeder einzelne Zahlungsvorgang unmittelbar aufgezeichnet wird, sondern sie werden durch den Abgleich von Kassenanfangs- und Kassenendbestand unter Hinzurechnung der aus der Kasse geleisteten Zahlungen rechnerisch ermittelt. Beim Kassenbericht ist die tägliche Feststellung des Kassenbestands somit für die Berechnung der Tageslosung und damit für eine ordnungsgemäße Kassenführung unentbehrlich.[110] Wird die Kasse in Form eines Kassenberichts geführt, dann ist die Aufbewahrung der Ursprungsaufzeichnungen über die Bargeschäfte nicht erforderlich, wenn deren Inhalt unmittelbar nach Auszählung der Tageskasse in das Kassenbuch übertragen wird. Beim Kassenbericht müssen die Einnahmenaufzeichnungen, die in einer Notiz über das Ergebnis der täglichen rechnerischen Feststellung der Tageseinnahmen bestehen, nicht aufgehoben werden; es muss aber eine tägliche Feststellung des Kassenbestandes erfolgen[111] (s. hierzu auch Ausführungen zum Thema „Kassenbericht" Kapitel VIII.2.).

Geldverschiebungen zwischen mehreren Geschäftskassen müssen buchmäßig festgehalten werden,[112] da ansonsten eine Abstimmung nicht möglich wäre.

BEISPIEL In einer Gaststätte wird für die Bestellungen eine EDV-Registrierkasse (nicht GDPdU- bzw. GoBD-Konform) genutzt. An der Theke werden Getränke und Speisen über eine „offene Ladenkasse" verkauft.

Es liegen zwei Geschäftskassen vor, die getrennt voneinander aufgezeichnet werden müssen.
- ▶ Offene Ladenkasse = retrograd aufgebauter Kassenbericht
- ▶ EDV-Registrierkasse = Tagesendsummenbon

Bei fehlender Kassensturzfähigkeit ist die Buchführung eines Betriebs, in dem die Einnahmen ganz überwiegend über die Barkasse vereinnahmt werden, sowohl **formell** als auch **materiell** nicht ordnungsgemäß.[113] Denn die fehlende Kassensturzfähigkeit stellt einen so gewichtigen Mangel dar, dass die sachliche Richtigkeit der ausgewiesenen Ergebnisse zweifelhaft ist.

Kassenfehlbeträge

Kassenfehlbeträge entstehen in der Praxis, wenn die gebuchten Ausgaben aus der Kasse die Kasseneinnahmen nebst dem Kassenbestand übersteigen. Da eine Geschäftskasse keinen Mi-

---

[109] *FG Köln* vom 20. 1. 2005 – 13 K 12/02, EFG 2005 S. 986.
[110] *BFH*-Urteil vom 1. 10. 1969 – I R 73/66, BStBl 1970 II S. 45.
[111] *FG Köln* vom 20. 1. 2005 – 13 K 12/02, EFG 2005 S. 986, m. w. N.
[112] *BFH* vom 17. 11. 1981 – VIII R 174/77, BStBl II 1982 S. 430.
[113] *FG Münster* vom 16. 5. 2013 – 2 K 3030/11 E, U, EFG 2014 S. 86-90 (red. Leitsatz und Gründe).

nusbestand haben kann, wird mit der Aufdeckung von Kassenfehlbeträgen nachgewiesen, dass betriebliche Geldbewegungen unrichtig verbucht worden sind. Kassenfehlbeträge lassen unabhängig von den tatsächlichen betrieblichen Geldbewegungen einen inneren Widerspruch der Kassenaufzeichnungen erkennen.[114]

Von Kassenfehlbeträgen – auch untertägig – spricht man, wenn in den Kassenaufzeichnungen (Kassenbericht oder Kassenbuch) negative Kassenbestände ausgewiesen werden. Sie treten häufig in den Fällen auf, wo die Kasse nur rechnerisch geführt und der tägliche Kassenbestand nicht durch einen Abgleich des Kassen-Ist-Bestandes mit dem Kassen-Soll-Bestand (= Kassensturz) ermittelt wird.

Höhere Kassenfehlbeträge berechtigen zu einer Zuschätzung von Betriebseinnahmen i. H. der Fehlbeträge und eines Zuschlags für einen angemessenen Kassenbestand,[115] denn es ist unmöglich, dass eine Kasse einen Minusbestand ausweist.[116]

Aber auch Kassenfehlbeträge in nur geringer Höhe können als wesentliche Mängel der Buchführung angesehen werden, die eine Zuschätzung dem Grunde nach rechtfertigen.[117]

Ursachen für einen Kassenfehlbetrag:

▶ Keine zeitnahe und chronologische Dokumentation der Kasseneinnahmen und Kassenausgaben.

▶ Die tatsächlichen Entnahmen bzw. Einlagen werden nicht am tatsächlichen Tag der Entnahme bzw. Einlage dokumentiert, sondern erst am Ende der Periode.

▶ Bei nicht zeitgerechter Erstellung des Kassenberichts oder der Kassenbücher werden Entnahmen und/oder Einlagen nur geschätzt.[118]

▶ Ohne Einlage ergäben sich Kassenfehlbeträge.

▶ Bareinzahlungen auf das betriebliche Bankkonto, insbesondere vormittags vor Betriebseröffnung und am Abend vorher wenn weniger Geld in der Kasse ist (= Kassenbestand bei Geschäftsschluss) als eingezahlt wurde.

▶ Kasseneinnahmen und Kassenausgaben werden nicht sachlich richtig dokumentiert, z. B. überhöhte Ausgabenaufzeichnung, unvollständige (zu niedrige) Einnahmenaufzeichnung.

▶ Der Stpfl. hat den Überblick über seine Bargeschäfte verloren (Vermischung des betrieblichen Bereichs mit dem privaten Bereich).

Werden in Kassenaufzeichnungen eine Vielzahl von Kassenfehlbeträgen festgestellt, ist das Finanzamt berechtigt zu schätzen, da in diesen Fällen den Aufzeichnungen keine Beweiskraft zukommt.[119]

---

114 *FG Sachsen-Anhalt* vom 22. 5. 2014 – 1 K 515/11.
115 *BFH*-Urteil vom 20. 9. 1989 – X R 39/87, BStBl II 1990 S. 109.
116 *BFH* vom 21. 2. 1990 – X R 54/87, BFH/NV 1990 S. 683.
117 BFH-Urteil vom 20. 9. 1989 – X R 39/87, BStBl 1990 S. 109.
118 *BFH* vom 18. 12. 1984 – VIII R 195/82, BStBl II 1986 S. 226.
119 *FG Saarland* Beschluss vom 25. 10. 2006 – 1 V 185/06.

2.8 Wichtige Urteile zu Mängeln in der Kassenführung

Im Folgenden werden einige aktuelle Urteile aufgelistet, aus denen erkennbar wird, dass eine nicht ordnungsgemäße Kassenführung bei Betrieben mit einem hohen Anteil an Bargeschäften der Buchführung im Allgemeinen die Ordnungsmäßigkeit nimmt und damit eine Zuschätzung dem Grunde nach ermöglicht:

- Ein einheitliches Schriftbild bei der Kassenführung spricht dafür, dass die Kassenberichte (s. auch Kapitel VII. 2.) nachträglich erstellt worden sind.[120]
- Hohe rechnerische Kassenbestände sollen in aller Regel die Entstehung von rechnerischen Fehlbeträgen verhindern.[121]
- Tageseinnahmen, die sich häufiger auf glatte 5 oder 10 € (im damaligen Urteil war noch von DM-Beträgen die Rede) belaufen, sprechen dagegen, dass der tatsächliche Kassenbestand bei Geschäftsschluss ausgezählt wurde.[122]
- Lassen sich die Endbestände der Kassenaufzeichnungen nur am Monatsende ermitteln, weil im Kassenbuch die Tageseinnahmen bzw. die im Laufe des Tages bezahlten betrieblichen Ausgaben nicht erfasst wurden, so fehlt es an der Kassensturzfähigkeit, die Kassenführung ist insoweit nicht ordnungsgemäß.[123]
- Bei Kassenfehlbeträgen, die durch die unrichtige Aufzeichnung von betrieblichen Geldbewegungen entstanden sind, kann eine Schätzung wegen nicht ordnungsgemäßer Buchführung (= Kassenführung) erfolgen.[124]

Die Durchführung eines Kassensturzes im Rahmen einer steuerlichen Betriebsprüfung ist zulässig. Bei einer rechtmäßig angeordneten Betriebsprüfung dürfen auch Prüfungshandlungen vorgenommen und Unterlagen angefordert werden, die den Prüfungszeitraum zwar nicht unmittelbar betreffen, aber für die Aufklärung der Verhältnisse des Prüfungszeitraums von Bedeutung sein können.[125]

3. Aufzeichnungspflichten im Besonderen

3.1 Behandlung von Gutscheinen in der Kasse

3.1.1 Gutscheine

Gutscheine sind umsatzsteuerrechtlich und ertragssteuerrechtlich unterschiedlich zu betrachten:

a) Umsatzsteuerrechtliche Betrachtung

- Wertgutscheine

    Werden sog. Wertgutscheine ausgegeben, die **nicht zum Bezug von hinreichend bezeichneten Leistungen** (Lieferungen oder sonstige Leistungen) berechtigen, handelt es sich lediglich

---

120 *FG Münster* Urteil vom 19. 8. 2004 – 8 V 3055/04 G, EFG 2004 S. 1810-1812.
121 *FG Münster* Urteil vom 19. 8. 2004 – 8 V 3055/04 G, EFG 2004 S. 1810-1812.
122 *FG Münster* Urteil vom 19. 8. 2004 – 8 V 3055/04 G, EFG 2004 S. 1810-1812.
123 *FG Münster* Urteil vom 15. 12. 1999 – 10 K 7869/99, E, G, U.
124 *FG Sachsen-Anhalt* Urteil vom 22. 5. 2014 – 1 K 515/11.
125 *BFH* vom 26. 1. 1984 – IV R 96/81; zitiert vom *FG Karlsruhe* vom 4. 11. 1993 – 6 K 33/93 EFG 1994 S. 580-581.

um den Umtausch eines Zahlungsmittels (z. B. Bargeld) in ein anderes Zahlungsmittel (Gutschein). Die Hingabe des Gutscheins selbst stellt keine Lieferung dar.

Eine Anzahlung i. S. von § 13 Abs. 1 Satz 1 Nr. 1 Buchst. a Satz 4 UStG liegt ebenfalls nicht vor, da die Leistung nicht hinreichend konkretisiert ist.

Erst bei Einlösung des Gutscheins unterliegt die Leistung der Umsatzsteuer.

BEISPIEL Ein Kino stellt einen Gutschein aus, der sowohl für Filmvorführungen als auch beim Erwerb von Speisen und Getränken (Popcorn und Limonade) eingelöst werden kann.

▶ **Sachgutscheine**

Werden dagegen Gutscheine über bestimmte, konkrete Leistungen (Lieferungen oder sonstige Leistungen) ausgestellt, unterliegt der gezahlte Betrag als Anzahlung der Umsatzbesteuerung nach § 13 Abs. 1 Satz 1 Nr. 1 Buchst. a Satz 4 UStG. Bei Ausführung der Leistung unterliegt der ggf. noch zu zahlende Differenzbetrag der Umsatzsteuer.[126]

BEISPIELE Ein Restaurant stellt einen Gutschein über ein Frühstücks- oder Lunchbuffet aus.

Ein Sonnenstudio stellt einen Gutschein zur Benutzung der Sonnenbank aus.

b) **Ertragssteuerrechtliche Betrachtung**

Im Zeitpunkt des Gutscheinverkaufs ist eine Registrierung der Einnahme in der Kasse vorzunehmen, da der Geldzufluss entsprechend aufgezeichnet werden muss. Diese Vereinnahmung ist erfolgsneutral zu behandeln, denn dem Geldzufluss steht eine Verbindlichkeit zur Leistung in gleicher Höhe gegenüber.

Wird anschließend vom Kunden durch Hingabe des Gutscheins bezahlt, muss dies in der Kasse über eine programmierte „Kredittaste" (z. B. Gutschein) gebucht werden. Es fließt zwar kein Geld, trotzdem ist der Verkauf als Einnahme zu erfassen.

Bei der Gewinnermittlung durch Einnahmenüberschussrechnung muss der Geldzufluss im Zeitpunkt des Verkaufs des Gutscheins als Betriebseinnahme erfasst werden.

3.1.2 „2-für-1-Gutscheine"

In vielen Regionen werden Gutscheinhefte mit sog. 2-für-1-Gutscheinen verkauft. Bei Vorlage des Gutscheins erhält der Gast ein preisgleiches oder preisgünstigeres Gericht kostenlos. Der mit dem Gratisgericht zusammenhängende Wareneinsatz ist betrieblich bedingt. Die Gutscheine stellen einen Nachweis des Gastwirts für seinen Wareneinsatz dar, für den er die Feststellungslast trägt, da es sich um eine steuermindernde Tatsache handelt.

In der Kassenführung/Buchhaltung muss deshalb zunächst der reguläre Verkaufspreis des Gerichts eingebucht werden und anschließend ist dieses Gericht zu stornieren. Der Stornobeleg und der Gutschein sind aufbewahrungspflichtig. Ein Gastronom kann sich bei einer Nachkalkulation nicht darauf berufen, dass er die Ausgabe und Entgegennahme derartiger Gutscheine getätigt, diese aber nicht aufbewahrt hat. Fehlen diese Unterlagen, ist die Kassenführung mangels ordnungsgemäßer Aufzeichnungen nicht ordnungsgemäß.

---

126 *OFD Karlsruhe* vom 25. 8. 2011 – S. 7270.

3.2 Kassenführung bei Unternehmen mit mehreren Kassen

Unternehmen, die in ihrem Betrieb/ihren Filialen mehrere Kassen einsetzen (auch mobile Kassen, z. B. Orderman), müssen die Ursprungsaufzeichnungen zur Überprüfung der Einnahmen für **alle Kassen** und **Kassensysteme** aufbewahren.[127] Geldverschiebungen zwischen den einzelnen Kassen sind buchmäßig festzuhalten.[128] Darüber hinaus müssen für sämtliche Kassen die Aufzeichnungs- und Aufbewahrungspflichten eingehalten werden.[129]

Werden neben der Hauptkasse Sonderkassen geführt, erfordert die Ordnungsmäßigkeit der Buchführung das Vorliegen von Nebenkassenbüchern (Kladden) für jede einzelne Sonderkasse.[130]

Werden mehrere EDV-Registrierkassen im Betrieb eingesetzt und werden von diesen die Umsätze nicht einzeln aufgezeichnet, müssen die vollständigen Tagesendsummenbons von jeder einzelnen Kasse aufbewahrt werden. Bei Kassen die in einem Master-Slave-Verbund eingerichtet wurden, muss auf dem Gesamttagesendsummenbon klar erkennbar sein, dass die Umsätze aller Kassen in einem Bericht zusammengefasst wurden.

Beim Einsatz von proprietären Kassen und PC-(Kassen-)Systemen müssen darüber hinaus bis zum 31. 12. 2014 die GoBS und GDPdU und ab dem 1. 1. 2015 die GobD eingehalten werden.

3.3 Diebstahl und Unterschlagung

Werden im Zusammenhang mit Kassenfehlbeträgen oder manipulierten Kassen Behauptungen aufgestellt, dass diese durch Diebstahl oder Unterschlagungen hervorgerufen wurden, werden diese von der Betriebsprüfung der Finanzverwaltung als glaubhaft angesehen, wenn sie ausreichend bewiesen werden, z. B.:

▶ Gegen den oder die Täter wurde Strafanzeige erstattet,
▶ es wurden Ersatzansprüche geltend gemacht,
▶ Mitarbeitern wurde gekündigt oder sie erhielten zumindest eine Abmahnung.

3.4 Trinkgelder

Trinkgelder für die Angestellten sind **nicht** in den Registrierkassen zu erfassen. Die Trinkgelder sind für die Besteuerung des Unternehmers nicht von Bedeutung. Seine Einnahme ist der Geldbetrag, den der Kellner am Tisch für die Speisen und Getränke bei der Abrechnung als Entgelt verlangt. Zu dieser Zahlung sind die Gäste aufgrund des mündlich geschlossenen Bewirtungsvertrags verpflichtet. Wenn ein Gast diesen Betrag um ein Trinkgeld aufrundet, handelt es sich insoweit um eine freiwillige Leistung an den Kellner selbst, mit welcher der Gast die persönliche Bedienung honoriert. Dieses Trinkgeld steht allein dem Kellner zu. Eine Aufzeichnungspflicht ergibt sich auch nicht unter lohnsteuerrechtlichen Gesichtspunkten.[131]

---

127 *FG Hamburg* vom 4. 12. 1990 – EFG 1991 S. 507.
128 *BFH*-Urteil vom 17. 11. 1981 – VIII R 174/77, BStBl 1982 II S. 430.
129 *BFH*-Urteil vom 20. 10. 1971 – I R 63/70, BStBl 1972 II S. 273.
130 BFH-*Urteil vom 20. 10. 1971 – I R 63/70, BStBl 1972 II S. 273.*
131 *FG Köln* vom 27. 1. 2009 – 6 K 3954/07, EFG 2009 S. 265.

Sollten interne Regelungen bestehen, dass das Trinkgeld nicht dem Angestellten, sondern dem Unternehmer zusteht, dann muss er dieses Trinkgeld als zusätzliche Einnahme in der Kasse erfassen, z. B. über einen programmierten Artikel „Trinkgeld Chef".

Die Praxis zeigt jedoch, dass solche Abreden eine absolute Seltenheit darstellen.

3.5 Retouren und Warenrücknahmen

Falsch ausgelieferte Waren, die vom Kunden zurückgegeben werden, müssen dokumentiert werden. Aus diesem Grunde sind Retouren und Warenrücknahmen auch auf jedem Tagesendsummenbon auszuweisen. Darüber hinaus sind entsprechende Retourenbelege aufbewahrungspflichtig.

3.6 Stornobuchungen

Stornobuchungen erfolgen i. d. R., wenn das Personal eine falsche Eingabe in das Kassensystem – auch über mobile Endgeräte (z. B. Orderman) – vornimmt.

Registrierkassen bieten dafür eine Vielzahl von Stornobuchungen:

a) Sofortstorno

Sofortstorni erfolgen vor Abschluss des Buchungsvorgangs an der Kasse, i. d. R. wenn das Bedienpersonal eine falsche Eingabe in die Registrierkasse oder das PC-(Kassen-)System tätigt, z. B. weil ein falsches Getränk oder Gericht, die unzutreffende Menge oder eine falsche Tischnummer etc. eingegeben wird. Alle Bedienungen haben über den Sofortstorno die Möglichkeit, falsche Bestellungen zu widerrufen, bevor der Registriervorgang beendet und die entsprechenden Bestellbons (für Küche und Buffet/Theke) bzw. Rechnungen ausgegeben werden.

Im BMF-Schreiben vom 6. 1. 2009 (s. Tz. 16.1) wird darauf hingewiesen, dass Stornobuchungen (sog. Managerstornos und Nach-Stornobuchungen) sowie Retouren auf dem Tagesendsummenbons ausgewiesen werden müssen.

Daher werden in den meisten Registrierkassen die Sofortstorni nicht dokumentiert, weil diese nicht zu einem wirtschaftlichen Umsatz führen. Dies kann m. E. jedoch nur für EDV-Registrierkassen mit Papierbelegen gelten, bei denen nicht die Möglichkeit besteht die Umsätze einzeln aufzuzeichnen.

Anders sieht die Regelung bei PC-(Kassen-)Systemen mit Einzelaufzeichnungen aus. Bei diesen Kassentypen **müssen** nach dem Grundsatz der Einzelaufzeichnung sämtliche Geschäftsvorfälle dokumentiert werden. Somit auch jeder einzelne Sofortstorno.

Der Grund dafür liegt in der Nachvollziehbarkeit. Nach § 145 Abs. 1 AO muss ein sachverständiger Dritter in der Lage sein, sich innerhalb angemessener Zeit einen Überblick über die Geschäftsvorfälle und über die Lage des Unternehmens zu verschaffen. Die Geschäftsvorfälle müssen sich darüber hinaus von der Entstehung und Abwicklung verfolgen lassen.

Das Problem soll an folgendem Beispiel erläutert werden:

BEISPIEL Ein gastronomischer Betrieb nutzt zur Dokumentation der Geschäftsvorfälle ein PC-(Kassen-)System. Das System speichert jeden Geschäftsvorfall zentral in einer SQL-Datenbank in einem lau-

3. Aufzeichnungspflichten im Besonderen

fenden Journal ab. Die Ablage erfolgt in Datenbanktabellen. Die Steuerung erfolgt über Datenbankprozeduren.

Um 09:05 Uhr geht der Kellner mit der Nr. 15 mit seinem mobilen Kassenerfassungsgerät zum Tisch 10. Der dort sitzende Gast bestellt ein Pils für 2,70 €, korrigiert sich jedoch sofort und bittet darum zunächst in die Speisekarte blicken zu dürfen.

Die Eingaben des Kellners in sein mobiles Kassenerfassungsgerät sehen wie folgt aus:

▶ Eröffnung des Tisches 10

▶ Eingabe des vom Kunden gewünschten Pils für 2,70 €

▶ Durchführung eines Sofortstornos mit Hilfe der Stornotaste auf dem mobilen Erfassungsgerät

▶ Schließen des Tisches und Wechsel in die Tischübersicht

Im parallel mitlaufenden elektronischen Journal (s. ABB. 18) wird um 09:05 Uhr ein Datensatz zum Tisch 10 mit der Art „TIE" und der Bonnr. „190529" angelegt.

ABB. 18: Auszug aus elektronischem Journal

Terminal	Kellner	Tisch	Uhrzeit	Art	BonNr	Artikel	Menge	Vk
131	15	10	08:49	TIE	190529	0	0	0,00 €
131	15	2	08:45	TIE	190522	0	0	0,00 €
131	15	2	08:43	BON	190522	4307	1	5,00 €
131	1	8	08:33	TIE	190528	0	0	0,00 €
131	1	8	08:33	BON	190528	2104	1	5,40 €
131	1	8	08:33	BON	190528	101	1	2,70 €
131	1	8	08:33	BON	190528	504	1	2,40 €
131	15	7	08:29	TIE	190527	0	0	0,00 €
131	15	6	08:27	TIE	190526	0	0	0,00 €
131	15	6	08:27	BON	190526	405	1	2,40 €
131	15	6	08:27	BON	190526	401	1	2,40 €
131	15	6	08:26	BON	190526	2001	1	4,90 €
131	15	6	08:26	BON	190526	2001	1	4,90 €
131	15	5	08:26	TIE	190525	0	0	0,00 €
131	15	5	08:26	BON	190525	101	1	2,70 €
131	15	5	08:26	BON	190525	101	1	2,70 €
131	15	4	08:25	TIE	190524	0	0	0,00 €
131	15	4	08:25	BON	190524	1803	1	4,50 €
131	15	4	08:23	BON	190524	2104	1	5,40 €

Im elektronischen Journal, dass der Betriebsprüfung der Finanzverwaltung zur Verfügung gestellt wird, führt diese Eingabe zu eine „Lücke" bei den Journalnummern.

In der Prüfungspraxis führen diese so entstandenen Lücken zu ständigen Diskussionen zwischen Steuerberatern und Betriebsprüfung.

M. E. müssen bei PC-(Kassen-)Systemen auch diese Sofortstornos protokolliert werden, denn ansonsten kann die Vollständigkeit, Richtigkeit sowie Unveränderbarkeit nicht geprüft werden. Solche DV-Systeme können sich auch nicht auf das BMF-Schreiben vom 9.1.1996 berufen, da dieses nur auf Papierbelege Anwendung findet und nicht auf PC-(Kassen-)Systeme.

b) **Postenstorno**

Bei einem Postenstorno handelt es sich um einen anderen Begriff für „Retouren/Warenrücknahmen".

Bei einem **Postenstorno** können einzelne Posten aus einem Beleg gelöscht werden. Diese Stornomöglichkeit wird i.d.R. nur dem Chef oder leitenden Angestellten eingeräumt. Bei EDV-Registrierkassen ohne Einzelaufzeichnungen müssen diese Postenstorni auf dem Tagesendsummenbon ausgewiesen werden und entsprechende Einzelstornobelege sind aufzubewahren.

IV. Buchführungs- und Aufzeichnungspflichten

Bei PC-(Kassen-)Systemen mit Einzelaufzeichnungen müssen Postenstorni eindeutig im System bzw. Datenexport erkennbar sein.

c) **Nachstorno**

Nachstorni werden durchgeführt, wenn der Registriervorgang abgeschlossen und somit ein Beleg (Bon) bzw. eine Rechnung erstellt wurde. Auch dieser Stornotyp kann – gesteuert über die Zugriffsberechtigung – nur von Mitarbeitern durchgeführt werden, die vom Inhaber autorisiert wurden.

Auch dieser Stornotyp muss bei EDV-Registrierkassen ohne Einzelaufzeichnungsmöglichkeit auf dem Tagesendsummenbon bzw. im System bzw. Datenexport erkennbar sein.

d) **Manager- oder Chefstorno**

Mithilfe eines Manager- oder Chefstornos lassen sich Änderungen an der Kasse vornehmen, ohne dass ein Bezug zu einer speziellen Registrierung oder einem speziellen Bediener erforderlich ist. Es lassen sich auch „nur" einzelne Beträge nachträglich stornieren.

BEISPIEL ▸ In einem gastronomischen Betrieb geht der Inhaber um 22:53 Uhr an seine Registrierkasse und lässt mit Hilfe einer X-Abfrage (= ohne Löschung der Daten) anzeigen wie hoch seine Einnahmen am 7.5.2014 bis dato waren. Diese belaufen sich auf 892,50 € (ABB. 19 – linke Seite –).

ABB. 19: Zwei Ausdrucke von Finanzberichten im X-Modus

```
XX XX XX XX XX XX XX XX XX XX XX XX XX XX XX XX        XX XX XX XX XX XX XX XX XX XX XX XX XX XX XX XX
Finanzberichtnummer          57                        Finanzberichtnummer          57
Finanzbericht täglich         X                        Finanzbericht täglich         X
Kasse   1         22:53 07-05-14                       Kasse   1         22:54 07-05-14
XX XX XX XX XX XX XX XX XX XX XX XX XX XX XX XX        XX XX XX XX XX XX XX XX XX XX XX XX XX XX XX XX

Brutto 1                   892,50                      Brutto 1                   212,50
Brutto 2                    56,50                      Brutto 2                    56,50
Gesamt                     949,00                      Gesamt                     269,00
MWST1 19 %                 142,50                      MWST1 19 %                  33,97
MWST2  7 %                   3,70                      MWST2  7 %                   3,70
Gesamt                     146,20                      Gesamt                      37,63
Netto 1                    750,00                      Netto 1                    178,57
Netto 2                     52,80                      Netto 2                     52,80
Gesamt                     802,80                      Gesamt                     231,37
Kassensoll                                             Kassensoll
BAR                        949,00                      BAR                        269,00
                           Umsatz                                                 Umsatz
BAR                        949,00                      BAR                        269,00
AUßER HAUS                  56,50                      AUßER HAUS                  56,50
P-Storno                    -6,50                      P-Storno                    -6,50
Z-Zähler 1       56                                    Z-Zähler 1       56
```

Mithilfe eines Managerstornos i. H. v. 680 € reduziert er seine Einnahmen auf 212,50 € (ABB. 19 – rechte Seite –).

Anschließend druckt er den Tagesendsummenbon mit der Z-Nr. 57 (s. ABB. 20) aus. Dieser weist nur noch die gekürzten Einnahmen von 212,50 € aus, die der Stpfl. in sein Kassenbuch oder seinen Kassenbericht einträgt und die dann vom Steuerberater gebucht und somit Bestandteil der Buchführung werden.

ABB. 20: Durch Managerstorno manipulierter Tagesendsummenbon

```
>€>€>€>€>€>€>€>€>€>€>€>€>€>€>€>€>€
Finanzberichtnummer              57
Finanzbericht täglich             Z
Kasse    1            22:54 07-05-14
>€>€>€>€>€>€>€>€>€>€>€>€>€>€>€>€>€

Brutto 1                     212.50
Brutto 2                      56.50
Gesamt                       269.00
MWST1 19 %                    33.93
MWST2  7 %                     3.70
Gesamt                        37.63
Netto 1                      178.57
Netto 2                       52.80
Gesamt                       231.37
Kassensoll
BAR                          269.00
                             Umsatz
BAR                          269.00
AUSER HAUS                    56.50
P-Storno                      -6.50
Z-Zähler 1        57

>>>>>>> Speicher gelöscht! <<<<<<<
```

BEACHTE:

Fehlen jegliche Stornobuchungen auf den Tagesendsummenbons bzw. im System bzw. Datenexport, deutet dies auf einen bewussten Eingriff in das System der Kasse hin![132]

Stornierungen müssen bei EDV-Registrierkassen ohne Einzelaufzeichnungsmöglichkeit immer auf dem Tagesendsummenbon ausgewiesen oder in den Einzeldaten einer proprietären Kasse bzw. eines PC-(Kassen-)Systems gespeichert werden, da ansonsten gegen den Grundsatz der

---

[132] *FG Münster* vom 16. 5. 2013 – 2 K 3030/11 E, U, EFG 2014 S. 86-90 (red. Leitsatz und Gründe).

IV. Buchführungs- und Aufzeichnungspflichten

Unveränderbarkeit verstoßen wird. Gem. § 146 Abs. 4 Satz 1 AO dürfen Buchungen oder Aufzeichnungen nicht in einer Weise verändert werden, dass der ursprüngliche Inhalt nicht mehr feststellbar ist. Bei einer Veränderung einer erfolgten Buchung muss der Inhalt der ursprünglichen Buchung, z. B. durch Aufzeichnungen über durchgeführte Änderungen (Storno- oder Neubuchung), die als Bestandteil der Buchführung aufzubewahren sind, feststellbar bleiben. Belege über durchgeführte Storni müssen den Buchungsunterlagen beigefügt und aufbewahrt werden. Ohne diese Unterlagen lässt sich nicht mehr eindeutig erkennen, ob lediglich eine Fehlbuchung oder auch eine Einnahmebuchung an sich gelöscht worden sind.

Eine Buchführung ist nicht mehr ordnungsgemäß, wenn ein Kassensystem eingesetzt wird, das bei den Kassenabschlüssen Stornobuchungen nicht mit erfasst.[133]

---

133 *FG Niedersachsen* vom 2. 9. 2004 – 10 V 52/04, PStR 2005 S. 281.

V. Aufbewahrungspflichten nach Handels- und Steuerrecht

1. Aufbewahrungspflichten nach Handelsrecht

§ 257 Abs. 1 HGB verpflichtet Kaufleute „Unterlagen" geordnet 10 Jahre bzw. 6 Jahre aufzubewahren:

▶ Handelsbücher (= sämtliche Aufzeichnungen des Kaufmanns, in denen er seine Geschäftsvorfälle [Def. s. Praxishinweis] erfasst), Inventare, Eröffnungsbilanzen, Jahresabschlüsse, Lageberichte, Konzernabschlüsse, Konzernlageberichte sowie die zu ihrem Verständnis erforderlichen Arbeitsanweisungen und sonstigen Organisationsunterlagen.
Zu diesen Unterlagen gehören auch:
- Sachkonten, Debitoren und Kreditoren (= Geschäftsfreundebuch bzw. Kontokorrentbuch)
- Kassenbuch (auch in Form aneinandergereihter Kassenberichte)
- Anlagenbuchführung und Investitionskontrolle
- Warenwirtschaft sowie Inventuraufzeichnungen
- Auftragswesen und Fakturierung
- Bestellwesen und Rechnungseingangsprüfung
- Lohn- und Gehaltsbuchhaltung
- Darlehens- und Wertpapierbuchführung
- etc.

▶ Empfangene und abgesandte Handelsbriefe (= Schriftstücke [Briefe, Faxe, Emails], die der Vorbereitung, Durchführung, dem Abschluss oder der Rückgängigmachung eines Handelsgeschäfts dienen, § 257 Abs. 2 HGB. Nur Kaufleute senden Handelsbriefe.),

▶ Buchungsbelege.

Die in § 257 Abs. 1 Nr. 1 und 4 HGB aufgeführten Unterlagen sind **zehn Jahre**, die sonstigen in § 257 Abs. 1 HGB aufgeführten Unterlagen **sechs Jahre** aufzubewahren.

> **PRAXISHINWEIS:**
>
> **Definition Geschäftsvorfälle**
>
> Geschäftsvorfälle sind alle rechtlichen und wirtschaftlichen Vorgänge, die innerhalb eines bestimmten Zeitabschnitts den Gewinn bzw. Verlust oder die Vermögenszusammensetzung in einem Unternehmen dokumentieren oder beeinflussen bzw. verändern.

2. Aufbewahrungspflichten nach Steuerrecht

§ 147 AO sowie diverse Vorschriften in Einzelsteuergesetzen, z. B. § 14b Abs. 1 UStG, regeln die steuerlichen Aufbewahrungspflichten (s. hierzu auch Arbeitshilfe: Aufbewahrungsfristen nach steuer- und handelsrechtlichen Vorschriften, NWB-Datenbank). Vergleicht man die Aufbewahrungspflichten nach dem Handelsrecht mit denen nach dem Steuerrecht, kommt man zu dem Ergebnis, dass die steuerrechtlichen Aufbewahrungsvorschriften umfangreicher als die handelsrechtlichen sind.

V. Aufbewahrungspflichten nach Handels- und Steuerrecht

Nach § 147 Abs. 1 AO sind folgende Aufbewahrungspflichten zu beachten:

▶ § 147 Abs. 1 AO gruppiert die Unterlagen ein:
- Nr. 1: Bücher, Aufzeichnungen, Inventare, Jahresabschlüsse, Bilanzen sowie die zu ihrem Verständnis erforderlichen Arbeitsanweisungen und sonstigen Organisationsunterlagen (inkl. der Datenträger, auf den die Buchungen etc. gespeichert sind);
- Nr. 2: empfangene Handelsbriefe (§ 257 Abs. 2 HGB, s. zu Kapitel V. 1.) und Geschäftsbriefe;

> **Beachte:**
> Als „Geschäftsbriefe" bezeichnet man die betriebliche Korrespondenz (Briefe, Faxe, Emails) von Nicht-Kaufleuten!

- Nr. 3: Wiedergaben der abgesandten Handels- und Geschäftsbriefe;
- Nr. 4: Buchungsbelege, dazu gehören alle Unterlagen, die einzelne Geschäftsvorfälle dokumentieren. Sie stellen die Grundlage der Eintragungen in die Geschäfts- und Kassenbücher dar;
- Nr. 4a: Unterlagen, die einer Zollanmeldung beizufügen sind;
- Nr. 5: sonstige Unterlagen, soweit **sie für die Besteuerung von Bedeutung** sind.

▶ § 147 Abs. 2 und 5 AO regeln die Form der Aufbewahrung:
- Papierform;
- Bildträger;
- Datenträger;
- System der Aufbewahrung muss den GoBS/GdPDU (später GoBD), s. Nr. 2 AEAO zu § 147 AO im AO-Handbuch 2013, entsprechen.

Nach § 147 Abs. 1 Nr. 5 AO sind Unterlagen aufzubewahren, soweit sie **für die Besteuerung von Bedeutung** sind. Die gesetzliche Formulierung ist sehr weit gefasst. Gemeint sind damit Unterlagen, die der Kontrolle dienen und einen Einblick ins Geschäftsgeschehen verschaffen können. Bei einer Zuordnung ist die steuerliche Bedeutung im Lichte der im Einzelfall jeweils bestehenden gesetzlichen Aufzeichnungspflicht einschränkend auszulegen.[134] Dazu gehören u. a.:

▶ Speise- und Getränkekarten im Bereich der Gastronomie,[135]
▶ vom Spielgerät ausgedruckte Statistikstreifen bei Geldspielgeräten mit Röhrenfüllung ohne Türöffnung,[136]
▶ Apothekenbücher;
▶ Stundenzettel in der Baubranche;
▶ bei Taxiunternehmen die Schichtzettel.[137]

Auf die detaillierte Checkliste zu aufbewahrungspflichtigen Kassenunterlagen und deren Aufbewahrungsfristen (s. Kapitel XV.2.) wird an dieser Stelle verwiesen.

---

134 *BFH* vom 24. 6. 2009 – VII R 80/06, BStBl II 2010 S. 452.
135 *FG Baden-Württemberg* vom 18. 2. 1997 – 6 V 49/96, EFG 1997 S. 928.
136 *FG Niedersachsen* vom 25. 3. 2003 – 6 K 961/99, EFG 2003 S. 1215.
137 *BFH* Beschluss vom 14. 6. 2006 – XI B 130-132/05, BFH/NV 2006 S. 2023.

Die Aufbewahrung der Unterlagen hat geordnet, unter Beachtung des § 145 AO, zu erfolgen (§ 147 Abs. 1 Satz 1 AO).

§ 147 Abs. 2 AO regelt, dass mit Ausnahme der Jahresabschlüsse, der Eröffnungsbilanz und der Unterlagen nach Abs. 1 Nr. 4a (Zollunterlagen) die in § 147 Abs. 1 AO aufgeführten Unterlagen auch als Wiedergabe auf einem Bildträger (Fotokopien, Mikroverfilmung) oder auf anderen Datenträgern (Festplatten, CD, DVD, SD-Card etc.) aufbewahrt werden können, wenn dies den Grundsätzen ordnungsgemäßer Buchführung entspricht und sichergestellt ist, dass die Wiedergabe oder die Daten mit den empfangenen Handels- oder Geschäftsbriefen und den Buchungsbelegen bildlich und mit den anderen Unterlagen inhaltlich übereinstimmen, wenn sie während der Dauer der Aufbewahrungsfrist jederzeit verfügbar sind, unverzüglich lesbar gemacht und maschinell ausgewertet werden können.

Die Aufbewahrungspflichten betragen nach § 147 Abs. 2 AO für die in § 147 Abs. 1 Nr. 1, 4 und 4a aufgeführten Unterlagen **zehn Jahre.** Die sonstigen in § 147 Abs. 1 AO aufgeführten Unterlagen sind **sechs Jahre** aufzubewahren.

Ein Verstoß gegen die Aufbewahrungspflichten kann dazu führen, dass die Aufzeichnungen nicht den Grundsätzen ordnungsgemäßer Buchführung entsprechen und somit die Befugnis der Schätzung dem Grunde nach gegeben ist.

3. Besondere Aufbewahrungspflichten bei Kassensystemen

3.1 Verzicht auf die Aufbewahrung von Kassenstreifen bei Einsatz elektronischer Registrierkassen[138] (1. Kassenrichtlinie)

Zunächst muss man sich die Situation zum damaligen Zeitpunkt der Veröffentlichung dieses BMF-Schreibens vor Augen führen. Die in der Praxis eingesetzten EDV-Registrierkassen hatten nur begrenzte Speicherkapazitäten. Die Stammdaten (Summenregister, Systemeinstellungen, Bediener-, Warengruppen- und Artikeleinstellungen) wurden in einem batteriegepufferten RAM-Speicher[139] gesichert. Es gab Tages- und Monatssummenspeicher. Nur einige wenige Kassen verfügten darüber hinaus auch noch über einen Jahressummenspeicher.

Die Einzelaufzeichnungen erfolgten über eine Papierjournalrolle. An ein elektronisches Journal oder gar an einen Datenexport entsprechend den damaligen GoBS und GDPdU bzw. den heutigen GoBD war nicht zu denken. Sofern solche Art von Kassen heute noch im Betrieb genutzt werden, ist zu beachten, dass neben den allgemeinen Grundsätzen ordnungsgemäßer Buchführung spezielle Grundsätze ordnungsgemäßer Speicherbuchführung zu beachten sind.

Das BMF Schreiben bezieht sich auch nur auf **EDV-Registrierkassen ohne Datenspeicherung.** Für Kassensysteme mit umfangreichem Datenspeicher – ähnlich einem Buchführungssystem – galt damals schon das im Jahre 1995 veröffentlichte BMF-Schreiben zu den Grundsätzen ordnungsgemäßer DV-gestützter Buchführungssysteme (GoBS).[140] Es ging somit nur um Erleichterungen bei der Aufbewahrung von Grundaufzeichnungen, nämlich den Papierbelegen, die täglich bei Nutzung einer EDV–Registrierkasse entstanden sind. Damit der Stpfl. nicht täglich hunderte

---

138 *BMF*-Schreiben vom 9. 1. 1996 – IV A 8-S 0310-5/95, BStBl I 1996 S. 34.
139 RAM = *Random-Access Memory*, dt.: „Speicher mit wahlfreiem/direktem Zugriff" = Direktzugriffsspeicher.
140 *BMF*-Schreiben vom 7. 11. 1995 – IV A 8-S 0316-52/95, BStBl I 1995 S. 738.

V. Aufbewahrungspflichten nach Handels- und Steuerrecht

und mehr Journalrollen, Kassenbons etc. aufbewahren musste, wurden folgende **Vereinfachungen/Erleichterungen** veröffentlicht.

Aus dem BMF-Schreiben und der damaligen ESt-Richtlinie R 29 Abs. 7 Satz 4 EStR 1993 ergab sich, dass eine **Aufbewahrung von Registrierkassenstreifen, Kassenzetteln, Bons** und **dergleichen** (Kassenbeleg) im Einzelfall nicht erforderlich ist, wenn der Zweck der Aufbewahrung in anderer Weise gesichert und die **Gewähr der Vollständigkeit** der vom Kassenbeleg übertragenen Aufzeichnungen nach den tatsächlichen Verhältnissen gegeben ist.

Hinsichtlich der Registrierkassenstreifen – gemeint waren die Papierjournalrollen – werden **die vorgenannten Voraussetzungen regelmäßig erfüllt**, wenn vollständige **Tagesendsummenbons** aufbewahrt werden, die die **Gewähr der Vollständigkeit** bieten und den **Namen des Geschäfts, das Datum** und **die Tagesendsumme** enthalten.

Beim Einsatz **elektronischer Registrierkassen** ohne Datenspeicherung (und nur bei diesen) kann im Regelfall davon ausgegangen werden, dass die „**Gewähr der Vollständigkeit**" dann gegeben ist, wenn die nachstehend genannten Unterlagen aufbewahrt werden.

In diesem Fall kann auch bei elektronischen Registrierkassensystemen auf die **Aufbewahrung von Kassenstreifen (= Papierjournalrollen)**, soweit nicht nachstehend aufgeführt, **verzichtet werden**.

1. Nach § 147 Abs. 1 Nr. 1 AO sind die zur Kasse gehörenden **Organisationsunterlagen**, insbesondere die
    a. Bedienungsanleitung,
    b. Programmieranleitung,
    c. Auszug der Grundprogrammierung,
    d. Programmabrufe nach jeder Änderung (u. a. der Artikelpreise),
    e. Protokolle über die Einrichtung von Verkäufer-, Kellner- und Trainingsspeichern u. ä.
    f. sowie alle weiteren Anweisungen zur Kassenprogrammierung (z. B. Anweisungen zum maschinellen Ausdrucken von Proforma-Rechnungen oder zum Unterdrücken von Daten und Speicherinhalten)

    aufzubewahren.

2. Nach § 147 Abs. 1 Nr. 3 AO sind die mit Hilfe von **Registrierkassen erstellten Rechnungen** aufzubewahren.

3. Nach § 147 Abs. 1 Nr. 4 AO sind die **Tagesendsummenbons** mit
    a. Ausdruck des Nullstellungszählers (fortlaufende sog. „Z-Nummer" zur Überprüfung der Vollständigkeit der Kassenberichte),
    b. Stornobuchungen (sog. Managerstornos und Nach-Stornobuchungen), Retouren (s. auch Kapitel IV.3.6),
    c. Entnahmen sowie
    d. Zahlungswege (bar, Scheck, EC, Kredit) und
    e. allen weiteren im Rahmen des Tagesabschlusses abgerufenen Ausdrucke der EDV-Registrierkasse (z. B. betriebswirtschaftliche Auswertungen, Ausdrucke der Trainingsspeicher,

Kellnerberichte, Spartenberichte) im Belegzusammenhang mit dem Tagesendsummenbon aufzubewahren.

Darüber hinaus ist die Vollständigkeit der Tagesendsummenbons durch organisatorische oder durch programmierte Kontrollen sicherzustellen.

PRAXISHINWEIS:
Die Finanzverwaltung legt zwar sehr viel Wert auf vollständige Tagesendsummenbons, trotzdem sollte jedem klar sein, dass die Informationsgehalte dieser Papierausdrucke jederzeit verändert werden können. Auch ein nach dem vorgenannten BMF-Schreiben erstellter Tagesendsummenbon bietet nicht die Gewähr der Vollständigkeit der Einnahmen.

Dieses BMF-Schreiben wurde zwar mit dem BMF-Schreiben vom 26.11.2010 (s. Kapitel V. 3.2) aufgehoben, ist aber noch in Härtefällen **bis zum 31.12.2016** anwendbar.

Es ist zu beachten, dass auch bei vorgenannten Kassen die Erfassung und Speicherung der Betriebseinnahmen elektronisch erfolgt und es sich somit um der Buchführung vorgelagerte Systeme handelt, mit denen Grundaufzeichnungen generiert werden. Mit ihnen lassen sich sowohl ordnungsgemäße als auch nur scheinbar ordnungsgemäße Kassen(grund)aufzeichnungen erstellen. Aus diesem Grunde sind nicht nur die Tagesendsummenbons, sondern auch alle Dokumentationsunterlagen über die Kasseneinstellungen, Bedienerprogrammierung, Artikel- und Warengruppeneinstellungen und vor allem auch Bedienerberichte aus der Abrechnung mit dem kassierberechtigten Personal vorzulegen.[141] Fehlen diese Unterlagen, kann die Betriebsprüfung die Vollständigkeit der erfassten Umsätze und somit der Kassen(grund)aufzeichnungen nicht feststellen.

In der Praxis wird vielfach die Frage gestellt, was versteht die Finanzverwaltung unter einem Programmierungsprotokoll bei vorgenannten EDV-Registrierkassen. Eine allgemein gültige Antwort kann an dieser Stelle nicht gegeben werden, da es unterschiedliche Programmierungen bei Kassen gibt.

Grundsätzlich lassen sich zwei Bereiche unterscheiden:
▶ Programmierung der Grundeinstellungen der Kasse:

Hier werden die organisatorischen und technisch gewollten Prozesse programmiert. Beispiele:
– Was soll auf dem Tagesendsummenbon ausgewiesen werden?
– Soll ein Trainingsspeicher benutzt werden?
– Soll ein Grand Total-Speicher eingerichtet und ausgedruckt werden?
– etc.

▶ Programmierung der betriebsspezifischen Daten

Hierunter versteht man das so genannte *Customizing*, d. h. es werden u. a.
– Bediener und ihre Berechtigungen eingegeben,
– Artikel und Warengruppen angelegt,

---

[141] *FG Münster* vom 16.5.2013 – 2 K 3030/11 E, U, EFG 2014 S. 86-90 (Leitsatz und Gründe).

- Modifier (z. B. für Im-Haus- und Außer-Haus-Umsätze)
- etc.

Sofern die EDV-Registrierkassen nicht über die Möglichkeiten verfügen, diese Programmierungen auf einem Speichermedium (SD-Karte, USB-Stick) abzulegen, müssen zwingend (Papier-)Ausdrucke erstellt und aufbewahrt werden.

Diese Form der Aufbewahrung ist aber nur noch für eine **Übergangszeit bis zum 31.12.2016** möglich!

Die folgende ABB. 21 zeigt einen Auszug aus einer Kassenprogrammierung. Die vorgestellten und mit „#" abgeschlossenen Zahlen stellen die so genannten Job-Codes dar. Über die dahinter liegenden Zahlenkombinationen gibt der Kassenprogrammierer bzw. Kassenaufsteller die Grundeinstellungen der Kasse ein. In der Programmieranleitung findet man nicht nur Hinweise über die Werkseinstellungen, sondern i. d. R. auch Musterausdrucke solcher Programmierungen.

Die Finanzverwaltung verfügt über eine Datenbank mit einer Vielzahl solcher Grundprogrammierungen. Im Rahmen einer Betriebsprüfung wird dann überprüft, warum und in welchen Punkten die Kassenprogrammierung des Stpfl. – sofern diese aufbewahrt wurde – von der Werksprogrammierung abweicht. Die Abweichungen werden hinterfragt und sind vom Stpfl. bzw. seinem Steuerberater zu erklären.

Das vorliegende Beispiel lässt deutlich erkennen, dass es einen Grand Total-Speicher gibt und dass für die wichtigsten Berichtsformen, z. B. Allgemein- oder Bedienerbericht, eigene Z-Zähler eingerichtet sind.

> **BEACHTE:**
> Die 1. Kassenrichtlinie (nur noch bis **31.12.2016** gültig) gilt **nur für papierene Kassenunterlagen!**

3. Besondere Aufbewahrungspflichten bei Kassensystemen

ABB. 21 — Grundprogrammierung einer Registrierkasse (Auszug)

```
                    ZUR STEUEROASE
                    FAMILIE SCHWARZGELD
                    TEL. 02345-12345

000000  #0002  03/01/2015           15:59

SRV PARAMETER
     901#                               0102
     902#                               0000
     903#                               6270
     904#                               0000
     905#                               0100
     906#                               0702
     907#                               0010
     908#                               0001
     909#                               0000
     910#                               0000
     911#                               0405
     912#                               1145
     913#                               0003
     914#                               4100
     915#                               0060
     916#                               1000
     917#                               0000
     918#                               0030
     919#                               4100
     920#                               0040
     921#                               0050
     922#                               4600
     923#                               0010
     924#                               0000
     925#                               0101
     926#                               0000
     927#                               0000
     928#                               0064
     929#                               7100
     980#                               0006
     981#                               0420
     982#                               3001
     983#                               0102
     984#                               0500
     985#                               0000
     986#                               1600
     987#                               0200
     988#                               0400
     989#                               0000
     990#                               0000
     991#                               0000
     992#                               4100
     993#                               0000
     994#                               0000
     995#                               0000
     996#                               0000
     997#                               0000
     998#                               0000

Z-BERICHTZÄHLER
     ALLGEMEIN  Z1                      0000
     ALLGEMEIN  Z2                      0000
     KONSOLID.  Z1                      0000
     KONSOLID.  Z2                      0000
     BEDIENER   Z1                      0000
     KASSIERER  Z1                      0000
     STUENDLICH Z1                      0000
     PLU/EAN    Z1                      0000
     TISCH      Z1                      0000
     TÄGL. NETTO Z2                     0000

     GT POSITIV
     GT2                       €00000000000.00
     GT NEGATIV
     GT3                       €00000000000.00

     TEXT                                   €
```

3.1.1 Informationen zu einzelnen Bestandteilen des Tagesendsummenbons

Bei Betriebsprüfungen durch die Finanzverwaltung wird zum einen darauf geachtet, dass die in der 1. Kassenrichtlinie festgeschriebenen Bestandteile eines Tagesendsummenbons (s. Kapitel V. 3.1) auch ausgedruckt und anschließend aufbewahrt werden, s. Mustertagesendsummenbon (ABB. 22).

ABB. 22: Muster eines Tagesendsummenbons (Programmierung beim Stpfl.)

```
              ZUR STEUEROASE
              FAMILIE SCHWARZGELD
                TEL. 02345-12345

000000 #0024 03/01/2015          16:18    [0001]
EBERHARD

            *Z1*

ALLGEMEIN Z1                              0005
------------------------------------------------
WGR/GRUPPEN

D02                         12 Q         6.94%
ALK. FREIE GETRÄNKE                     €25.10
UMS. 19%MWST                12Q         €25.10
MWSTPF. ZW-SU               12Q         €25.10
D04                         28 Q        14.46%
SPIRITUOSEN                             €52.30
UMS. 19%MWST                28Q         €52.30
D11                          2 Q        76.25%
DIVERSE SPEISEN                        €275.80
UMS. 19%MWST                 2Q        €275.80
D12                          1 Q         2.35%
DIVERSE GETRÄNKE                         €8.50
UMS. 19%MWST                 1Q          €8.50
GRUPPE1                     43 Q       100.00%
                                       €361.70

------------------------------------------------
(+) WGR GES.                43 Q       100.00%
                                       €361.70
------------------------------------------------
TRANSAKTION

NETTO1                                 €361.70
------------------------------------------------
UMS. 19%MWST                           €361.70
INCL. 19%MWST                           €57.75
MWST GESAMT                             €57.75
NETTO                                  €303.95
------------------------------------------------
KUNDEN                       2 Q
------------------------------------------------
BESTELLT                               €361.70
BEZAHLT                                €361.70
DURCHSCHNITT                           €180.85
------------------------------------------------
BAR                          2 Q       €361.70

333BE7DF-BCD3B387-9FD65810
43DF2D31-8B7B8BA5
```

Dieser Tagesendsummenbon des Stpfl. (ABB. 22) wird von der Betriebsprüfung der Finanzverwaltung mit dem Tagesendsummenbon lt. Programmier- und Bedienungsanleitung (s. ABB. 23) verglichen. Die Abweichungen sind dann vom Stpfl. bzw. seinem steuerlichen Berater zu erklären.

ABB. 23: Muster eines Tagesendsummenbons lt. Werksprogrammierung

```
              ZUR STEUEROASE
              FAMILIE SCHWARZGELD
               TEL. 02345-12345

       000000 #0007 03/01/2015      16:07  [0001]
       EBERHARD

                    *Z1*

       ┌─────────────────────────────────────────┐
       │ ALLGEMEIN Z1                       0001 │
       │ GT1                    €00000000185.50  │
       │ GT2                    €00000000189.10  │
       │ GT3                    -00000000003.60  │
       │ SAL                    €00000000000.00  │
       │ TR                     €00000000000.00  │
       │                                         │
       │ WGR/GRUPPEN                             │
       └─────────────────────────────────────────┘
         D02                 10 Q      10.57%
         ALK.FREIE GETRÄNKE              €19.60
         UMS.19%MWST         10Q         €19.60
         MWSTPF. ZW-SU       10Q         €19.60
         D04                  8 Q       9.54%
         SPIRITUOSEN                     €17.70
         UMS.19%MWST          8Q         €17.70
         D06                  3 Q       2.91%
         WARME GETRÄNKE                   €5.40
         UMS.19%MWST          3Q          €5.40
         D11                  5 Q      75.04%
         DIVERSE SPEISEN                €139.20
         UMS.19%MWST          5Q        €139.20
         D12                  1 Q       1.94%
         DIVERSE GETRÄNKE                 €3.60
         UMS.19%MWST          1Q          €3.60
         GRUPPE1             27 Q     100.00%
                                       €185.50

         (+) WGR GES.        27 Q     100.00%
                                       €185.50

         TRANSAKTION

         NETTO1                        €185.50

         UMS. 19%MWST                  €185.50
         INCL. 19%MWST                  €29.62
         MWST GESAMT                    €29.62
         NETTO                         €155.88

         SOFORTSTORNO         2 Q       €3.60

         KUNDEN               3 Q

         BESTELLT                      €185.50
         BEZAHLT                       €185.50
         DURCHSCHNITT                   €61.83

         BAR                  3 Q     €185.50

       F92F24C5-566F8117-0ECB4D42
       B94F30C3-683BA123

              SCHWEIZER LANDSTR. 11
               12345 FINANZLOCH
              ST.NR.: 111/2222/333
```

3.1.2 Grand Total-Speicher

Im Vergleich zur vorherigen ABB. 21 weist die ABB. 22 im oberen Bereich die Grand Total-Speicher (GT 1 – GT 3) und den Trainingsspeicher (TR) aus. Je nach Kassentyp können verschiedene derartige Speicher eingerichtet werden. Im Grand Total werden alle über die Registrierkasse eingegebenen Umsätze seit Inbetriebnahme der Kasse abgebildet.

> **BEACHTE:**
> Bei einigen Registrierkassen wird der monatliche (Perioden-)Bericht als **GTZ-Bericht** bezeichnet. Es handelt sich hierbei **nicht** um den Ausdruck des Grand Total-Speichers, sondern um den Ausdruck der Monatsumsätze!

Der Tagesendsummenbon in ABB. 22 beinhaltet

▶ GT 1 die Summe von GT 2 abzgl. GT 3 (wird vom Kassensystem rechnerisch ermittelt)
▶ GT 2 Gesamtumsätze vor Abzug der Stornierungen
▶ GT 3 Summe der vorgenommenen Stornierungen

Der Ausweis des Grand Total-Speichers ist **kein „Muss-Bestandteil"** der 1. Kassenrichtlinie. In der Praxis wird dieser auch nur selten ausgewiesen, teilweise erst gar nicht eingerichtet, weil der Betriebsinhaber nicht möchte, dass seine Angestellten, die abends den Tagesabschluss erstellen, die Gesamtumsätze des Betriebes sehen können.

Bei einigen Kassentypen lässt sich der Grand Total zwar im Ausdruck unterdrücken, aber nicht ausschalten. Durch eine Umprogrammierung lassen sich dann die Zahlen nachträglich wieder sichtbar machen.

Da der Ausweis des Grand Total-Speichers gesetzlich nicht vorgeschrieben ist, kann seine Unterdrückung bzw. Deaktivierung nicht zu einem Mangel in der Kassenführung führen. Die Betriebsprüfung fordert zwar immer den Ausdruck, um die Vollständigkeit zu überprüfen, aber mit dem Gesetz oder dem BMF-Schreiben vom 6. 1. 1996 kann dies nicht in Einklang gebracht werden.

Auch bei den im GT-Speicher ausgewiesenen Zahlen handelt es sich nicht um verlässliche Zahlen, mit denen die erklärten Gesamtumsätze mit den tatsächlich erzielten Umsätzen verglichen werden können.

Hat der Stpfl. eine gebrauchte Kasse gekauft, bei der die GT-Speicher zu Beginn nicht gelöscht wurden, so beinhalten diese dann auch Umsätze des Vorbesitzers. Hatte dieser die Kasse schon zu DM-Zeiten in Gebrauch, können auch diese Umsätze noch im GT-Speicher enthalten sein.

Bei einigen EDV-Registrierkassen werden sämtliche Zahleneingaben in die Kasse im GT-Speicher als „positive" Zahlen – auch wenn es sich um Stornierungen handelt – erfasst. Dadurch werden die Einnahmen höher ausgewiesen als sie tatsächlich sind.

Ein weiteres Problem sind falsch eingegebene Umsätze, die nicht ordentlich storniert wurden. Dies soll an folgendem Beispiel erläutert werden:

> **BEISPIEL ▶** Die Mitarbeiterin in einem Restaurant vertippt sich. Sie gibt statt 10 x 10 € den Betrag 10 x 100 € ein. Der Fehler wird nicht durch einen Sofort- oder Nachstorno korrigiert. Der Umsatz würde im GT2- und GT1-Speicher in diesem Fall um 900 € zu hoch ausgewiesen.

> **PRAXISHINWEIS:**
> Wenn ein Stpfl. immer selbst den Tagesabschluss vornimmt und nicht seine Angestellten, sollte der GT-Speicher aktiviert und auf dem Tagesendsummenbon ausgewiesen werden.

Jedoch sollten vorher genaue Informationen über die in diesem Speicher dokumentierten Zahlen eingeholt werden.

Viele EDV-Registrierkassen ohne Datenspeicherung bieten dem Unternehmer die Möglichkeit, z. B. nach einem Kassendefekt/-ausfall, den GT-Speicher händisch einzugeben, was natürlich auch zu Manipulationszwecken missbraucht werden kann.

3.1.3 Trainingsbediener und Trainingsspeicher

Damit neue Mitarbeiter/innen den Umgang mit einer Registrierkasse lernen können, besteht die Möglichkeit so genannte Trainings- oder Schulungsbediener einzurichten, deren gebongte Umsätze jedoch nicht in die Tages-, Monats- oder Jahresspeicher eingehen.

Es ist nicht verboten, solche Bediener in der Praxis zu nutzen, nur müssen die Einsatzzeiten und Umsätze auch auf den Tagesendsummenbons protokolliert werden. In den Bedienerberichten werden die Arbeitszeiten und Umsätze der Trainingsbediener bei einer Vielzahl von Kassen ausgewiesen. Nur werden diese Berichte von den Stpfl. nur in den seltensten Fällen aufbewahrt.

3.1.4 Fortlaufende Z-Nummer

Der Ausdruck der fortlaufenden so genannten „Z-Nummer" dient der Überprüfung der Vollständigkeit der Kassenberichte und der Einnahmen.

Im Rahmen von Betriebsprüfungen ist es ein Leichtes, die Z-Nummern auf Vollständigkeit zu überprüfen. Mit Hilfe entsprechend programmierter Makros in der Prüfungssoftware „IDEA" lassen sich entsprechende Lücken schnell feststellen. Die Praxis hat sich entsprechend darauf eingestellt. In den letzten Jahren achten die Stpfl. vermehrt auf vollständige Unterlagen.

Dies wird ihnen von Seiten der Kassenhersteller auch erleichtert, denn diese bieten ihren Kunden die Möglichkeit, den Z-Zähler und weitere Daten manuell zu verändern.

Ein Zitat aus der Bedienungsanleitung eines Kassenherstellers soll dies belegen:

*„In diesem Untermenü können Sie den Grand Total und die Z-Zähler **manuell** einstellen"*

Getreu dem Motto: „Ich mache mir meinen eigenen Tagesendsummenbon!"

Gedacht ist diese Form der Eingabe der Z-Nummer für den Kassenaufsteller bzw. Kassenbetreuer. Kommt es bei einem Systemabsturz zum Verlust der Daten, kann die Gewähr der fortlaufenden Nummerierung nur dadurch gewährleistet werden, dass die Z-Nummer manuell „angepasst" wird.

PRAXISHINWEIS:
In solchen Fällen sollte der Systemabsturz dokumentiert werden. Anschließend sollte bewusst mit der Z-Nr. 1 wieder begonnen werden. Dies wäre ein Indiz dafür, dass an der fortlaufenden Nummerierung manuell nichts geändert wurde.

Wird bei der Überprüfung der Tagesendsummenbons festgestellt, dass Z-Nummern auf dem Tagesendsummenbon unterdrückt werden, kann dies sogar auf bewusste Manipulation der Kasse hindeuten.[142]

---

[142] *FG Münster*, Beschluss vom 7. 1. 2015 – 8 V 1774/14 G, sowie *FG Münster*, Urteil vom 16. 5. 2013 – 2 K 3030/11 E, U, EFG 2014 S. 86.

3.2 Aufbewahrung digitaler Unterlagen bei Bargeschäften[143] (2. Kassenrichtlinie)

Mit dieser 2. Kassenrichtlinie wurde die 1. Kassenrichtlinie vom 9.1.1996 (s. Kapitel V.3.1) grundsätzlich aufgehoben. Das BMF-Schreiben vom 9.1.1996 kommt nur noch in Fällen der Härtefallregelung bis zum 31.12.2016 zur Anwendung.

Im Folgenden sollen die einzelnen Passagen der 2. Kassenrichtlinie näher erläutert werden:

3.2.1 Relevanz für sämtliche Kassenarten

„Im Einvernehmen mit den obersten Finanzbehörden der Länder gilt zur Aufbewahrung der mittels Registrierkassen, Waagen mit Registrierkassenfunktion, Taxametern und Wegstreckenzählern (im Folgenden: Geräte) erfassten Geschäftsvorfälle Folgendes:..."

Im BMF-Schreiben wird nicht mehr nur von EDV-Registrierkassen, sondern von „Geräten" gesprochen. Diese Formulierung wurde allgemeiner gehalten, da mit einer Vielzahl von vorgelagerten DV-Systemen Bareinnahmen erfasst werden können. In die Regelung werden somit sämtliche Kassenarten (somit auch proprietäre Kassen und PC-(Kassen-)Systeme) und darüber hinaus noch weitere „Geräte" mit einbezogen, z. B. auch

▶ Warenwirtschaftssysteme mit Kassenmodul,

▶ Geldspielgeräte,

▶ Server mit mehreren Kassenplätzen,

▶ Funkterminals und andere mobile Kassensysteme

▶ etc.

3.2.2 Einzelaufzeichnungspflicht

*„Seit dem 1. Januar 2002 sind Unterlagen i. S. d. § 147 Abs. 1 AO, die mit Hilfe eines Datenverarbeitungssystems erstellt worden sind, während der Dauer der Aufbewahrungsfrist jederzeit verfügbar, unverzüglich lesbar und maschinell auswertbar aufzubewahren (§ 147 Abs. 2 Nr. 2 AO). Die vorgenannten Geräte sowie die mit ihrer Hilfe erstellten digitalen Unterlagen müssen seit diesem Zeitpunkt neben den „Grundsätzen ordnungsgemäßer DV-gestützter Buchführungssysteme (GoBS)" vom 7. November 1995 (BStBl 1995 I S. 738) auch den „Grundsätzen zum Datenzugriff und zur Prüfbarkeit digitaler Unterlagen (GDPdU)" vom 16. Juli 2001 (BStBl 2001 I S. 415) entsprechen (§ 147 Abs. 6 AO). Die Feststellungslast liegt beim Steuerpflichtigen. Insbesondere **müssen alle steuerlich relevanten Einzeldaten (Einzelaufzeichnungspflicht)** einschließlich etwaiger mit dem Gerät elektronisch erzeugter Rechnungen i. S. d. § 14 UStG unveränderbar und vollständig aufbewahrt werden. Eine Verdichtung dieser Daten oder ausschließliche Speicherung der Rechnungsendsummen ist unzulässig. Ein ausschließliches Vorhalten aufbewahrungspflichtiger Unterlagen in ausgedruckter Form ist nicht ausreichend. Die digitalen Unterlagen und die Strukturinformationen müssen in einem auswertbaren Datenformat vorliegen."*

---

143 *BMF*-Schreiben vom 26.11.2010 – IV A 4 – S 0316/08/10004-07, BStBl I 2010 S. 1342.

Aus diesem Teil des BMF-Schreibens wird deutlich, dass die alte 1. Kassenrichtlinie (s. Kapitel V.3.1) nur bei EDV-Registrierkassen zur Anwendung kommt, die die Daten nicht speichern, sondern noch Einzelaufzeichnungen auf Papier erstellen.

Gleichzeitig wird klargestellt, dass schon **seit dem 7.11.1995**, also mit Veröffentlichung der GoBS, der Grundsatz der Einzelaufzeichnungspflicht auf Bonebene für alle DV-Geräte gilt, die eine Datenspeicherung ermöglichen. Jeder einzelne bare und unbare Geschäftsvorfall ist vollständig, richtig und vor allem unveränderbar zu speichern. Unbeachtlich sind Menge und Höhe der jeweiligen Geschäftsvorfälle.

Konkretisiert wird in diesem BMF Schreiben auch, dass seit dem **16.7.2001**, mit Veröffentlichung der GDPdU, genau diese Einzeldaten sowie die dazu gehörigen Stammdaten, Organisationunterlagen und -daten, Strukturdaten sowie Programmierdaten jederzeit verfügbar, unverzüglich lesbar und maschinell auswertbar, d. h. in einem von der Software IDEA[144] (= Analysesoftware der Finanzverwaltung) lesbaren Format, zur Verfügung gestellt werden müssen.

Mit der Datenträgerüberlassung sind der Finanzbehörde mit den gespeicherten Unterlagen und Aufzeichnungen alle zur Auswertung der Daten notwendigen Informationen (Strukturinformationen) über die Dateistruktur, die Datenfelder sowie interne und externe Verknüpfungen, Programmprozeduren etc. in maschinell auswertbarer Form zur Verfügung zu stellen. In den „Ergänzenden Informationen zur Datenträgerüberlassung"[145] werden bestimmte Dateiformate aufgeführt, die von der aktuellen Version der Prüfsoftware (Stand: 03/2015) problemlos gelesen werden können und damit die Voraussetzung der maschinellen Verwertbarkeit im Sinne der GoBD erfüllen – sofern die zur Auswertung der Daten notwendigen Strukturinformationen gleichfalls in maschinell verwertbarer Form bereitgestellt werden und das Einlesen der Daten ohne Installation zusätzlicher Software über IDEA und Smart X hinaus möglich ist.

Da es sich bei den in proprietären Kassen und PC-(Kassen-)Systemen gespeicherten Geschäftsvorfällen um steuerlich relevante Daten handelt (= Grundaufzeichnungen), sind diese auch nach § 147 Abs. 1 Nr. 1 AO aufzubewahren und nach § 147 Abs. 6 AO – im Rahmen des Datenzugriffs – vorzulegen. Eine Verdichtung der Daten oder eine reine Aufbewahrung auf Papier ist nicht zulässig!

Die von vielen Kassenherstellern, Steuerberatern und Wirtschaftsprüfern veröffentlichte Meinung, die Einzelaufzeichnungspflicht gelte erst mit Veröffentlichung dieses BMF-Schreibens, also ab dem 26.11.2010, ist demnach nicht zutreffend.

Mit BMF-Schreiben vom 14.11.2014 wurden die neuen Grundsätze zur ordnungsgemäßen Führung und Aufbewahrung von Büchern, Aufzeichnungen und Unterlagen in elektronischer Form sowie zum Datenzugriff (GoBD) veröffentlicht. In Bezug auf die 2. Kassenrichtlinie bedeutet dies, dass die GoBS und die GDPdU nur noch bis zum 31.12.2014 anzuwenden sind. Ab dem 1.1.2015 müssen entsprechend die neuen GoBD beachtet werden.

---

144 IDEA, engl., Abkürzung für *Interactive Data Extraction and Analysis*.
145 *BMF*-Schreiben vom 14.11.2014 – IV A 4.

3.2.3 Aufbewahrung steuerlich relevanter Daten

„Ist die komplette Speicherung aller steuerlich relevanten Daten – bei der Registrierkasse insbesondere Journal-, Auswertungs-, Programmier- und Stammdatenänderungsdaten – innerhalb des Geräts nicht möglich, müssen diese Daten unveränderbar und maschinell auswertbar auf einem externen Datenträger gespeichert werden. Ein Archivsystem muss die gleichen Auswertungen wie jene im laufenden System ermöglichen."

Dieser Abschnitt besagt, dass wenn der Stpfl. neue Hardware und/oder neue Softwareupdates erhält, die alten Daten in der ursprünglichen Form erhalten bleiben müssen, sodass die Betriebsprüfung im Zeitpunkt der Prüfung die gleichen Auswertungen durchführen kann wie zu den Zeitpunkten, wo das System in der Praxis genutzt wurde.

In der Praxis kann dies dazu führen, dass auch ältere Hardware nicht ausgesondert werden kann, wenn diese für die Prüfungsanalyse von Bedeutung sind. Die Datenspeicherung kann auch auf externen Datenträgern erfolgen oder unter Nutzung von Archivsystemen. In diesen Fällen muss jedoch das Archivsystem die gleichen Auswertungsmöglichkeiten zur Verfügung stellen, wie das ursprüngliche System. Auch die GoBS und die GDPdU müssen bis zum 31.12.2014 von dem Archivsystem eingehalten werden. Nach dem 31.12.2014 müssen zwingend die neuen GoBD eingehalten werden.

Der Begriff „steuerrelevante Daten" ist mit Bekanntgabe der GoBD weggefallen. Die dadurch vorgenommene Eingrenzung auf Daten mit Belegfunktion oder zur Dokumentation ist zu eng. Nach der neuen Sprachregelung müssen alle steuerlichen und außersteuerlichen, aufzeichnungs- und aufbewahrungspflichtigen Unterlagen, die zum Verständnis und zur Überprüfung der für die Besteuerung gesetzlich vorgeschriebenen Aufzeichnungen von Bedeutung sind, aufbewahrt werden.[146]

3.2.4 Dokumentation der Einsatzorte von PC-Kassensystemen

„Die konkreten Einsatzorte und -zeiträume der vorgenannten Geräte sind zu protokollieren und diese Protokolle sind aufzubewahren (vgl. § 145 Abs. 1 AO, § 63 Abs. 1 UStDV). Einsatzort bei Taxametern und Wegstreckenzähler ist das Fahrzeug, in dem das Gerät verwendet wurde. Außerdem müssen die Grundlagenaufzeichnungen zur Überprüfung der Bareinnahmen für jedes einzelne Gerät getrennt geführt und aufbewahrt werden. Die zum Gerät gehörenden Organisationsunterlagen müssen aufbewahrt werden, insbesondere die Bedienungsanleitung, die Programmieranleitung und alle weiteren Anweisungen zur Programmierung des Geräts (§ 147 Abs. 1 Nr. 1 AO)."

Jeder Einsatz einer EDV-Registrierkasse bzw. eines PC-(Kassen-)Systems muss vom Stpfl. genau protokolliert werden.

---

146 BMF vom 14.11.2014, Rz. 3-5.

> **BEISPIEL**

TAB. 7: Muster für ein Einsatzprotokoll von EDV-Registrierkassen

Bezeichnung der Kasse	Seriennummer	Einsatz- bzw. Standort	Einsatzzeitraum (Datum)		Bemerkungen
			von	bis	
VECTRON Colour Touch	12345689	Filiale 13 Musterstadt	2.1.14	16.2.14	Einsatz zur Erfassung der Einnahmen bei Jazz-Fest Veranstaltungen

Als Grundlagenaufzeichnungen oder Grundaufzeichnungen sind alle Belege und Aufzeichnungen, die den Geschäftsvorfällen ursprünglich zugrunde liegen, zu verstehen. Somit alle Einzelaufzeichnungen zu Kasseneingängen und -ausgängen.

Da Datenzugriffe auf EDV-Registrierkassen und PC-(Kassen-)Systeme verstärkt zunehmen werden, ist es erforderlich, dass sich der sachverständige Dritte – im Zweifel die Betriebsprüfung der Finanzverwaltung – in dem jeweiligen Kassensystem in angemessener Zeit zurecht findet, damit diese sich in kurzer Zeit einen entsprechenden Überblick über die in den Kassen gespeicherten Grundaufzeichnungen verschaffen kann.

Deshalb ist es von besonderer Bedeutung, dass eine **detaillierte Verfahrensdokumentation** vorgelegt werden kann, die den o. g. Anforderungen entspricht. Ohne die Dokumentationsunterlagen über die Kassenprogrammierung kann nicht überprüft werden, ob bei der Programmierung manipulierende Einstellungen gewählt wurden.

Es ist zu beachten, dass in einem Prüfungszeitraum mehrfach Updates der Software durchgeführt werden. Für die Verfahrensdokumentation bedeutet dies, dass diese sowohl die aktuellen als auch die historischen Informationen nachvollziehbar beinhalten muss.

Die Dokumentation muss der im Prüfungszeitraum eingesetzten Programmversion entsprechen!

Soll eine entsprechende Verfahrensdokumentation vorgelegt werden, sollte diese u. a. beinhalten:

▶ Aufbau, Funktion und Inhalt der Stammdaten, z. B.
  - Grund- und Systemeinstellungen,
  - Artikel-, Waren-, Hauptgruppen etc. und Änderungen an diesen Daten,
  - Bediener- und Berechtigungsübersichten,
  - Steuersätze und „Modifier",
  - Berichtswesen, d. h. wie werden die ausgegebenen Berichte vom System erzeugt,
  - Beschreibung des elektronischen Journals bzw. des Datenerfassungsprotokolls,

▶ Erläuterungen über die Eingabemöglichkeiten und die Ablage im System, z. B. um welche Datenbankart handelt es sich, in welche Tabellen werden die Daten abgelegt, welche Prozeduren gibt es etc.,

▶ interne Programmabläufe (Routinen),

▶ Programmänderungen (u. a. Grundeinstellungen, *Customizing*[147] etc.).

Bei einer fehlenden oder ungenügenden Verfahrensdokumentation liegt ein formeller Mangel vor, der zum Verwerfen der Buchführung führen kann. Dem Finanzamt wird dadurch die Möglichkeit eröffnet, zu schätzen,[148] insbesondere in Fällen des Datenverlusts oder bei Veränderung (Manipulation) von Daten.[149]

Nur mit Hilfe aussagekräftiger Organisationsunterlagen kann ein sachverständiger Dritter für zurückliegende Zeiträume die Funktionalität der Kassensysteme überprüfen, u. a.:

▶ Wie erfolgt die Eingabe in die Aufzeichnungsgeräte (Mobile Geräte, Orderman, Touchscreen etc.)?

▶ In welche Datenbanktabellen erfolgt die Ablage der Einzeldaten?

▶ Welche Datenbankprozeduren sind gespeichert?

▶ Wie setzen sich die Daten (Journale) zusammen, die dem sachverständigen Dritten als GDPdU-Export zur Verfügung gestellt werden?

▶ Sind im Programm Möglichkeiten der Veränderungen bzw. Unterdrückung von Einzeldaten vorgesehen?

▶ etc.

3.2.5 Abgleich der baren und unbaren Geschäftsvorfälle

„Soweit mit Hilfe eines solchen Geräts unbare Geschäftsvorfälle (z. B. EC-Cash, ELV – Elektronisches Lastschriftverfahren) erfasst werden, muss aufgrund der erstellten Einzeldaten ein Abgleich der baren und unbaren Zahlungsvorgänge und deren zutreffende Verbuchung im Buchführungs- bzw. Aufzeichnungswerk gewährleistet sein."

In der Praxis bringt dieser Abschnitt des BMF-Schreibens ein Problem mit sich. Bei einer Vielzahl von EDV-Registrierkassen älterer Bauart ist das EC-Cash-Gerät bzw. das Kreditkartenlesegerät nicht direkt mit der Kasse verbunden, d. h. die Bedienung erstellt die Rechnung durch Betätigung der „BAR"-Taste, bevor der Kunde mitteilt, wie er bezahlt. Wünscht der Kunde anschließend per EC- oder Kreditkarte zu bezahlen, müssten die Mitarbeiter zunächst zur Kasse zurückgehen, den Tisch „reaktivieren", den Zahlungsweg eingeben und dem Kunden dann eine neue Rechnung überreichen oder es wird dem Kunden zunächst eine Zwischenrechnung erstellt und nach dem dieser sich zur Bezahlung geäußert hat, wird die endgültige Rechnung gedruckt.

Beide Varianten sind nach Aussage der Praxis nur in besucherarmen Zeiten möglich.

Somit hat das in der Praxis durchgeführte Verfahren zur Folge, dass in den Kassendaten dieser Umsatz als „Barumsatz" gespeichert wird, obwohl der Kunde tatsächlich mit EC- oder Kreditkarte bezahlt hat. Damit ist im System der Geschäftsvorfall nicht den Grundsätzen ordnungsgemäßer Buchführung entsprechend „richtig" dargestellt worden, denn im System wird der Umsatz

---

[147] Unter *Customizing* (dt.= kundenindividuelle Anpassung) versteht man die Anpassung von Standardprogrammen an anwenderspezifische Belange.

[148] *FG München* vom 29. 10. 2009 – 15 K 219/07, EFG 2011 S. 10.

[149] Zur Aufbewahrungspflicht für Protokolle zur Kassenprogrammierung und zur Nichtaufbewahrung als schwerer Ordnungsmangel der Kassenführung *Anders/Rühmann*, BBK 2013 S. 627.

als Barumsatz ausgewiesen, obwohl er tatsächlich unbar bezahlt wurde. Im Rahmen einer Betriebsprüfung stellt dieser Sachverhalt einen formellen Mangel in der Buchführung dar.

Die Praxis könnte den Sachverhalt nur dann richtig lösen, wenn
- vor Bezahlung der Gast gefragt wird, wie er bezahlen möchte und erst anschließend wird ihm die Rechnung zur Zahlung übergeben oder
- der Kunde erhält zunächst eine Zwischenrechnung und erhält nach Zahlung die endgültige Rechnung oder
- der Tisch wird reaktiviert und anschließend wird der Zahlungsweg neu gebucht.

3.2.6 Einzuhaltende Dokumentationspflichten bei Taxametern

„*Die vorgenannten Ausführungen gelten auch für die mit Hilfe eines Taxameters oder Wegstreckenzählers erstellten digitalen Unterlagen, soweit diese Grundlage für Eintragungen auf einem Schichtzettel im Sinne des BFH-Urteils vom 26. 2. 2004 – XI R 25/02 (BStBl 2004 II S. 599) sind. Im Einzelnen können dies sein:*
- *Name und Vorname des Fahrers*
- *Schichtdauer (Datum, Schichtbeginn, Schichtende)*
- *Summe der Total- und Besetztkilometer laut Taxameter*
- *Anzahl der Touren lt. Taxameter*
- *Summe der Einnahmen lt. Taxameter*
- *Kilometerstand lt. Tachometer (bei Schichtbeginn und -ende)*
- *Einnahme für Fahrten ohne Nutzung des Taxameters*
- *Zahlungsart (z. B. bar, EC-Cash, ELV – Elektronisches Lastschriftverfahren, Kreditkarte)*
- *Summe der Gesamteinnahmen*
- *Angaben über Lohnabzüge angestellter Fahrer*
- *Angaben von sonstigen Abzügen (z. B. Verrechnungsfahrten)*
- *Summe der verbleibenden Resteinnahmen*
- *Summe der an den Unternehmer abgelieferten Beträge*
- *Kennzeichen der Taxe*

Dies gilt für Unternehmer ohne Fremdpersonal entsprechend."

Hier wird noch einmal klargestellt, dass auch Taxameter digitale Aufzeichnungsgeräte sind, für die grundsätzlich auch die Einzelaufzeichnungspflichten zur Anwendung kommen. Die o. g. Daten müssen – sofern diese mit einem DV-System erstellt werden – einzeln, unveränderbar und digital auswertbar aufbewahrt werden.

3.2.7 Durchführung von technischen Anpassungen

„*Soweit ein Gerät **bauartbedingt** den in diesem Schreiben niedergelegten gesetzlichen Anforderungen nicht oder nur teilweise genügt, wird es nicht beanstandet, wenn der Steuerpflichtige dieses Gerät längstens bis zum 31. Dezember 2016 in seinem Betrieb **weiterhin** einsetzt.*"

Der Begriff „bauartbedingt" ist ein gängiger Begriff, der in vielen Teilen des wirtschaftlichen Lebens verwendet wird. Eine eigenständige Definition für den steuerlichen Bereich gibt es nicht.

Das „weiterhin" ist so zu interpretieren, dass bis **zum 31.12.2016** noch Registrierkassen verkauft und in der Praxis genutzt werden dürfen, die nicht dem Grundsatz der Einzelaufzeichnungspflicht auf Bonebene entsprechen, d. h. EDV-Registrierkassen und proprietäre Kassensysteme, die die Eingaben nicht intern oder auf einem externen Datenträger speichern können, weil diese technisch nicht mehr dazu in der Lage sind, sind in der Praxis noch bis zum vorgenannten Datum einsetzbar.

*„Das setzt aber voraus, dass der Steuerpflichtige **technisch mögliche** Softwareanpassungen und Speichererweiterungen mit dem Ziel durchführt, die in diesem Schreiben konkretisierten gesetzlichen Anforderungen zu erfüllen."*

Die Nutzung von EDV-Registrierkassen, die den in der 2. Kassenrichtlinie niedergelegten gesetzlichen Anforderungen nicht oder nur teilweise genügen, ist bis zum **31.12.2016** zulässig. Voraussetzung ist allerdings, dass technisch mögliche Softwareanpassungen und Speichererweiterungen durchgeführt werden, um die gesetzlichen Anforderungen zu erfüllen.

„Technisch möglich" bedeutet, dass das Gerät (die EDV-Registrierkasse, das PC-(Kassen-)System) nach dem Stand der Technik eine Softwareanpassung oder Speicherweiterung zulässt. Der Stpfl. hat sich um eine technische Nachrüstbarkeit zu bemühen. Auf die wirtschaftliche Zumutbarkeit kommt es dabei nicht an. Die dadurch entstehenden Kosten sind auch von ihm allein zu tragen.

Hierbei stellt sich die Frage, wer muss in der Praxis bescheinigen bzw. darlegen, dass die jeweilige Kasse nicht mehr aufrüstbar ist? Dies können i. d. R. nur die Kassenaufsteller bzw. der Kassenhersteller, wobei an dieser Stelle darauf hingewiesen wird, dass diese keine Beteiligten i. R. d. Betriebsprüfung sind und deswegen keine Nachweise vorlegen müssen.

Eine weitere Frage, die sich im Zusammenhang mit der Aufrüstung stellt, ist die der Verpflichtung. Kann die Betriebsprüfung der Finanzverwaltung den Stpfl. verpflichten, entsprechende Softwareanpassungen durchzuführen? Was ist, wenn der Stpfl. diese nicht vornimmt? Kann er dann mit einer Zwangsgeldandrohung bzw. Zwangsgeldfestsetzung dazu gezwungen werden? Da es sich bei dem BMF-Schreiben um eine Verwaltungsanweisung handelt, sehe ich dazu keine Möglichkeit.

*„Bei Registrierkassen, die technisch nicht mit Softwareanpassungen und Speichererweiterungen aufgerüstet werden können, müssen die Anforderungen des BMF-Schreibens vom 9. Januar 1996 weiterhin **vollumfänglich** beachtet werden. Das BMF-Schreiben zum „Verzicht auf die Aufbewahrung von Kassenstreifen bei Einsatz elektronischer Registrierkassen" vom 9. Januar 1996 (BStBl 1996 I S. 34) wird im Übrigen hiermit aufgehoben."*

An dieser Stelle folgt die Klarstellung:

Das alte BMF Schreiben, die 1. Kassenrichtlinie, wird aufgehoben, behält aber in Härtefällen, wenn Kassen nicht durch Hardware- oder Softwareanpassungen „upgedatet" werden können, weiterhin Gültigkeit.

3.2.8 Schlussbemerkung zur 2. Kassenrichtlinie

Beim Lesen dieses BMF-Schreibens fällt auf, es wird an keiner Stelle der Begriff „Tagesendsummenbon" genannt. Für die Buchführung ist es zwar erforderlich noch einen Beleg auszudrucken, um den Nachweis über die erzielten Betriebseinnahmen zu führen, maßgeblich sind aber die gespeicherten Daten. Diese müssen jeden Geschäftsvorfall einzeln und vollständig nachweisen. Aus diesem Grunde sollten Stpfl. sich immer Gedanken über die Sicherung der Daten machen.

4. Die neuen GoBD und ihre Auswirkungen auf die Kassenführung

Ein Vergleich der Inhaltsverzeichnisse der neuen Grundsätze zur ordnungsgemäßen Führung und Aufbewahrung von Büchern, Aufzeichnungen und Unterlagen in elektronischer Form sowie zum Datenzugriff (GoBD, s. Kapitel XVI.3.)[150] mit den alten BMF-Schreiben zu den Grundsätzen ordnungsgemäßer DV-gestützter Buchführungssysteme (GoBS)[151] und Grundsätzen zum Datenzugriff und zur Prüfbarkeit digitaler Unterlagen (GDPdU)[152] zeigt, dass das neue Schreiben eine Zusammenfassung der vorherigen BMF-Schreiben und des FAQ-Katalogs ist.

TAB. 8: Vergleich Inhaltsverzeichnis GoBD mit GoBS und GDPdU

	GoBD		GoBS/GDPdU
1.	Allgemeines	2.	Anwendungsbereich
2.	Verantwortlichkeit	9.	Verantwortlichkeit
3.	Allgemeine Anforderungen		
4.	Belegwesen (Belegfunktion)	2.	Beleg-, Journal- und Kontenfunktion
5.	Aufzeichnung der Geschäftsvorfälle in zeitlicher und in sachlicher Ordnung (Grund(buch)aufzeichnungen, Journal- und Kontenfunktion)	2.	Beleg-, Journal- und Kontenfunktion
		3.	Buchung
6.	Internes Kontrollsystem (IKS)	4.	Internes Kontrollsystem (IKS)
7.	Datensicherheit	5.	Datensicherheit
8.	Unveränderbarkeit, Protokollierung von Änderungen		
9.	Aufbewahrung	7.	Aufbewahrungsfristen
		8.	Wiedergabe der auf Datenträgern geführten Unterlagen
10.	Nachvollziehbarkeit und Nachprüfbarkeit	6.	Dokumentation und Prüfbarkeit
11.	Datenzugriff		BMF-Schreiben zu den GDPdU
12.	Zertifizierung und Software-Testate		FAQ zum Datenzugriff
13.	Anwendungsregelung		

Die GoBD gelten uneingeschränkt für sämtliche EDV-Registrierkassen und PC-(Kassen-) Systeme, jedoch nicht für die offene Ladenkasse. Das neue BMF-Schreiben ersetzt auch nicht das BMF-

---

150 *BMF*-Schreiben vom 14.11.2014 – IV A 4 – S 0316/13/10003.
151 *BMF*-Schreiben vom 7.11.1995 – IV A 8 – S 0316/52/95.
152 *BMF*-Schreiben vom 16.7.2001 – IV D 2 – S 0316/136/01.

Schreiben vom 26.11.2010 (2. Kassenrichtlinie, s. Kapitel V. 3.2), sondern die GoBD treten an die Stelle der dort aufgeführten GoBS und GDPdU.

5. Übersichten

Die folgenden Abbildungen verdeutlichen, welche BMF-Schreiben bei EDV-Registrierkassen, proprietären Kassensystemen und PC-(Kassen-)Systemen **bis zum 31.12.2014** (ABB. 24) und **ab dem 1.1.2015** (ABB. 25) zu beachten sind:

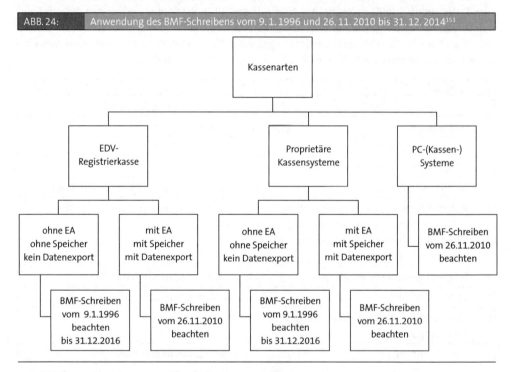

ABB. 24: Anwendung des BMF-Schreibens vom 9.1.1996 und 26.11.2010 bis 31.12.2014[153]

---

153 EA = Einzelaufzeichnung.

5. Übersichten

ABB. 25: Anwendung des BMF-Schreibens vom 9.1.1996 und 26.11.2010 ab 1.1.2015[154]

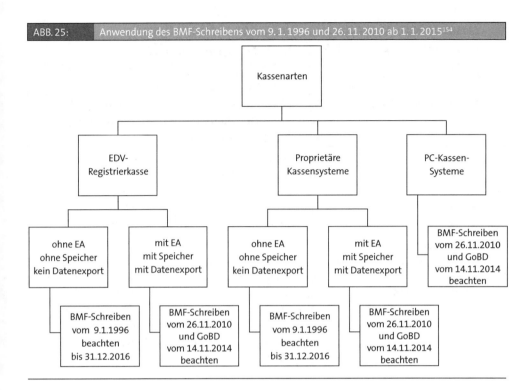

---

154 EA = Einzelaufzeichnung.

6. Zusammenfassende Übersicht der steuerlichen Aufzeichnungs- und Aufbewahrungsvorschriften

ABB. 26:	Zusammenfassende Übersicht der steuerlichen Aufzeichnungs- und Aufbewahrungsvorschriften	
Aufzeichnungspflichten	**Allgemeine Anforderungen/ Ordnungsvorschriften zur Buchführung/Aufzeichnung**	**Aufbewahrungspflichten § 147 AO**
▶ § 140 AO ▶ § 141 AO ▶ § 143 AO ▶ § 144 AO ▶ § 22 UStG ▶ Einzelaufzeichnungspflichten im Rahmen der Zumutbarkeit (BFH v. 12. 5. 1966)	▶ § 145 Abs. 1 Satz AO Grundsatz der Übersichtlichkeit ▶ § 145 Abs. 1 Satz 2 AO Verfolgung der Geschäftsvorfälle ▶ § 146 Abs. 1 Satz 1 AO Grundsatz der Wahrheit und Klarheit ▶ § 146 Abs. 1 Satz 2 AO Kasseneinnahmen und Kassenausgaben sind täglich festzuhalten ▶ § 146 Abs. 4 AO Unveränderbarkeit der Buchungen und Aufzeichnungen ▶ § 146 Abs. 5 AO Form der Führung von Büchern	▶ § 147 Abs. 1 Nr. 1-5 AO Eingruppierung der Unterlagen ▶ § 147 Abs. 1 Nr. 5 AO Unterlagen und sonstige Belege mit steuerlicher Relevanz ▶ § 147 Abs. 3 u. 5 AO Form der Aufbewahrung (Papierform, Datenträger, etc.) ▶ **Beachte:** System der Aufbewahrung muss den GoB, GoBS, GDPdU und GoBD entsprechen.

VI. Aufzeichnungspflichten bei der Gewinnermittlung nach § 4 Abs. 3 EStG

Steuerberater verweisen bezüglich der Kassenführung bei der Gewinnermittlung nach § 4 Abs. 3 EStG oftmals auf den BFH-Beschluss vom 16.6.2006 – X B 57/05,[155] wonach diese Stpfl. nicht verpflichtet sind, ein Kassenbuch zu führen, weil es keine Bestandskonten und somit auch kein Kassenkonto gibt. Zum damaligen Zeitpunkt der Veröffentlichung führte dieser Beschluss zu sehr viel Aufregung. Vertreter der Finanzverwaltung verwiesen in diversen Veröffentlichungen darauf, dass auch bei der Einnahmenüberschussrechnung bezüglich der Kassenführung Aufzeichnungs- und Aufbewahrungspflichten einzuhalten sind.[156]

Tatsächlich ergibt sich für Unternehmer, die überwiegend Umsätze im Bargeldverkehr erwirtschaften, etwa in Gastronomie, Einzelhandel oder Handwerk, eine Einzelaufzeichnungsverpflichtung, nämlich aus § 22 UStG sowie den §§ 63 bis 68 UStDV.

Der o. g. BFH-Beschluss stellt klar, dass es sich bei den umsatzsteuerrechtlichen Anforderungen nicht um Aufzeichnungen „nach anderen Gesetzen als den Steuergesetzen" (§ 140 AO) handelt. Aber die Aufzeichnungsverpflichtung aus einem Steuergesetz wirkt, sofern dieses Gesetz keine Beschränkung auf seinen Geltungsbereich enthält oder sich eine solche Beschränkung aus der Natur der Sache ergibt, unmittelbar auch für andere Steuergesetze – und somit auch für das Einkommensteuergesetz.[157]

Aus den umsatzsteuerrechtlichen Vorschriften in § 22 Abs. 1 Nr. 1 UStG ergibt sich somit auch für die Gewinnermittlung nach § 4 Abs. 3 EStG der Grundsatz der Einzelaufzeichnungspflicht – zwar nicht *expressis verbis* aus dem Umsatzsteuergesetz, er lässt sich aber aus dem Zusammenwirken von UStG, UStDV und AO aus den dort genannten Vorschriften herleiten:

▶ § 63 UStDV ist zu entnehmen, dass die Aufzeichnungen – also auch bei der Einnahmenüberschussrechnung – so beschaffen sein müssen, dass es einem sachverständigen Dritten möglich sein muss, sich innerhalb einer angemessenen Zeit einen Überblick über die Umsätze des Unternehmens und die abziehbaren Vorsteuern verschaffen zu können, um die Grundlagen für die Steuerberechnung festzustellen. Somit gelten die Vorschriften über das Führen von Büchern und Aufzeichnungen der §§ 140 bis 148 AO entsprechend über § 63 Abs. 1 UStDV[158] – hier insbesondere die §§ 145, 146 und 147 AO.

▶ § 145 Abs. 1 Satz 2 AO schreibt vor, dass die Geschäftsvorfälle sich in ihrer Entstehung und Abwicklung verfolgen lassen müssen.

▶ § 146 Abs. 1 AO ergänzt, dass Aufzeichnungen auch bei der Einnahmenüberschussrechnung vollständig, richtig, zeitgerecht und geordnet vorzunehmen sind.

▶ Sowohl § 145 AO als auch § 146 AO verweisen in ihrer Überschrift auf „Aufzeichnungen".

---

155   *BFH*-Beschluss vom 16.2.2006 – X B 57/05.
156   *Becker/Wiethölter*, Aufzeichnungspflichten beim Einnahmen-Überschuss-Rechner gemäß § 4 Abs. 3 EStG – Der falsch verstandene Beschluss des BFH vom 16.2.2006, StBp 2006 S. 377-379.
157   *BFH*-Urteil vom 2.3.1982 – VIII R 225/80, BStBl 1984 II S. 504; *BFH*-Urteil vom 26.2.2004 – XI R 25/02, BStBl 2004 II S. 599; *BFH*-Beschluss vom 16.2.2006 – X B 57/05; *FG Münster*, Urteil vom 23.6.2010 – 12 K 2714/06 E, U; *Niedersächsisches FG*, Urteil vom 8.12.2011 – 12 K 389/09.
158   Siehe zu § 22 UStG auch Abschnitt 22.1 Abs. 1 Satz 1 UStAE.

VI. Aufzeichnungspflichten bei der Gewinnermittlung nach § 4 Abs. 3 EStG

> **HINWEIS:**
> Das Zusammenwirken dieser Vorschriften führt somit zur Einzelaufzeichnungspflicht, denn nur diese Einzelaufzeichnung gewährleistet eine Prüfung der Geschäftsvorfälle wie gesetzlich gefordert.

Darüber hinaus müssen diese steuerlich zu führenden Aufzeichnungen nach § 145 Abs. 2 und § 146 Abs. 5 Satz 1 AO so angefertigt werden, dass der Zweck, den sie für die Besteuerung erfüllen sollen, erreicht wird.[159] § 22 UStG dient dem Zweck, die an das Finanzamt zu entrichtende Umsatzsteuer zu ermitteln, indem die abziehbare Vorsteuer von der geschuldeten Umsatzsteuer abgezogen wird und sich somit die Zahllast oder der Erstattungsbetrag ergeben. Daraus ergibt sich, dass die Aufzeichnungen, die nach § 22 UStG vorzunehmen sind, auch in der geordneten Ablage von Belegen bestehen können.

In seinem Beschluss vom 16.2.2006 – X B 57/05[160] kam der BFH zu dem Ergebnis, dass in dem der Entscheidung zugrunde liegenden Fall diese Anforderung erfüllt ist, wenn der Unternehmer sämtliche Ausgangsrechnungen chronologisch nach dem Tag des Geldeingangs ablegt und in handschriftlich geführten Listen einträgt – auch wenn nur auf den Rechnungen, nicht aber in den angefertigten Listen, zwischen Geldeingang auf dem Bankkonto oder Barzahlung unterschieden wurde. Nur bei Vorlage geordneter und vollständiger Belege verdient eine Einnahmenüberschussrechnung Vertrauen und kann für sich die Vermutung der Richtigkeit in Anspruch nehmen (§ 158 AO). Im Einzelfall kann etwas anderes gelten.[161]

> **PRAXISHINWEIS:**
> Die Formulierungen im BFH-Beschluss X B 57/05[162] sowie die Tatsache, dass es sich um einen Beschluss handelt, den der BFH nicht in die amtliche Entscheidungssammlung (BFHE) aufgenommen hat, machen deutlich: Eine einfache Übertragung dieses Sachverhalts auf alle 4/3-Rechner ist sachlich nicht gerechtfertigt, vor allem nicht auf bargeldintensive Branchen wie z. B. Gastronomie, Einzelhandel oder Handwerk. Hierzu liefert der Beschluss keine Anhaltspunkte.

In der Praxis ergibt sich gerade bei den Unternehmern, die an eine Vielzahl ihnen unbekannter Personen Waren von geringem Wert verkaufen, das Problem: Wie müssen Bareinnahmen dokumentiert werden, wenn aus tatsächlichen und praktischen Gründen nicht die Möglichkeit besteht, jeden einzelnen Umsatz detailliert zu erfassen? Wie sollen Unternehmer rechtssicher aufzeichnen?

Bei der Gewinnermittlung nach § 4 Abs. 3 EStG sind zwar keine „Bücher" zu führen, dafür aber Aufzeichnungen und für diese gilt:

▶ Betriebseinnahmen und Betriebsausgaben sind einzeln aufzuzeichnen und durch Belege nachzuweisen,[163] denn die Geschäftsvorfälle müssen sich in ihrer Entstehung und Abwicklung verfolgen lassen, § 145 Abs. 1 Satz 2 AO. Die Einzelaufzeichnungen sind auch bei der Einnahmenüberschussrechnung grundsätzlich für jeden einzelnen Geschäftsvorfall gesondert vorzunehmen.[164] Zu erfassen sind Inhalt des Geschäfts, Name, Firma und Adresse des Ver-

---

159 *Sächsisches FG*, Beschluss vom 4.4.2008 – 5 V 1035/07.
160 *BFH*-Beschluss vom 16.2.2006 – X B 57/05.
161 *BFH*-Urteil vom 15.4.1999 – IV R 68/98, BStBl 1999 II S. 481.
162 *BFH*-Beschluss – X B 57/05 ungeeignet für Verallgemeinerung.
163 *FG Niedersachsen*, Urteil vom 8.12.2011 – 12 K 389/09.
164 *BFH*-Urteil vom 26.2.2004 – XI R 25/02, BStBl 2004 II S. 599.

tragspartners.[165] Dies gilt auch bei Bareinnahmen. Ausnahmen lässt der BFH in einer älteren Entscheidung[166] nur in den Fällen zu, in denen Waren von geringerem Wert an eine unbestimmte Vielzahl nicht bekannter und auch nicht feststellbarer Personen verkauft werden, z. B. Brötchen beim Bäcker.

▶ Kasseneinnahmen (Bareinnahmen) und Kassenausgaben (Barausgaben) sind täglich aufzuzeichnen, § 146 Abs. 1 Satz 2 AO. Das Wort „sollen" in der Gesetzesformulierung wird bei bargeldintensiven Betrieben praktisch zum „müssen", da sonst eine Kassensturzfähigkeit nicht gegeben ist.[167]

Damit die täglichen baren Geschäftsvorfälle fortlaufend, vollständig und richtig aufgezeichnet werden, besteht die Möglichkeit, die Kasseneinnahmen nur in einer Summe in ein als solches auch zu führendes **Kassenbuch** einzutragen. Das Zustandekommen dieser Summe muss dann zusätzlich durch Aufbewahrung der angefallenen Kassenstreifen, Kassenzettel und Bons nachgewiesen werden.[168]

PRAXISHINWEIS:

Wird für die Aufzeichnung der Kasseneinnahmen und Kassenausgaben ein PC-Kassenbuch, z. B. von Agenda oder DATEV, eingesetzt, müssen laufende Festschreibungen durchgeführt werden, damit nachträglich keine Änderungen mehr durchgeführt werden, die die ursprüngliche Eintragung nicht mehr erkennen lassen, s. § 146 Abs. 4 AO.

Bei Einsatz einer **EDV-Registrierkasse** oder einem **PC-(Kassen-)System** müssen somit zwingend die Voraussetzungen der BMF-Schreiben vom 26. 11. 2010[169] bzw. vom 9. 1. 1996[170] erfüllt werden. Die Kassenstreifen (= Journalrolle bzw. elektronisches Journal) müssen bei nicht GdPDU-/GoBD-konformen Kassen dann nicht aufbewahrt werden, wenn u. a. ordnungsgemäße, vollständige Tagesendsummenbons aufbewahrt werden.[171] Bei GdPDU-/GoBD konformen Kassensystemen gilt grundsätzlich Einzelaufzeichnungspflicht auf Bon-Ebene, d. h. die Geschäftsvorfälle müssen sich im Einzelnen im System nachvollziehen lassen.

Nutzt der Unternehmer in seinem Betrieb eine „**offene Ladenkasse**" und die Bareinnahmen werden nicht einzeln aufgezeichnet, dann müssen die Bareinnahmen und Barausgaben auch bei der Gewinnermittlung nach § 4 Abs. 3 EStG anhand eines retrograd aufgebauten Kassenberichts nachgewiesen werden. Bei einem ordnungsgemäßen retrograd aufgebauten Kassenbericht ist der geschäftliche Bargeldbestand auszuzählen (= summarische Ermittlung der Bareinnahmen).[172]

Dieser Kassenbestand stellt eine unentbehrliche Grundlage für die Berechnung der Tageslosung dar.[173] Abgezogen werden hiervon zur Ermittlung der Tageseinnahmen der Kassenanfangsbestand (Kassenbestand bei Geschäftsschluss des vorangegangenen Tages) und die durch Eigen-

---

165 *BFH*-Beschluss vom 16. 2. 2006 – X B 57/05.
166 *BFH*-Urteil vom 12. 5. 1966 – IV 472/60 , BStBl 1966 III S. 371.
167 *Drüen*, in: Tipke/Kruse, AO/FGO, Köln 2014, § 146 AO Rz. 27; *Rätke*, in: Klein, Kommentar zur AO, 12. Aufl., München 2014, § 146 Rz. 28.
168 *Sächsisches FG*, Beschluss vom 4. 4. 2008 – 5 V 1035/07.
169 *BMF*-Schreiben vom 26. 11. 2010 – IV A 4 – S 0316/08/10004-07, BStBl 2010 I S. 1342.
170 *BMF*-Schreiben vom 9. 1. 1996 – IV A 8 – S 0310 – 5/95, BStBl 1996 I S. 34.
171 *Teutemacher*, Checkliste für eine ordnungsgemäße Kassenführung, BBK 23/2012 S. 1073 ff.
172 *BFH*-Urteil vom 20. 6. 1985 – IV R 41/82.
173 *BFH*-Urteil vom 1. 10. 1969 – I R 73/66 , BStBl 1970 II S. 45.

VI. Aufzeichnungspflichten bei der Gewinnermittlung nach § 4 Abs. 3 EStG

beleg nachgewiesenen Einlagen. Die im Laufe des Tages getätigten Ausgaben und Barentnahmen werden wieder zugerechnet. Auch die Barentnahmen müssen zwingend durch Eigenbeleg nachgewiesen sein.

Fazit:

Daraus ergibt sich, dass die tägliche Feststellung des tatsächlichen Kassenbestands („Kassensturz") auch bei der Gewinnermittlung nach § 4 Abs. 3 EStG unabdingbare Voraussetzung für die Berechnung der Tageslosung und somit für eine ordnungsgemäße Kassenführung ist.[174]

---

[174] *Drüen*, in: Tipke/Kruse, Kommentar zur AO/FGO, Köln 2014, § 146 AO Rz. 27; *Rätke*, in: Klein, Kommentar zur AO, 12. Aufl., München 2014, § 146 Rz. 23.

VII. Die gesetzliche Vermutung der sachlichen Richtigkeit der Buchführung (§ 158 AO) im Zusammenhang mit der Kassenführung

1. Allgemeines

> § 158 AO:
> „Die Buchführung und die Aufzeichnungen des Steuerpflichtigen, die den Vorschriften der §§ 140-148 AO entsprechen, sind der Besteuerung zugrunde zu legen, soweit nach den Umständen des Einzelfalls kein Anlass ist, ihre sachliche Richtigkeit zu beanstanden."

Diese Vorschrift der AO beinhaltet die **gesetzliche Vermutung**, dass die Buchführung sachlich richtig ist, wenn sowohl die handelsrechtlichen als auch die steuerrechtlichen Buchführungs- und Aufzeichnungspflichten sowie die Aufbewahrungspflichten eingehalten worden sind, d. h., dass sie den gesetzlichen Anforderungen der Steuergesetze und über § 140 AO auch anderer Gesetze, insbesondere dem HGB und sonstigen Gesetzen, entsprechen.

1.1 Widerlegung der Richtigkeitsvermutung

Diese gesetzliche Vermutung wird widerlegt, wenn

▶ Aufzeichnungs- und Aufbewahrungspflichten verletzt werden,

▶ die Buchführung tatsächliche sachliche Mängel beinhaltet.

§ 158 AO findet Anwendung auf **alle** Bücher und Aufzeichnungen – dazu gehören gebundene Bücher, Loseblattsammlungen, aber auch **sämtliche Datenträger** (CDs, DVDs, USB-Sticks, Blue-rays, interne und externe Festplatten, sonstige Speichermedien) und auch die auf diesen gespeicherten Daten –, die **für steuerliche Zwecke** von Bedeutung sind:

▶ die handelsrechtliche Buchführung, §§ 238 ff. HGB,

▶ die steuerliche Buchführung, §§ 140 ff. AO,

▶ Einzelsteuergesetze, z. B. § 22 UStG,

▶ freiwillig nach § 4 Abs. 1 oder § 5 Abs. 1 EStG geführte Bücher[175]

▶ etc.

Bei steuerlichen Betriebsprüfungen liegt die Beweislast grundsätzlich erst einmal bei der Finanzverwaltung. Sie darf nur dann von dem erklärten Ergebnis abweichen, wenn sie den unmittelbaren oder mittelbaren Gegenbeweis erbringt, dass die Buchführung formell und/oder materiell nicht ordnungsgemäß ist oder das Gesamtbild aller Umstände des Einzelfalls darauf hindeutet, dass die Buchführung nicht ordnungsgemäß sein kann. In diesem Moment kippt die Beweislast auf den Stpfl., der dann mit Hilfe seines steuerlichen Beraters die sich ergebenden Fragen aufklären muss (erhöhte Mitwirkung).

---

175 *FG Hessen* vom 26. 3. 1997 – 1 K 3108/93, EFG 1998 S. 252-253.

VII. Die gesetzliche Vermutung der sachlichen Richtigkeit der Buchführung (§ 158 AO)

TAB. 9:	Unmittelbarer und mittelbarer Gegenbeweis
Unmittelbarer Gegenbeweis	**Mittelbarer Gegenbeweis**
Es werden tatsächliche Mängel festgestellt und die tatsächliche Richtigkeit der Buchführung wird dadurch erschüttert, z. B. ▶ Kassenfehlbeträge, ▶ Belege, die eine Manipulation der EDV-Registrierkasse beweisen, ▶ Verletzung der Aufzeichnungspflichten (u. a. § 22 UStG), ▶ nachgewiesene Schwarzeinkäufe ▶ etc.	Eine von der steuerlichen Betriebsprüfung durchgeführte Verprobung, z. B. ▶ Summarische Risikoprüfung (SRP) mit betriebswirtschaftlicher Analyse und Stochastik („Wahrscheinlichkeitsrechnung"), ▶ Kassensturz, ▶ Kalkulation, ▶ Geldverkehrsrechnung, ▶ Vermögenszuwachsrechnung, kommt zu dem Ergebnis, dass das bisher vorgelegte Buchführungsergebnis unwahrscheinlich ist, weil sich erhebliche Kalkulationsdifferenzen ergeben.

Man muss sich vorstellen, dass im Rahmen einer steuerlichen Betriebsprüfung von dem Stpfl. ein Mosaikbild erstellt wird. Je mehr „Mosaiksteinchen" zu Auffälligkeiten führen, desto größer werden die Mitwirkungs- und Aufklärungspflichten des Stpfl.

1.2 Voraussetzungen durch die Grundsätze ordnungsgemäßer Buchführung

Die Buchführung und die Aufzeichnungen müssen den **Grundsätzen ordnungsgemäßer Buchführung (GoB)** entsprechen. Eine gesetzliche Definition der GoB findet sich weder im HGB noch in den Steuergesetzen. Vielmehr handelt es sich um einen **unbestimmten Rechtsbegriff**, der insbesondere durch Rechtsnormen und Rechtsprechung geprägt ist und von der Rechtsprechung und Verwaltung – insbesondere im Rahmen von Betriebsprüfungen – im Einzelnen auszulegen und anzuwenden ist.[176]

Die GoB sind einem stetigen Wandel unterworfen. Rechtsprechung, gutachterliche Stellungnahmen, Handelsbrauch, ständige Übung, Gewohnheitsrecht sowie organisatorische und technische Änderungen sorgen dafür, dass die GoB – gerade im Zusammenhang mit dem Einsatz von Registrierkassen und PC-Kassensystemen – den aktuellen Anforderungen entsprechend angepasst werden.

Buchführungen und Aufzeichnungen verlieren ihre Wirksamkeit, mit der Folge der Schätzungsnotwendigkeit nach § 162 AO, wenn es nach Verprobungen usw. unwahrscheinlich ist, dass das ausgewiesene Ergebnis mit den tatsächlichen Verhältnissen übereinstimmt (s. AEAO zu § 158). Somit ergibt sich eine Schätzungs- bzw. Änderungsbefugnis für das Finanzamt dem Grunde

---

[176] *BFH*-Urteil vom 12.5.1966, BStBl III S. 372; *BVerfG*, Beschluss vom 10.10.1961 – 2 BvL 1/59, BVerfGE 13 S. 153.

nach, wenn die **vorgelegten Bücher, Daten** und **Aufzeichnungen** nicht den Ordnungsvorschriften entsprechen und dadurch die sachliche Richtigkeit in Zweifel gezogen wird.

Die GoB enthalten sowohl **formelle** als auch **materielle Anforderungen** an eine Buchführung.

Entsprechend der Bezugnahme von § 162 AO auf § 158 AO berechtigen bei einer **formell** nicht ordnungsgemäßen Buchführung ernsthafte Zweifel an der sachlichen Richtigkeit zur Schätzung.[177] Aber auch eine formell ordnungsgemäße Buchführung kann die Schätzung nicht abwenden, wenn ihre sachliche Unrichtigkeit nachgewiesen werden kann, z. B. wenn eine Nachkalkulation den Nachweis der Unrichtigkeit erbringen kann.[178]

Die Finanzverwaltung bedient sich dabei einer Vielzahl von Verprobungsmethoden:
- Äußerer Betriebsvergleich: Richtsätze, sonstige betriebswirtschaftliche Auswertungen;
- innerer Betriebsvergleich: Kalkulation, z. B. für Gaststätten, Apotheken, Handwerker (Friseure) etc.;
- Zeitreihenvergleich, Ziffernanalyse (Chi^2-Test), Strukturanalyse;
- Vermögenszuwachsrechnung, Geldverkehrsrechnung;
- Summarische Risikoprüfung (mit Leistungs-BWA und Stochastik);
- u. v. m.

Eine Buchführung ist **formell** als **ordnungswidrig** anzusehen, wenn sie
- **wesentliche Mängel** aufweist oder
- wenn die **Gesamtheit aller unwesentlichen Mängel** diesen Schluss fordert.[179]

Von der steuerlichen Betriebsprüfung werden die Mängel unterteilt in
- **formelle Mängel** und
- **materielle Mängel**.

Die folgenden Übersichten zeigen **formelle** und **materielle** Mängel im Zusammenhang mit der Ordnungsmäßigkeit der Kassenführung und die sich daraus ergebenden Konsequenzen. Diese können nur auszugsweise dargestellt werden, da im Bereich der Kassenführung vielfältige Mängel und insbesondere Manipulationen (= materielle Mängel) auftreten können.

Formelle Mängel
- Nichteinhaltung von Ordnungs-, Aufzeichnungs- und Aufbewahrungsvorschriften, insbesondere
    - keine Aufbewahrung von Tagesendsummenbons, Registrierkassenstreifen etc.,
    - keine Aufbewahrung von Verkaufsquittungen,
- Buchungen ohne Beleg,
- Tageseinnahmen ohne Tagesendsummenbon (Z-Bon),
- keine gesonderte Aufzeichnung von Schecks,
- veränderte Originalaufzeichnungen, Rasuren, Überschreibungen,

---

177 *Seer*, in: Tipke/Kruse, Kommentar zur AO/FGO, Köln 2014, § 162 AO Rz. 40 ff.
178 *BFH* vom 8. 11. 1989 – I R 178/87, BStBl 1990 II S. 268; *BFH* vom 17. 11. 1981 – VIII R 174/77, BStBl 1982 S. 430.
179 *BFH* Beschluss vom 2. 12. 2008 – X B 69/08, m. w. N.; *Seer*, Stand 3/2014, § 158 AO Rz. 13, m. w. N. aus der Rechtsprechung des BFH.

- digitale Unterlagen werden nicht entsprechend dem BMF-Schreiben vom 26.11.2010 aufbewahrt,
- erhebliche Rechenfehler und Zwischenräume im Kassenbuch,[180]
- nachträgliche Änderungen der Tageslosung,
- Nachbuchung barer Betriebseinnahmen im Rahmen der Abschlussbuchungen,[181]
- Nutzung von Kassenprogrammen ohne Festschreibung, z. B. Excel,[182]
- Kassenabrechnungen wurden nachträglich vom Stpfl. oder seinem Steuerberater erstellt,[183]
- Verstoß gegen das Verbot der Saldierung (§ 246 Abs. 1 HGB) bei Kassen,
- EDV-Registrierkassen, proprietäre Kassen und PC-(Kassen-)Systeme, wenn diese die nachträgliche Änderung des Datenbestands ermöglichen, ohne dass diese Änderungen protokolliert werden,
- Vereinigung von Kassen- und Bankkonto zu einem einheitlichen Konto,
- Privat- und Geschäftskasse werden nicht getrennt geführt,[184]
- unlogische, nicht retrograd aufgebaute Kassenberichte bei einer „offenen" Ladenkasse,
- Vernichtung von Tagesendsummenbons bei einem Unternehmer, der den Gewinn durch Einnahmenüberschussrechnung (§ 4 Abs. 3 EStG) ermittelt.[185]

Materielle Mängel

- Bareinnahmen und Barausgaben werden nicht erfasst,
- fehlende Eigenbelege bei Entnahmen und Einlagen aus der Kasse,
- Kassenfehlbeträge werden festgestellt,
- ungeklärte Bareinlagen zur Vermeidung von Kassenfehlbeträgen,
- unvollständige Aufzeichnungen über die Privatentnahmen,
- nicht gebuchte Geschäftsvorfälle,
- Fehlen einer Geschäftskasse.[186] Einer Geschäftskasse bedarf es nicht, wenn der bare Zahlungsverkehr von untergeordneter Bedeutung ist!

Beim Vorliegen wesentlicher Mängel besteht eine Schätzungsbefugnis dem Grunde nach. Je schwerwiegender die Buchführungsmängel, desto größer kann die Schätzung ausfallen.[187]

---

180 *BFH* vom 14.6.1962 – VI 195/62, HFR 1964 S. 9.
181 *BFH* vom 26.10.1994 – X R 114/92, *BFH/NV* 1995 S. 373.
182 *BMF*-Schreiben vom 7.11.1995 – I IV A 8 – S 0316 – 52/95, BStBl I 1995 S. 683.
183 *BFH* vom 21.2.1990 – R 54/87, *BFH/NV* 1990 S. 683.
184 *BFH* vom 19.6.1975 – VIII R 13/74, BStBl II 1975 S. 811.
185 *FG Berlin-Brandenburg* vom 26.7.2007 – 14 K 3368/06 B.
186 *BFH* vom 6.3.1952 – IV 31/52, BStBl III 1952 S. 108; BFH vom 12.1.1968 – VI R 33/67, BStBl II 1968, S. 341.
187 *BFH* vom 2.2.1982 – VIII R 65/80, BStBl II 1982, S. 409.

2. Akzessorietät zwischen Aufzeichnungs- und Aufbewahrungspflichten

Mit Urteil vom 24.6.2009[188] stellt der *BFH* klar, welche Unterlagen der Betriebsprüfer im Rahmen seiner Prüfung anfordern und einsehen kann. Nach diesem Urteil besteht eine **Akzessorietät** zwischen den Aufbewahrungspflichten in § 147 Abs. 1 AO und den zugrunde liegenden Aufzeichnungspflichten:

„Die Pflicht zur Aufbewahrung von Unterlagen gemäß § 147 Abs. 1 AO ist akzessorisch. Das heißt, sie setzt stets eine Aufzeichnungspflicht voraus und besteht grundsätzlich nur im Umfang der Aufzeichnungspflicht. Eine eigenständige Pflicht zur Aufbewahrung von Unterlagen, die nicht mit einer Pflicht zur Aufzeichnung von Daten in Zusammenhang steht, ist § 147 Abs. 1 AO nicht zu entnehmen. Durch die Abhängigkeit der Aufbewahrungspflicht von einer im Gesetz angeordneten Aufzeichnungspflicht wird der Umfang der aufzubewahrenden Unterlagen sachgemäß begrenzt. Diese Beschränkung trägt dem Erfordernis hinreichender Bestimmtheit der in § 147 Abs. 1 AO geregelten Aufbewahrungspflicht ebenso Rechnung wie der von Verfassungswegen geforderten Verhältnismäßigkeit der Norm."

D.h., dass nur die Daten und Unterlagen aufbewahrungspflichtig sind, denen auch eine Aufzeichnungspflicht zugrunde liegt. Auch der Umfang der aufzubewahrenden Unterlagen ergibt sich aus der jeweiligen Aufzeichnungspflicht.[189] Demnach unterliegen der Aufbewahrungspflicht nach § 147 Abs. 1 AO und dem Datenzugriff nach § 147 Abs. 6 AO – ungeachtet der Aufzählung in § 147 Abs. 1 Nr. 1–5 AO – grundsätzlich **alle** Unterlagen und Daten, die zum Verständnis und zur Überprüfung der gesetzlich vorgeschriebenen Aufzeichnungen von Bedeutung sind.

Daraus ergibt sich, dass *sonstige Unterlagen* i. S. d. § 147 Abs. 1 Nr. 5 AO dem Betriebsprüfer nur vorgelegt werden müssen, wenn diese *für die Besteuerung von Bedeutung* sind.

Nicht dazu gehören dagegen Unterlagen und Daten, die z. B. private, nicht aufzeichnungspflichtige Vorgänge betreffen, aber auch Unterlagen und Daten, die „freiwilligen", also über die gesetzliche Pflicht hinausreichenden Aufzeichnungen zuzuordnen sind. Diese können zwar für den Betriebsprüfer steuerlich interessant sein, da diese aber für die Besteuerung nicht von Bedeutung sind, müssen sie auch nicht vorgelegt werden.

---

[188] *BFH* vom 24.6.2009 – VIII R 80/06, BStBl II 2010, S. 452.
[189] Hierzu *BFH*-Urteil vom 26.2.2004 – XI R 25/02, BStBl 2004 II S. 599; *Drüen*, Stand 3/2014, § 147 AO Rz. 1; *Tipke*, Stand 3/2014, § 200 AO Rz. 9.

VIII. Geschäftskasse, Kassenbericht, Kassenbuch und PC-Kassenbuch

1. Geschäftskasse

Der BFH sieht als Ausgangspunkt und zwingende Voraussetzung für die Einhaltung der Grundsätze ordnungsgemäßer Kassenführung das Vorhandensein einer Geschäftskasse. Diese darf nicht nur buchmäßig geführt werden.[190] Der betriebliche Bereich muss klar vom privaten Bereich getrennt werden. Die Grundsätze ordnungsgemäßer Buchführung werden missachtet, wenn Privat- und Geschäftskasse nicht getrennt geführt werden.[191]

Eine Geschäftskasse liegt nicht vor, wenn der Stpfl. sämtliche betrieblichen und privaten Gelder in einem Portemonnaie oder einer Geldtasche vermischt.[192]

Wie die Kasse vom Stpfl. geführt werden soll, schreibt der Gesetzgeber nicht vor.

Gesetzlich normiert ist, dass Kasseneinnahmen und Kassenausgaben täglich festgehalten werden sollen (§ 146 Abs. 1 Satz 2 AO). Daraus ergibt sich, dass der Unternehmer selbst das Kassenbuch führen bzw. den Kassenbericht erstellen muss (Grundsatz der Zeitgerechtigkeit). Den Grundsätzen ordnungsgemäßer Kassenführung widerspricht – wie teilweise noch heute in der Praxis anzutreffen –, wenn ein Unternehmer die Kassenbelege zunächst nur sammelt, ohne sie zu verbuchen, und sie dann in Form reiner Belegübergabe (im Schuhkarton oder Sammelordner) seinem Steuerberater übergibt, der dann erst zeitversetzt im Nachhinein die Kassenberichte erstellt (grds. nur bei offener Ladenkasse) oder zeitversetzt in ein Kassenbuch nur anhand von Tagesendsummenbons in Papierform einträgt. In diesen Fällen ist die Kassensturzfähigkeit nicht mehr gewährleistet.[193]

In der Betriebsprüfungspraxis führt dies zur formellen Beanstandung der Kassenbuchführung.

Auch die Aufzeichnung der Kasseneinnahmen nach 14 Tagen oder gar nur einmal im Monat begründet einen wesentlichen Mangel der Buchführung.[194] Denn verspätete Aufzeichnungen erhöhen die Gefahr falscher Zuordnungen und unsachgemäßer Beteiligungen.[195]

PRAXISHINWEIS:

Die reine (Kassen-)Belegübergabe (im Schuhkarton, Plastikbox oder Sammelordner) an den Steuerberater, der erst zeitversetzt Kassenberichte (grds. nur bei offener Ladenkasse) oder zeitversetzt ein Kassenbuch nur anhand von Tagesendsummenbons in Papierform fertigt (unterstellt, die Voraussetzungen des BMF-Schreiben vom 9.1.1996 liegen nicht vor und die Einzeldaten aus dem Vorsystem sind verfügbar), führen dazu, dass die Kassenbuchführung wegen formeller Mängel angezweifelt wird.

---

[190] *BFH*-Urteile vom 10.6.1954 – IV 68/53 U, BStBl 1954 III S. 298 und vom 21.2.1990, BFH/NV 1990 S. 683.
[191] *BFH*-Urteil vom 19.6.1975 – VIII R 13/74, BStBl 1975 II S. 811.
[192] *BFH*-Urteil vom 21.2.1990, BFH/NV 1990, S. 683.
[193] *BFH*-Urteil vom 21.2.1990 – X R 54/87, BFH/NV 1990, S. 683; im Ergebnis ebenso *BFH*-Beschluss vom 23.12.2004.
[194] *Drüen*, in: Tipke/Kruse, Kommentar zur AO/FGO, Köln 2014, § 162 AO Rz. 28.
[195] *Devermann*, in: Offerhaus/Söhn/Lange, Kommentar zur USt, Heidelberg 2013, § 22 UStG, Rn. 27.

2. Kassenberichte

Mithilfe von Kassenberichten werden bei Betrieben mit ausschließlich, überwiegend oder ins Gewicht fallenden Barumsätzen die Tageseinnahmen sowohl bei „offenen Ladenkassen" (s. auch Kapitel IX. 1.) als auch beim Einsatz von EDV-Registrierkassen (s. Kapitel IX. 2. ff.) ermittelt. Gesetzliche Vorlagen wie ein Kassenbericht aufgebaut sein muss, liegen nicht vor, auch nicht in den Grundsätzen ordnungsgemäßer Buchführung.

Auch in den bisher mehrfach zitierten BMF-Schreiben vom 9. 1. 1996 und 26. 11. 2010 (1. und 2. Kassenrichtlinie) finden sich keine Hinweise auf die Führung von Kassenberichten.

§ 146 Abs. 1 Satz 2 AO schreibt lediglich vor, dass **Kasseneinnahmen** und **Kassenausgaben täglich** festgehalten werden müssen, aber nicht wie. In der Praxis werden **retrograd** und **progressiv** aufgebaute Kassenberichte genutzt. Im Folgenden sollen deren Aufbau und Inhalt näher erläutert werden.

2.1 Retrograd aufgebaute Kassenberichte

Bei einem ordnungsgemäßen, retrograd aufgebauten Kassenbericht ist der geschäftliche Bargeldbestand auszuzählen (= summarische Bareinnahmenermittlung). Dieser Kassenbestand stellt eine unentbehrliche Grundlage für die Berechnung der Tageslosung dar.[196] Vom Kassenbestand werden zur Ermittlung der Tageseinnahmen der Kassenanfangsbestand (Kassenbestand bei Geschäftsschluss des vorangegangenen Tages) und die durch Eigenbeleg nachgewiesenen Einlagen abgezogen. Die im Laufe des Tages getätigten Ausgaben und Barentnahmen (auch diese müssen durch Eigenbeleg nachgewiesen sein) werden wieder zugerechnet. Daraus ergibt sich, dass die tägliche Feststellung des tatsächlichen Kassenbestands („Kassensturz") unabdingbare Voraussetzung für die Berechnung der Tageslosung und somit für eine ordnungsgemäße Kassenführung ist.

Ein retrograd aufgebauter Kassenbericht könnte deshalb wie folgt aufgebaut sein:

---

196 *BFH* vom 1. 10. 1969 – R 73/66, BStBl II 1970 S. 45.

2. Kassenberichte

ABB. 27:	Muster eines retrograd aufgebauten Kassenberichts			
Kassenbericht		Datum:	Nr.	
Kassenbestand bei Geschäftsschluss				Buch-vermerk
Ausgaben im Laufe des Tages	Vorsteuer %	Betrag	Netto-Betrag	
1. Wareneinkäufe und Warennebenkosten				
2. Geschäftsausgaben				
3. Privatentnahmen (nachgewiesen durch Eigenbeleg)				
4. Sonstige Ausgaben (z. B. Bareinzahlung bei der Bank)				
			Summe	
abzüglich Kassenbestand des Vortages				
= Kasseneingang				
abzgl. sonstige Einnahmen				
abzgl. Privateinlagen (nachgewiesen durch Eigenbeleg)				
= Bareinnahmen (Tageslosung)				
Unterschrift				

VIII. Geschäftskasse, Kassenbericht, Kassenbuch und PC-Kassenbuch

Solche Blankovordrucke lassen sich auch einfach mithilfe eines Tabellenkalkulationsprogramms selbst erstellen.

BEISPIEL

ABB. 28: Mustereintragungen in einem Kassenbericht

Kassenbericht		Datum:	4. 3. 2015	Nr. 44	
Kassenbestand bei Geschäftsschluss				2.185,30 €	Buch-vermerk
Ausgaben im Laufe des Tages		Vorsteuer %	Betrag	Netto-Betrag	
1. Wareneinkäufe und Warennebenkosten		19	87,26 €	459,26 €	
2. Geschäftsausgaben					
3. Privatentnahmen (nachgewiesen durch Eigenbeleg)				400,00 €	
4. Sonstige Ausgaben (z. B. Bareinzahlung bei der Bank)					
			87,26 €	859,26 €	946,52 €
				Summe	3.131,82 €
abzüglich Kassenbestand des Vortages					1.352,14 €
= Kasseneingang					1.779,68 €
Abzgl. sonstige Einnahmen					
abzgl. Privateinlagen (nachgewiesen durch Eigenbeleg)				150,00 €	150,00 €
= Bareinnahmen (Tageslosung)					1.629,68 €

Gegenprobe

	Kasse zu Beginn des 4. 3. 2015	1.352,14 €
+	Einlage Barmittel von Bank	150,00 €
-	Ausgaben	546,52 €
+	Einnahmen	1.629,68 €
-	Privatentnahme	400,00 €
	rechnerischer Istbestand	2.185,30 €
	tatsächlicher Istbestand	2.185,30 €
	Differenz	0,00 €

2.2 Progressiv aufgebaute Kassenberichte

Progressiv aufgebaute Kassenberichte beginnen die Berechnung mit dem Kassenbestand am Ende des Vortages. Hinzugerechnet werden die Einnahmen des aktuellen Tages sowie die Einlagen. Davon abgezogen werden die Wareneinkäufe, sonstigen Kosten und sonstigen Ausgaben wie Entnahmen, Bankeinzahlungen etc. Ein progressiv aufgebauter Kassenbericht kann folgenden Aufbau aufweisen:

ABB. 29: Muster eines progressiv aufgebauten Kassenberichts

Kassenbericht vom: _____ Nr.: _____
Kassenbestand am Ende des Vortages:
zzgl. Einnahmen am heutigen Tage
- ▶ Verkäufe
- ▶ Privateinlagen
- ▶ Sonstige Einnahmen

Summe:
abzgl. Ausgaben am heutigen Tage
- ▶ Wareneinkäufe
- ▶ Kosten
- ▶ Sonstige Ausgaben
  (Privatentnahmen, Bankeinzahlungen etc.)

Bestand bei Geschäftsschluss:

Unterschrift

> **BEISPIEL**

ABB. 30:	Mustereintragungen in einem progressiv aufgebauten Kassenbericht		
Kassenbericht vom:	4.3.2015	Nr.: 253	
Kassenbestand am Ende des Vortages:			1.073,50 €
zzgl. Einnahmen am heutigen Tage			
▶ Verkäufe		2.279,80 €	
▶ Privateinlagen		150,00 €	
Zwischensumme:		2.429,80 €	2.429,80 €
Summe:			3.503,30 €
abzgl. Ausgaben am heutigen Tage			
▶ Wareneinkäufe		519,80 €	
▶ Sonstige Ausgaben (Privatentnahmen, Bankeinzahlungen etc.)		400,00 €	
Zwischensumme:		919,80 €	919,80 €
Kassenbestand bei Geschäftsschluss:			2.583,50 €
			Unterschrift

Wird die Geschäftskasse in Form einer **offenen Ladenkasse** geführt, **müssen** nach Ansicht der Finanzverwaltung **retrograd aufgebaute Kassenberichte** verwendet werden.

Wer seine Tageslosung mithilfe einer EDV-Registrierkasse oder einem PC-(Kassen-)System erfasst, muss nicht zwingend retrograd aufgebaute Kassenberichte verwenden. In diesen Fällen können die Bareinnahmen und Ausgaben auch in einem progressiv aufgebauten Kassenbericht oder in einem Kassenbuch eingetragen werden. Von Bedeutung ist jedoch, dass die Tageseinnahmen durch einen Ursprungsbeleg (z. B. Tagesendsummenbon) oder durch die im DV-System dokumentierten Ursprungsaufzeichnungen nachvollzogen werden können.

3. Auf Tabellenkalkulationsprogrammen basierende Kassenberichte

In der Praxis werden Aufzeichnungen zu einer Geschäftskasse (Kassenberichte/Kassenbuch), die in Form einer offenen Ladenkasse geführt wird, vielfach mithilfe von Computerprogrammen, die z. B. auf Tabellenkalkulationsprogrammen basieren, erstellt. Die Nutzung von solchen Kassenberichten entspricht nicht den Grundsätzen ordnungsgemäßer Kassenführung, da die Inhalte jederzeit geändert werden können, ohne dass diese Änderungen im Einzelnen nachvollziehbar sind. Diese Art der Kassenführung widerspricht dem Grundsatz der Unveränderbarkeit (§ 146 Abs. 4 AO).

In Rz. 108 der GoBD[197] wird für DV gestützte Prozesse klargestellt, dass die zum Einsatz kommenden DV-Verfahren die Gewähr dafür bieten müssen, dass alle Informationen, die einmal in den Verarbeitungsprozess eingeführt werden (Beleg, Grundaufzeichnung, Buchung), nicht mehr unterdrückt oder ohne Kenntlichmachung überschrieben, gelöscht, geändert oder verfälscht werden können. Bereits in den Verarbeitungsprozess eingeführte Informationen (Beleg, Grund-

---

[197] *BMF* vom 14.11.2014, a. a. O.

aufzeichnung, Buchung) dürfen nicht ohne Kenntlichmachung durch neue Daten ersetzt werden. Dies gewährleisten die gängigen Tabellenkalkulationsprogramme nicht.

BEISPIEL Der Unternehmer führt sein Kassenbuch mithilfe des Tabellenkalkulationsprogramms „Excel" der Firma MICROSOFT. Durch Anzeigen des Änderungsdatums über „Ansicht"/„Details" lässt sich feststellen, wann die Datei das letzte Mal geändert wurde. Welche Änderungen im Detail vorgenommen wurden, lässt sich nachträglich nicht mehr feststellen, da keine Festschreibung erfolgt.

ABB. 31: Muster Excel Kassenbuch

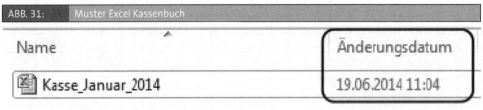

Im vorliegenden Beispiel wurde die Kasse Januar 2014 am 19.6.2014 um 11:04 Uhr das letzte Mal geändert. Welche Werte bzw. Eingaben geändert wurden, lässt sich nicht mehr nachvollziehbar dokumentieren.

Damit liegt ein Verstoß gegen § 146 Abs. 4 AO (Grundsatz der Unveränderbarkeit) vor, denn eine Buchung oder Aufzeichnung darf nicht in einer Weise verändert werden, dass der ursprüngliche Inhalt nicht mehr feststellbar ist. Gleiches gilt für Veränderungen, deren Beschaffenheit es ungewiss lassen, ob sie ursprünglich oder erst später gemacht worden sind.

4. Kassenbuch

Betreibt ein Stpfl. nach der Art seines Unternehmens überwiegend Bargeschäfte, ist das Kassenbuch wesentlicher Bestandteil der Buchführung.[198]

Das Kassenbuch stellt das buchmäßige Abbild der Geschäftskasse dar. Werden neben der Hauptkasse Sonderkassen geführt, erfordert die Ordnungsmäßigkeit der Buchführung das Vorliegen von Nebenkassenbüchern für jede einzelne Sonderkasse.[199] Auch Geldverschiebungen zwischen mehreren Geschäftskassen eines Stpfl. sind buchmäßig festzuhalten.[200]

Wird für zwei oder mehr Filialen nur ein Kassenbuch geführt, ohne zwischen den Einnahmen und Ausgaben der einzelnen Filialen zu differenzieren, wird durch die vorgenommene Art der Aufzeichnung des Kassenbuchs die Kassensturzfähigkeit nicht hergestellt. Damit entspricht diese Art des Kassenbuchs nicht der Führung eines Kassenberichts.[201]

Ein Kassenbuch kann handschriftlich als gebundenes Kassenbuch (s. ABB. 32) in Buchform oder als Loseblattsammlung in Form aneinandergereihter, retrograd aufgebauter Kassenberichte (s. ABB. 27) oder mit Hilfe spezieller „Kassenbuch"-Software (mit täglicher Festschreibung der Daten, sodass diese unveränderbar sind) geführt werden.

Es kann wie folgt aufgebaut sein (s. ABB. 32):

---
[198] *BFH*-Urteil vom 20.06.1985 – IV R 41/82, BFH/NV 1985, S. 12.
[199] *BFH*-Urteil vom 20.10.1971 – I R 63/70, BStBl 1972 II, S. 273.
[200] *BFH*-Urteil vom 17.11.1981 – VIII R 174/77, BStBl 1982 II, S. 43.
[201] *FG Sachsen*, vom 24.11.2006 – 4 V 1528/06.

VIII. Geschäftskasse, Kassenbericht, Kassenbuch und PC-Kassenbuch

ABB. 32: Musterkassenbuch

Mandanten-Nr.				Monat		Kto.-Nr	1000	Blatt-Nr.:	1
	Einnahme	Ausgabe	Bestand	Gegen-Kto.	Rechnungs-Nr.	Beleg-Nr.	Beleg-Datum	Text
1								
2								
3								
4								
5								
6								
7								
8								
9								
10								
11								
12								
13								
14								
15								
16								
17								
18								
19								
20								
21								
22								
23								
24								
25								
26								
27								
28								
29								
30								
31								
				Summe		Unterschrift		
				Bestand Anfang/ Ende		geprüft		
				Gesamt		gebucht		

4. Kassenbuch

Bei der Nutzung solcher Kassenbücher sind folgende Besonderheiten zu beachten:

- Die Eintragungen ins Kassenbuch müssen grundsätzlich **täglich** vorgenommen werden. Ausnahmsweise am Folgetag.
- Eintragungen ins Kassenbuch sollten in deutscher Sprache erfolgen, um Übersetzungsschwierigkeiten im Rahmen einer Betriebsprüfung zu entgehen.

Anmerkung:

Grundsätzlich gilt: Eintragungen ins Kassenbuch sollten in einer lebenden Sprache, z. B. polnisch, englisch oder russisch, vorgenommen werden (Umkehrschluss aus § 244 HGB, der nur für den Jahresabschluss die deutsche Sprache festschreibt).

- Für die gesamte Zeit der Aufbewahrung (10 Jahre) muss gewährleistet sein, dass die Einträge lesbar sind. Es muss geschützt werden vor Feuchtigkeit, Schimmel etc.
- Radierungen sind nicht zulässig. Änderungen müssen erkennbar bleiben.

Nach gängiger Rechtsprechung des BFH ist es nicht zu beanstanden, wenn die Kasseneinnahmen täglich nur in einer Summe in ein Kassenbuch eingetragen werden, dann muss aber das Zustandekommen dieser Summe durch Aufbewahrung der angefallenen

- Kassenstreifen (z. B. der Journalrollen),
- Kassenzettel,
- Bons (z. B. vollständige Tagesendsummenbons)

nachgewiesen werden.[202]

Die Aufbewahrung der Ursprungsaufzeichnungen ist nur dann entbehrlich, wenn deren Inhalt direkt nach der Auszählung der Tageskasse in einen Kassenbericht (s. Kapitel VIII. 2.) oder in das in der Form aneinandergereihter Tageskassenberichte geführte Kassenbuch übertragen wird.[203]

Somit ist aus der gängigen Rechtsprechung des BFH abzuleiten, dass die Führung eines Kassenbuchs als aneinandergereihte Kassenberichte zulässig ist.[204]

Das Kassenkonto ist als aktives Bestandskonto Bestandteil der Buchführung. Es ersetzt nicht das Kassenbuch. Auf ihm werden die baren Geschäftsvorfälle buchhalterisch wiedergegeben.

In der Praxis werden oft Kassenbücher von unterschiedlichen Softwareunternehmen (DATEV, AGENDA etc.) eingesetzt. Die Grundsätze ordnungsgemäßer DV gestützter Buchführungssysteme (GoBS[205] bis 31. 12. 2014) und die Grundsätze zur ordnungsgemäßen Führung und Aufbewahrung von Büchern, Aufzeichnungen und Unterlagen in elektronischer Form sowie zum Datenzugriff (GoBD)[206] werden erst dann eingehalten, wenn jede Kassenbuchung nicht mehr abänderbar ist.

---

[202] *BFH*-Urteil vom 20. 6. 1985 – IV R 41/82, BFH/NV 1985, S. 12.
[203] *BFH*-Urteil vom 26. 2. 2004 – XI R 25/02, BStBl II 2004, S. 599.
[204] *BFH* vom 13. 7. 1971 – VIII 1/65, BStBl II 1971, S. 729; *BFH* vom 7. 7. 1977 – IV R 205/72, BStBl II 1978, S. 307.
[205] *BMF* vom 7. 11. 1995 – IV A 8 – S 0316 – 52/95, BStBl 1995 I, S. 738.
[206] *BMF* vom 14. 11. 2014 – IV A 4 – S 0316/13/10003, 2014/0353090, BStBl 2014 I, S. 1450.

VIII. Geschäftskasse, Kassenbericht, Kassenbuch und PC-Kassenbuch

> **PRAXISHINWEIS:**
> Der Begriff des ordnungsgemäßen Kassenbuchs ist gesetzlich nicht näher bestimmt.
>
> Aus dem Wortlaut und aus dem Sinn und Zweck der Regelung folgt allerdings, dass die dem Nachweis der „bar" erhaltenen Betriebseinnahmen und „bar" gezahlten Betriebsausgaben dienenden Aufzeichnungen eine hinreichende Gewähr für ihre Vollständigkeit und Richtigkeit bieten und mit vertretbarem Aufwand auf ihre materielle Richtigkeit hin überprüfbar sein müssen. Dazu gehört auch, dass das Kassenbuch zeitnah – und zwar täglich – und in geschlossener Form geführt wird und dass es die tatsächlichen Geschäftsvorfälle wiedergibt.
>
> **Eine mit Hilfe eines Computerprogramms erzeugte Datei genügt nur dann den gesetzlichen Anforderungen, wenn nachträgliche Veränderungen an den zu einem früheren Zeitpunkt eingegebenen Daten nach der Funktionsweise des verwendeten Programms technisch ausgeschlossen sind.**

IX. Arten von Kassen

Für eine ordnungsgemäße Kassenführung ist von Bedeutung, dass der Unternehmer und auch sein steuerlicher Berater, Kenntnisse darüber haben, welche Art von Kasse bzw. Kassensystem der Unternehmer in seinem Betrieb/seinen Betrieben zur Erfassung von Geschäftsvorfällen einsetzt. Je nach eingesetztem Kassentyp sind unterschiedliche Aufzeichnungs- bzw. Aufbewahrungspflichten zu beachten.

Vom Gesetzgeber wird die Art der Kassenführung nicht vorgeschrieben.

Im Folgenden sollen die wichtigsten in der Praxis eingesetzten Kassen näher erläutert werden. Dies sind die

▶ offene Ladenkasse,

▶ EDV-Registrierkasse (= EDV-Registrierkassen älterer Bauart),

▶ proprietäre Registrierkasse (= EDV-Registrierkassen neuerer Bauart),

▶ PC-(Kassen-)Systeme

In einem Unternehmen können auch mehrere unterschiedliche der o. g. Kassentypen nebeneinander eingesetzt werden. Die Ordnungsmäßigkeit der Kassenführung ist dann für **jede einzelne Kasse** getrennt zu prüfen.

> BEISPIEL ▶ In einem gastronomischen Betrieb wird für den Getränkeverkauf an der Theke eine offene Ladenkasse eingesetzt und im Restaurantbereich eine EDV-Registrierkasse.

Entscheidend für die Anerkennung einer Buchführung ist insbesondere die ordnungsgemäße Führung des Kassenbuchs. Hierbei ist zu beachten, dass auch eine Geschäftskasse (Geldkassette, Kassenschublade, Kassenlade etc.) vorhanden sein muss, aufgrund derer es möglich ist, den tatsächlichen Bestand mit dem buchmäßigen Bestand laufend zu vergleichen. Es ist nicht angängig, die Geschäftskasse nur buchmäßig zu führen. Auf diese Weise würde ein wesentliches Kontrollmittel zur Nachprüfung der Ordnungsmäßigkeit der Buchführung wegfallen.[207]

1. Offene Ladenkasse

1.1 Funktionsweise

Eine offene Ladenkasse ist eine Kasse, die **ohne jegliche technische** Unterstützung geführt wird. In der Praxis findet man diese überwiegend in Kleinst- und Kleinbetrieben, wo nur wenig Fremdpersonal eingesetzt wird. Dabei werden als Behältnisse genutzt:

▶ Schubladen in der Ladentheke,

▶ herkömmliche Geldkassetten,

▶ Zigarrenkisten o. ä. Aufbewahrungsutensilien

▶ etc.

---

207 *BFH*-Urteil vom 10. 6. 1954 – IV 68/53 U, BStBl 1954 III, S. 298

1.2 Aufzeichnungs- und Aufbewahrungspflichten

Bei Fällen der Barzahlungsbranche mit einer **offenen Ladenkasse** sollte der Steuerberater/die Steuerberaterin zunächst immer prüfen, ob es sich um eine **Branche** handelt, die **Waren von geringem Wert an eine Vielzahl unbekannter Kunden verkauft** und insoweit eine Einzelaufzeichnung entsprechend dem BFH-Urteil vom 12. 5. 1966[208] unzumutbar wäre.

Werden hingegen Dienstleistungen erbracht (z. B. im Friseurgewerbe) oder Waren an bekannte Kunden veräußert (Aufzeichnung über Kundenkartei liegt vor), ist eine Einzelaufzeichnung zumutbar und als Grundaufzeichnung aufzubewahren.

Der Name sowie ggf. die Anschrift des Kunden gehören dabei nicht (zwingend) zu den aufzuzeichnenden Angaben. Eine offene Ladenkasse in Verbindung mit Einzelaufzeichnungen ist somit kassensturzfähig, da ein Soll- mit einem Istbestand abgeglichen werden könnte.

> **PRAXISHINWEIS:**
>
> Prüfungsschema – Einzelaufzeichnungspflicht
>
> 1. Mandant/in mit unzumutbarer Einzelaufzeichnung (folgende TBM **müssen alle** gegeben sein):
> - Waren,
> - geringer Wert (= Centbeträge),
> - Vielzahl an Kunden,
> - Kunden unbekannt,
> - nach Art der Geschäftsvorfälle/betrieblicher Ablauf ist Unzumutbarkeit gegeben.
>
> Wenn der Mandant/die Mandantin Zweifel hat, soll er nachfragen und Erleichterungsantrag (§ 148 AO) stellen.
>
> FA kann im Hinblick auf § 148 AO dem Antrag entsprechen, wegen im Einzelfall geltend gemachter Besonderheiten auf Einzelaufzeichnung zu verzichten.
>
> 2. Andere Fälle (nicht in 1. genannt) müssen Einzelaufzeichnungen führen.
>
> Summeneintragungen im (retrograd aufgebauten) Kassenbericht reichen nicht aus.
>
> Hier Aufzeichnung eines jeden Geschäftsvorfalls in einem Kassenbuch, ggf. könnte eine geordnete Belegablage den Zweck einer chronologisch richtigen und vollständigen Aufzeichnung ersetzen. Allein Strichlisten nicht ausreichend.

Nach § 146 Abs. 1 Satz 2 AO sollen die **Kasseneinnahmen** und **Kassenausgaben täglich** festgehalten werden. Für die rechnerische Ermittlung der Tageseinnahmen (= Tageslosung) dienen täglich zu erstellende retrograd aufgebaute Kassenberichte (vgl. Kapitel VIII. 2.1). Sie dokumentieren den tatsächlich ausgezählten Kassenbestand bei Geschäftsschluss, von dem zur Ermittlung der Tages(bar-)einnahme der Kassenanfangsbestand (= tatsächlich ausgezählter Kassenbestand bei Geschäftsschluss des Vortages) sowie die Bareinlagen abgezogen und dem die im Laufe des Tages getätigten Barausgaben und Barentnahmen zugerechnet werden. Sowohl die Barausgaben als auch die Bareinlagen und -entnahmen sind durch gesonderte Belege nachzuweisen. Werden als Anlage zum Kassenbericht keine (Eigen-)Belege, z. B. Quittungen oder andere Dokumente über Privatentnahmen und Privateinlagen beigefügt, handelt es sich nicht um einen reinen formellen Mangel, sondern um einen schwerwiegenden Mangel.[209]

---

208 *BFH*-Urteil vom 12. 5. 1966 – IV 472/60, BStBl III 1966, 471.
209 *FG Münster* vom 31. 8. 2000 – 14 K 3305/98 G, U, F.

1. Offene Ladenkasse

Zusätzlich kann – ohne dass dies nach dem HGB oder der AO gesetzlich gefordert wird – ein Zählprotokoll erstellt werden. Dieses dient als weiterer Nachweis dafür, dass tatsächlich täglich der Kassenbestand durch eine materielle Bestandsaufnahme aufgenommen wird.

ABB. 33: Musterzählprotokoll

Mandanten-Nr.
Zählprotokoll als Anlage zum Kassenbericht Nr.   Datum:

Scheine	Anzahl	Gesamtwert in €
500,00 €		
200,00 €		
100,00 €		
50,00 €		
20,00 €		
10,00 €		
5,00 €		
	Summe I:	

Münzen	Anzahl	Gesamtwert in €
2,00 €		
1,00 €		
0,50 €		
0,20 €		
0,10 €		
0,05 €		
0,02 €		
0,01 €		
	Summe II:	
Gesamtsumme (I und II):		

_____

Unterschrift

IX. Arten von Kassen

Bei einer offenen Ladenkasse ist es ausreichend, wenn eine summarische Ermittlung der täglichen Kasseneinnahmen aus dem ausgezählten Kassenbestand erfolgt (retrograde Methode). Eine tägliche Verbuchung der Zu- und Abgänge in der Kasse ist dem Gesetzeswortlaut grundsätzlich nicht zu entnehmen. Anders sieht es der *BFH* in seinem Urteil vom 31.7.1974[210] und in dem Beschluss vom 23.12.2004[211] aus denen hervorgeht, dass Kassenbuchungen grundsätzlich an demselben Geschäftstag vorzunehmen sind. Diesen Urteilen wird eine Kassenbuchführung nur gerecht, die die Einnahmen und Ausgaben noch am Tage der Vereinnahmung und Verausgabung festhält.

Unterhält der Unternehmer eine offene Ladenkasse, muss er somit grundsätzlich täglich zum Geschäftsschluss den Inhalt der Kasse **exakt** zählen (sowohl Scheine als auch Münzgeld, d. h. auch 1-, 2- und 5-Cent Münzen sowie den Wechselgeldbestand) und diesen Bestand schriftlich in einem fortlaufend nummerierten retrograd aufgebauten **Kassenbericht** (s. Kapitel VIII.2. ABB. 27) festhalten.

Der für die tägliche Bestandsaufnahme notwendige Kassenbericht kann auch nicht durch ein Kassenbuch ersetzt werden, wenn in einer gesonderten Spalte Bestände ausgewiesen werden, weil das Kassenbuch nicht die rechnerische Ermittlung der Tageseinnahmen dokumentiert, sondern lediglich die rechnerische Entwicklung der Kassenbestände.[212]

Wird ein progressiv aufgebauter Kassenbericht (s. Kapitel VIII. 2.2) verwendet, liegt ein formeller Mangel in der Buchführung vor, der allein – sofern ansonsten die Kassen- und Buchführung den gesetzlichen Anforderungen entspricht – nicht zu einer Verwerfung der Buchführung führen kann.

Diese Kassenberichte sind **vom Unternehmer täglich zu führen** und dürfen nicht am Ende der Woche oder des Monats, z. B. von den Mitarbeitern des Steuerberaters, erstellt werden.

Nach der ständigen Rechtsprechung des BFH[213] müssen diese Kassenaufzeichnungen so beschaffen sein, dass ein jederzeitiger **Kassensturz** möglich ist. Ein Buchsachverständiger bzw. eine Buchsachverständige (z. B. Prüfer/Prüferinnen der Finanzverwaltung) muss jederzeit in der Lage sein, den Sollbestand lt. Aufzeichnungen – also lt. Kassenberichte – mit dem Istbestand der Geschäftskasse zu vergleichen.

Ausnahmsweise können Eintragungen im Kassenbericht noch am nächsten Geschäftstag vorgenommen werden, wenn zwingende geschäftliche Gründe einer Buchung am gleichen Tage entgegenstehen und aus den Buchungsunterlagen, z. B. Zwischenaufzeichnungen, sicher entnommen werden kann, wie sich der sollmäßige Kassenbestand seit dem Beginn des vorangegangenen Geschäftstages entwickelt hat.[214]

2. EDV-Registrierkassen

EDV-Registrierkassen (dazu gehören auch Waagen mit Registrierkassenfunktionen etc.) oder auch proprietäre Kassensysteme (= EDV-Registrierkassen neuerer Bauart) zählen mit zu den Da-

---

210 *BFH*-Urteil vom 31.7.1974 – I R 216/72, BStBl II 1975 S. 96.
211 *BFH*-Beschluss vom 23.12.2004 – III B 14/04, BFH/NV 2005 S. 667.
212 *FG Münster* vom 31.8.2000 – 14 K 3305/98 n.v.
213 *BFH*-Urteil vom 17.11.1981 – VIII R 175/77, BStBl II 1982, S. 430 und vom 20.9.1989 – X R 39/87, BStBl II 1990, S. 109.
214 *BFH*-Urteil vom 31.7.1974 – I R 216/72, BStBl 1975 S. 96.

tenverarbeitungssystemen (Haupt-, Vor- und Nebensysteme), die von den Regelungen des neuen BMF-Schreiben zu den Grundsätzen zur ordnungsgemäßen Führung und Aufbewahrung von Büchern, Aufzeichnungen und Unterlagen in elektronischer Form sowie zum Datenzugriff (GoBD) betroffen sind.[215] EDV-Registrierkassen und proprietäre Kassensysteme können in folgende drei Gruppen unterteilt werden, die zurzeit in der Praxis noch eingesetzt werden:

- EDV-Registrierkassen **älterer** Bauart (z. B. mit EEPROM[216] und RAM[217]-Speicher) mit **Journal-** und **Bon-Rolle** aus Papier (Kapitel IX.2.1);
- EDV-Registrierkassen **neuerer** Bauart (z. B. mit Flash[218]-Speicher) mit **elektronischem Journal (Einzelaufzeichnung)** und **Bon-Rolle** aus Papier **ohne** externe Schnittstelle, sodass die in die Kasse eingegebenen und dort gespeicherten Daten **nicht** in einem Format exportiert werden können, das von der in der Finanzverwaltung eingesetzten Analysesoftware IDEA importiert und analysiert werden kann (s. Kapitel IX.2.2);
- EDV-Registrierkassen **neuerer** Bauart (z. B. mit Flash-Speicher) mit **elektronischem Journal (Einzelaufzeichnung)** und **Bon-Rolle** aus Papier **mit** externer Schnittstelle, sodass die Daten in einem analysefähigen Format exportiert werden können (s. Kapitel IX.3.).
- Proprietäre Kassensysteme sind vergleichbar mit EDV-Registrierkassen neuerer Bauart, unterscheiden sich aber im Bereich des Betriebssystems (Näheres s. IX.3.).

Es handelt sich hierbei um Kassen einfacher Bauart im unteren Preissegment (bis 800 €), die in vielen Großmärkten zu kaufen sind. Je nach Kassentyp beinhalten diese „Einfach"-Kassen einen Microcontroller, eine starre Softwareprogrammierung, kein herstellerspezifisches Betriebssystem und Displays für den Bediener und den Kunden. Einige Kassenhersteller bieten bei neueren EDV-Registrierkassen zusätzliche Softwareprodukte an, mit denen es möglich ist, die Daten einzeln zu speichern. Auch ein Export der Daten i. S. d. GoBD ist möglich.

Die vom Hersteller vorgegebene Grundprogrammierung lässt sich nur bedingt abändern. Streng genommen handelt es sich bei diesen Kassen um proprietäre Systeme, aber die betriebswirtschaftlichen Auswertungsmöglichkeiten sind sehr begrenzt. Aus diesem Grund werden sie in diesem Handbuch auch von den leistungsstärkeren Kassensystemen abgegrenzt.

Die Umsätze werden in Summenspeichern tages- und/oder monatsweise abgelegt und können, sofern sie nicht nach einem „Z"-Abruf gelöscht wurden, noch über einen längeren Zeitraum abgerufen werden.

PRAXISHINWEIS:

Bei dem Einsatz von elektronischen Registrierkassen sind neben den allgemeinen Grundsätzen ordnungsgemäßer Buchführung auch die
- bis zum 31.12.2014:
  Grundsätze ordnungsgemäßer Speicherbuchführung zu beachten[219]
- ab dem 1.1.2015:

---

215 *BMF* vom 14.11.2014, a. a. O. Tz. 1.11.
216 *EEPROM* = engl. Abk. für *electrically erasable programmable read-only memory*, wörtlich übersetzt: elektrisch löschbarer programmierbarer *Nur-Lese-Speicher*, nichtflüchtiger, elektronischer Speicherbaustein, dessen gespeicherte Informationen elektrisch gelöscht werden können.
217 RAM = *Random-Access Memory*, dt.: „Speicher mit wahlfreiem/direktem Zugriff" = Direktzugriffsspeicher.
218 *Flash-EEPROM*; sie gewährleisten eine nichtflüchtige Speicherung bei gleichzeitig niedrigem Energieverbrauch.
219 *BMF* vom 26.11.2010 – IV A 4 – 2 0316/08/10004-7, BStBl I 2010, S. 1342.

Grundsätze zur ordnungsgemäßen Führung und Aufbewahrung von Büchern, Aufzeichnungen und Unterlagen in elektronischer Form sowie zum Datenzugriff (GoBD)

Anmerkung:

Dies ergibt sich nicht direkt aus dem BMF-Schreiben zu den GoBD, sondern aus der 2. Kassenrichtlinie. (s. Kapitel XVI.2). Letztere verweist auf die GoBS und GDPdU, diese wurden durch die GoBD ersetzt.

Zu beachten ist bei allen EDV-Registrierkassen, dass nicht nur die Tagesendsummenbons (Näheres s. im Folgenden), sondern auch alle Dokumentationsunterlagen über die detaillierten Kasseneinstellungen, Bedienerprogrammierungen, Artikel-, Waren- und Hauptgruppeneinstellungen aufzubewahren und im Rahmen einer Betriebsprüfung auch vorzulegen sind.[220]

2.1 EDV-Registrierkassen älterer Bauart

EDV-Registrierkassen älterer Bauart mit Bon- und Journaldruckwerk[221] **(2 Papierrollen)**, ohne Schnittstelle zum Datenexport und ohne digitale Einzelaufzeichnung sind nur noch selten in Betrieben mit überwiegenden Bargeschäften anzutreffen.

Auf diese Kassentypen ist die in der 2. Kassenrichtlinie aufgeführte Härtefallregelung uneingeschränkt anwendbar. Diese Kassen arbeiten nur mit „Papier", sodass die in der 1. Kassenrichtlinie (s. Kapitel V. 3.1) geforderten Aufzeichnungs- und Aufbewahrungspflichten einzuhalten sind (Näheres dazu im Folgenden).

ABB. 34:	EDV-Registrierkasse älterer Bauart mit Papierjournal
\multicolumn{2}{c}{EDV-Registrierkasse (älterer Bauart)}	
Bonrolle (Papier)	Journal (dokumentiert grundsätzlich alle Eingaben in die Kasse)
	Journalrolle (Papier)
▶ Rechnung für die Kunden ▶ Ausdruck der Tages-/Monatsberichte (z. B. den Tagesendsummenbon)	▶ Manipulierbar, in dem nicht alle Eingaben ausgedruckt werden, z. B. Unterdrückung von Storni, Umsätzen des Trainingsbedieners etc.

Zusätzlich sind diese Geräte mit einer Kassenschublade und einem Rechnungsdrucker (z. B. für den Druck von Bewirtungsbelegen i. S. d. § 4 Abs. 5 Nr. 2 EStG) als Peripheriegeräte ausgestattet.

Diese Kassen älterer Bauart sind mit einem EPROM-Speicherbaustein ausgestattet, der von außen nur schwer zu manipulieren ist, da dafür spezielle Programmiergeräte erforderlich sind. Je nach Größe des RAM-Speichers können unterschiedliche Datenmengen gespeichert werden, z. B. nur Tagesumsätze. Vom Kassenhersteller wird eine Grundprogrammierung vorgegeben, die ent-

---

220 *FG Münster*, Urteil vom 16. 5. 2013 – 2 K 3030/11 E, U, EFG 2014, S. 86-90.
221 Journalstreifen = Kontrollpapierstreifen, in welchem bei einer Kasse ohne Datenträger jeweils mit Rechnungsstellung fortlaufend die Geschäftsvorfälle dokumentiert werden.

weder durch den Kassenaufsteller oder – in Fällen von Kassen einfachster Bauart, die in jedem Großmarkt zu kaufen sind – auch vom Unternehmer selbst umprogrammiert werden können.

Die Stammdaten wie Systemeinstellungen, Summenregister, Verkäufer- und Bedienereinstellungen (samt Zugriffsberechtigungen), Artikel-, Waren- und Hauptgruppeneinstellungen sowie die diversen Berichtsarten werden auf einem RAM-Speicher niedergeschrieben und sind jederzeit abänderbar.

Bei dieser Art EDV-Registrierkasse werden die Rechnungen für den Kunden über einen Papierstreifen (der Bonrolle) erzeugt. Sämtliche Geschäftsvorfälle werden auf dem Papierjournal einzeln dokumentiert, es sei denn, der Ausdruck wird auf dem Journal in der Programmierung unterdrückt (s. auch ABB. 34). Zur Kontrolle wird jeder Geschäftsvorfall mit dem Datum, der Uhrzeit und einer fortlaufenden Nummer versehen. Diese Angaben findet man auf dem Kundenbon und dem Papierjournalstreifen wieder. Werden die Journalrollen aufbewahrt und keine Ausdrucke unterdrückt, lassen sich die Einnahmen auf Vollständigkeit überprüfen.

Bei dieser Art von EDV-Registrierkassen müssen die Journalrollen **nicht** aufbewahrt werden, wenn die Vollständigkeit der Einnahmen durch einen vollständigen Tagesendsummenbon (s. Kapitel V. 3.) nachgewiesen wird.

2.2 EDV-Registrierkassen neuerer Bauart mit elektronischem Journal

EDV-Registrierkassen neuerer Bauart unterscheiden sich von denen älterer Bauart durch die Art des Speichers (meist Flash-Speicher und/oder SD-Karte) und durch ein elektronisches Journal. Es ist nur noch eine Papierrolle vorhanden, auf der der Kunden-Bon sowie die Berichte (z. B. Finanz-, Finanzarten-, Transaktionsberichte) ausgedruckt werden.

ABB. 35:	EDV-Registrierkasse neuerer Bauart mit elektronischem Journal
EDV-Registrierkasse	
Bon-Rolle (Papier)	Journal (dokumentiert grundsätzlich alle Eingaben in die Kasse)
	Elektronisches Journal
▶ Rechnung für die Kunden ▶ Ausdruck der Tages-/Monatsabrufe (z. B. den Tagesendsummenbon)	▶ Wird oftmals nicht aktiviert oder ▶ die Einrichtung erfolgt als rotierendes Journal, das laufend überschrieben wird. ▶ Manipulierbar, indem nicht alle tatsächlichen Eingaben protokolliert werden.

Das elektronische Journal ist vergleichbar mit dem Papierjournal der EDV-Registrierkassen älterer Bauart. Es handelt sich dabei um eine Protokolldatei, die im Speicher mitläuft. Diese dokumentiert in Echtzeit mit Rechnungserstellung fortlaufend und chronologisch jeden einzelnen Geschäftsvorfall, sofern dies nicht per Programmierung unterbunden wird (s. auch ABB. 35). Je nach Kassentyp können die Daten einzeln aufgezeichnet und sogar als GDPdU/GoBD-Export für eine Analyse im Rahmen einer steuerlichen Betriebsprüfung exportiert werden. Einige Kassenhersteller bieten spezielle Software an, mit denen die Kassen die Voraussetzungen des BMF-Schreibens vom 26. 11. 2010 erfüllen.

IX. Arten von Kassen

> **ANMERKUNG:**
> Nach Auskunft eines führenden Kassenherstellers in diesem Segment wird bei 100 verkauften Kassen nur für 5 Kassen die Software für den GDPdU/GoBD-Export bestellt.

Damit die Daten auch bei Stromausfall gespeichert bleiben, ist bei diesen EDV-Registrierkassen ein Batteriepuffer eingebaut. Längere Zeiten ohne Netzbetrieb können dazu führen, dass sämtliche gespeicherten Programminhalte verloren gehen, was auch auf die Umsatzdaten zutrifft.

2.3 Wichtige Erläuterungen zu EDV-Registrierkassen

2.3.1 Grundprogrammierung

Grundsätzlich werden auf die Journalrolle bzw. im elektronischen Journal sämtliche Eingaben in die Kasse ausgedruckt bzw. gespeichert. Dies gilt auch für Stornierungen, Einsätze von Trainingsbedienern und abgefragte Berichte. Aber individuelle, von den gesetzlichen Vorgaben abweichende Programmierungen sind möglich, d. h. auch auf dem Papierjournal lassen sich Ausdrucke unterdrücken. Ein elektronisches Journal kann deaktiviert werden, sodass keinerlei Eingaben protokolliert werden. Erfahrungen aus der Praxis zeigen, dass elektronische Journale als „rotierende Journale" programmiert werden, was dazu führt, dass bei vollem Speicher automatisch eine Löschung in Gang gesetzt wird oder die alten Daten überschrieben werden.

> **BEISPIEL** ▶ Bei Einsatz eines Trainingsbedieners kann eine EDV-Registrierkasse älterer Bauart so programmiert werden, dass die Eingaben und Umsätze nicht im Journal protokolliert werden. Dieser Bediener kann zwar einen Beleg für den Kunden und seinen (Schicht-) Bedienerbericht ausdrucken, trotzdem erfolgt keine Dokumentation auf der Journalrolle, im elektronischen Journal und im Finanzbericht (Z-Bon).

EDV–Registrierkassen mit und ohne elektronischem Journal haben i. d. R. Speicher für die Grundeinstellungen (= Stammdaten) und Summenspeicher. Diese beinhalten u. a. (hier nur beispielhafte Aufzählung):

▶ Die eingerichteten Artikel mit den entsprechenden Artikelnummern, Preisen, Bezeichnungen, erforderlichen Steuersätzen (z. B. 7 % und 19 %), Zuordnungen zu den jeweiligen Waren- und/oder Hauptgruppen;

▶ die eingerichteten Waren- und/oder Hauptgruppen;

▶ die eingerichteten Bediener/Kellner/Verkäufer mit den entsprechenden individuellen Berechtigungen hinsichtlich Storni- und Berichtsabrufmöglichkeiten;

▶ die eingerichteten Prozentsätze und Modifier für die Umsatzsteuer,
  − 7 % für außer Haus Umsätze,
  − 19 % im Haus Umsätze,

▶ die Anzahl der Kunden;

▶ die Anzahl der Bonierungen;

▶ die Anzahl der Öffnungen der Geldschublade ohne Bonierung eines Umsatzes, sodass später auf dem Tagesendsummenbon eine Position „nur Lade" ausgewiesen wird;

▶ die Summen der bonierten Artikel und/oder Warengruppen;

▶ die Summen der in Rechnung gestellten Beträge;

▶ die Summen der abkassierten Beträge getrennt nach Zahlungswegen (bar, Schecks, EC- oder Kreditkarte);

- die Summen der Umsätze unterteilt nach Steuersätzen;
- die Summen der Rücknahmen;
- die Summe der Stornierungen (ohne Sofortstorno), z. B.
  - Nachstorno,
  - Managerstorno;
- Berichtseinstellungen, u. a.
  - Berichtsarten (Finanz-, Bediener-, Warengruppenbericht),
  - fortlaufende Z-Nummer auf den Tagesendsummenbons;
- aktivierte Grand Total-Speicher (GT-Speicher), die die Summe aller aufgelaufenen Umsätze und Stornierungen beinhalten können.

Für eine ordnungsgemäße Kassenführung ist es zwingend erforderlich, dass diese Grundprogrammierung und alle daran vorgenommenen Änderungen protokolliert und aufbewahrt werden, sodass diese im Rahmen einer steuerlichen Betriebsprüfung jederzeit vorgelegt werden können.

2.3.2 Schlüsselfunktionen

Um an einer Registrierkasse arbeiten zu können, müssen Zugriffsberechtigungen eingerichtet werden. Die diesbezügliche Grundprogrammierung erfolgt durch den Kassenaufsteller. Spätere Änderungen können nur durch den Chef/Geschäftsführer oder mit deren Rechten ausgestattete Mitarbeiter vorgenommen werden. Der Mitarbeiter meldet sich entweder über Direkteingabe an der Kasse (z. B. in Bäckereien) oder durch bestimmte Schlüssel, Stifte, Transponder oder bei Tablet-Kassen auch über QR-Code etc. (im Folgenden nur „Schlüssel") an. Bei der Nutzung von Schlüsseln lassen sich folgende **Schlüsselfunktionen** unterscheiden:

- „Chef"- oder „Manager"-Schlüssel

  Diesen Schlüssel hat i. d. R. nur der Inhaber bzw. Geschäftsführer eines Unternehmens oder ein vertrauensvoller Mitarbeiter. Er ermöglicht einen umfassenden Zugriff auf – fast – alle Stammdaten und Berichte. Des Weiteren ist eine Änderung der Programmierung möglich, um z. B. Zugriffsberechtigungen, Artikel oder Warengruppen zu ändern.

- „Submanager"-Schlüssel

  Dieser Schlüssel ist Mitarbeitern in höheren Positionen (z. B. Abteilungs- oder Filialleitern) vorbehalten. Ihre Rechte sind eingeschränkt. Zugriffsberechtigungen u. a. Stammdaten können nicht geändert werden. Teile der Programmierung, z. B. Artikel- und/oder Preise, können jedoch geändert werden. Der Abruf von Berichten kann eingeschränkt ermöglicht werden.

- Bediener-, Verkäufer- oder Kellnerschlüssel

  Personen, die diesen Schlüssel nutzen, sind nur berechtigt, Umsätze zu registrieren. Am Ende der Schicht können sie einen eigenen Bediener-/Kellner-/Verkäuferbericht (= Bedienerselbstabrechnung) im X-Modus abrufen, um mit dem Chef bzw. Schicht-, Filial- oder Abteilungsleiter abzurechnen.

  - Trainingsmodus

    Damit sich neue Mitarbeiter mit dem jeweiligen Kassensystem vertraut machen können, werden Bedienerschlüssel im Modus „Training" eingesetzt. Die über diesen Schlüssel eingegebenen Umsätze fließen nicht in die Umsatzsummenspeicher und somit auch nicht in die Tagesendsummenbons mit ein. Im Bedienerbericht werden diese Umsätze ausgewiesen, sofern der Ausdruck nicht unterdrückt wurde.

▶ **Programmierschlüssel**

Sollte der „Chef"- bzw. „Manager"-Schlüssel kein Programmierrecht beinhalten, ist dafür zwingend ein gesonderter Programmierschlüssel erforderlich. Mit diesem lassen sich Stammdaten umprogrammieren. Darüber hinaus gibt es einen weiteren Programmierschlüssel für Änderungen an Systemoptionen, der nur in sehr seltenen Fällen vom Kassenaufsteller an den Nutzer weitergegeben wird.

2.3.3 Abrechnungsebenen

Bei den EDV–Registrierkassen gibt es unterschiedliche Abrechnungsebenen bzw. Summenspeicher, aus denen am Ende des Tages auch die Berichte erzeugt werden. Je nach Speicherkapazität lassen sich folgende Abrechnungs-/Summenebenen unterscheiden:

$\underline{X_1 / Z_1 = \text{Tagesebene}}$

Abruf der Summenspeicher auf Tagesebene ohne Löschung ($= X_1$) und mit Löschung der Daten ($= Z_1$).

X_1-Berichte stellen Zwischenabfragen der bis zur Stunde des Abrufs getätigten Umsätze dar, z. B. Bedienerselbstabrechnungen am Ende einer jeweiligen Schicht, ohne dass anschließend die Speicher gelöscht werden. Da diese Berichte beliebig oft im Tagesablauf getätigt werden können, erfolgt auch keine fortlaufende Nummerierung. X-Berichte können einen Z-Bericht **nicht** ersetzen!

2. EDV-Registrierkassen

ABB. 36:	Muster eines X-Berichts

```
※※※※※※※※※※※※※※※※※※
Finanzberichtnummer           467
Finanzbericht täglich           X
Kasse   1                03-08-11
※※※※※※※※※※※※※※※※※※

Brutto 1                  4149.20
MWST1 19 %                 662.48
Netto 1                   3486.72
Kassensoll
BAR EUR                   4149.20
                           Umsatz
BAR EUR                   4149.20
Bonanzahl       109
Z-Zähler 1      457
```

Ausdrucke im Z_1-Modus haben zur Folge, dass sämtliche für den Tag gespeicherten Umsätze in einer Summe ausgedruckt werden und anschließend der Speicher komplett gelöscht wird (gilt nicht für den GRAND TOTAL, den Nullstellungszähler sowie die laufende Nummer), was auch bei einigen EDV-Registrierkassen auf dem Z-Bericht dokumentiert wird. Bei einigen Kassenherstellern muss die Löschung ausdrücklich bestätigt werden. Nach Abruf der Z_1-Berichte wird der Bediener explizit gefragt:

„Sollen die Daten gelöscht werden?   J = Ja / N = Nein"

ABB. 37: Muster eines Z-Berichts

```
         ZUR STEUEROASE
         FAMILIE SCHWARZGELD
         TEL. 02345-12345

000000 #2180 31/03/2015    23:00  [0001]
ALEX
              *Z1*

ALLGEMEIN Z1                        0275

WGR/GRUPPEN

DO2                    2 Q        2.04%
ALK.FREIE GETRANKE                 €4.00
UMS.19%MWST            2Q          €4.00
MWSTPF.ZW-SU           2Q          €4.00
DO3                   10 Q        14.25%
BIERE                             €28.00
UMS.19%MWST           10Q         €28.00
DO4                    5 Q         2.54%
SPIRITUOSEN                        €5.00
UMS.19%MWST            5Q          €5.00
D11                   10 Q        81.17%
DIVERSE SPEISEN                  €159.50
UMS.19%MWST           10Q        €159.50
GRUPPE1               27 Q       100.00%
                                 €196.50

(+) WGR GES.          27 Q       100.00%
                                 €196.50

TRANSAKTION

NETTO1                           €196.50

UMS.19%MWST                      €196.50
INCL.19%MWST                      €31.37
MWST GESAMT                       €31.37
NETTO                            €165.13

RECHN-ZÄHLER           2 Q
KUNDEN                 2 Q

BESTELLT                         €196.50
BEZAHLT                          €196.50
DURCHSCHNITT                      €98.25

BAR                    2 Q       €196.50

292E2F3F-552016F5-7BB1ACDF
BAD8A6CF-8A6B428C

         SCHWEIZER LANDSTR. 11
         12345 FINANZLOCH
         ST.NR. : 111/2222/333
```

Werden nicht alle Berichte abends abgerufen und der Speicher nicht gelöscht, summieren sich die Umsätze in den nicht gelöschten Speichern auf.

BEISPIEL ▶ Der Unternehmer lässt täglich nur den Finanzbericht ausdrucken und löschen. Bei seiner EDV-Registrierkasse lassen sich aber auch noch Bediener-, Warengruppen-, Hauptgruppen- und Artikelberichte abrufen. Da der Unternehmer diese nicht gelöscht hat, summieren sich die Umsätze immer weiter auf. Wird im Rahmen der Betriebsprüfung die Kasse ausgelesen, lassen sich aus den aufsummierten Berichten wichtige Rückschlüsse für den Prüfungszeitraum ziehen.

X_2 / Z_2 = Monatsebene

Abruf der Summenspeicher auf Monatsebene ohne Löschung (= X_2) und mit Löschung der Daten (= Z_2). Auch hier gilt, dass im Summenspeicher nicht abgerufener Berichte die Umsätze auflaufen.

2.3.4 Von der Erfassung bis zur Rechnung

EDV-Registrierkassen der vorbezeichneten Art werden überwiegend in inhabergeführten Gastronomie- und Einzelhandelsbetrieben eingesetzt. Die Funktionsweise ist identisch. Dem Registriervorgang folgt der Kassiervorgang. Am Tagesende werden dann die aufbewahrungspflichtigen Kassenausdrucke, der Tagesendsummenbon etc. ausgedruckt.

2. EDV-Registrierkassen

ABB. 38: Registriervorgang

1. Schritt: Registrierung

Bestellungsaufnahme

1 Zigeunerschnitzel
1 Jägerschnitzel
1 Alkoholfreies Weizen
1 Mineralwasser

→ Ausdruck Bestellbon in der Küche

→ Ausdruck Bestellbon an der Theke

Beim Registriervorgang werden die vom Kunden georderten Artikel über ein Tastenfeld an der Kasse, über ein separates mobiles Erfassungsgerät (z. B. Orderman), einem Touchscreen oder über einen Barcodescanner eingegeben. I. d. R. sind die angebotenen Artikel oder zumindest Warengruppen (oder beides) vorprogrammiert, sodass dem Bediener die Eingabe erleichtert wird. Anschließend wird über die Bar- oder Zwischensummentaste der Vorgang abgeschlossen. In der Gastronomie werden anschließend an externen Druckern die Bons ausgegeben, die dann dazu benutzt werden, um die Getränke und das Essen vorzubereiten.

ABB. 39: Rechnung

2. Schritt: Bezahlung

Rechnung
(nur auszugsweise)

1 Zigeunerschnitzel	11,40 €
1 Jägerschnitzel	10,90 €
1 Alkoholfreies Weizen	3,80 €
1 Mineralwasser	3,20 €
Rechnungsbetrag	**29,30 €**

(Die sonstigen Voraussetzungen des § 14 Abs. 4 UStG bzw. § 33 UStDV liegen vor.)

Beim Kassiervorgang wird mit dem Kunden der zu zahlende Betrag abgerechnet. Besteht der Kunde auf eine Rechnung ggf. als Bewirtungsbeleg i. S. d. § 4 Abs. 5 EStG, wird dieser ausgedruckt. Bei mobilen Kassengeräten kann der Zahlungsbetrag auf dem Gerät angezeigt werden. Der Ausdruck einer Rechnung erfolgt in diesen Fällen nur auf ausdrücklichen Wunsch des Kunden.

Auch die unterschiedlichen Zahlungswege – bar, Kreditkarte, EC-Karte, Gutschein etc. – lassen sich in einer Kasse erfassen und später im Bericht darstellen. In vielen Fällen erleichtern die Kassen dem Bediener die Arbeit. Es kann der vom Kunden hingegebene Betrag eingegeben werden und die Kasse weist das Rückgeld automatisch aus. Sowohl der Registriervorgang als auch der Zahlvorgang werden bei einem ordnungsgemäß programmierten Journal bzw. elektronischem Journal dokumentiert.

Am Ende des Tages lassen sich die Summen der einzelnen genannten Vorgänge in den Berichten anzeigen. Am Monatsende können dann die einzelnen Tagesumsätze noch einmal in einer Gesamtsumme abgefragt werden.

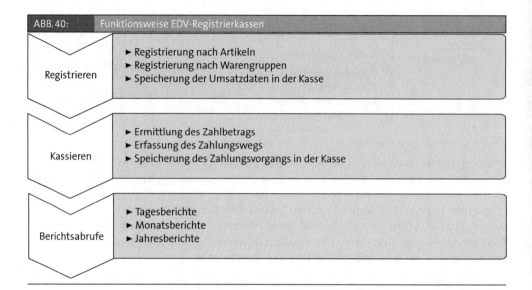

2.4 Aufzeichnungs- und Aufbewahrungspflichten

Für die Aufzeichnungs- bzw. Aufbewahrungspflichten ist von Bedeutung, welchen Kassentyp der Unternehmer einsetzt.

Beim Einsatz dieser elektronischen Registrierkassen sind neben den Grundsätzen ordnungsgemäßer Buchführung auch die Grundsätze zur Aufbewahrung digitaler Unterlagen bei Bargeschäften[222] (s. auch Kapitel V. 3.2, 2. Kassenrichtlinie) zu beachten.

Diese Arten von Registrierkassen können die Anforderungen dieses BMF-Schreibens nicht erfüllen, weil sie technisch nicht in der Lage sind, die eingegebenen Umsätze einzeln aufzuzeichnen und zu speichern. Darüber hinaus ist ein entsprechender Export der Daten für einen Datenzugriff i. S. d. § 147 Abs. 6 AO nicht möglich.

Diese Registrierkassen fallen unter die Härtefallregelung, d. h.

▶ bis zum **31. 12. 2016** können diese Registrierkassen noch in den Betrieben genutzt werden und

▶ die Anforderungen aus der 1. Kassenrichtlinie[223] (s. Kapitel V. 3.1) müssen **vollumfänglich** erfüllt werden.

Nach der vorgenannten Härtefallregelung des BMF-Schreibens vom 26. 11. 2010 sind bei Bargeschäften, in denen es zum Einsatz der vorgenannten Kassentypen kommt, zumindest die Tagessummen getrennt je Barkasse als Betriebseinnahmen im Kassenbericht bzw. Kassenbuch einzutragen und die Ursprungsaufzeichnungen (Registrierkassenstreifen, Journalrollen, Kassenbons, Kassenzettel) sind aufzubewahren.

---

222 *BMF* vom 26. 11. 2010, a. a. O.
223 *BMF* vom 9. 1. 1996, a. a. O.

Auf die Aufbewahrung der Ursprungsaufzeichnung kann verzichtet werden (= Erleichterungen hinsichtlich der Aufbewahrung von Unterlagen), wenn die Gewähr der Vollständigkeit durch Aufbewahrung der in Kapitel V. 3.1 näher bezeichneten Unterlagen sichergestellt ist.

Ergänzend zu den in der 1. Kassenrichtlinie benannten aufbewahrungspflichtigen Unterlagen (s. Kapitel V. 3.1) sollte Folgendes beachtet werden:

▶ **Organisationsunterlagen**, insbesondere
- Bedienungsanleitung, Programmieranleitung,

Praxishinweis:
Die Unterlagen können beim Kassenhersteller oder Kassenaufsteller angefordert werden.

- programmierte Grundeinstellungen bei Inbetriebnahme,

Praxishinweis:
Sollten die Grundeinstellungen im Ausdruck nicht mehr vorliegen, sollte sich der Stpfl. an seinen Kassenaufsteller wenden. In der heutigen Zeit werden EDV-Registrierkassen vom Kassenaufsteller unter zu Hilfenahme von Laptops via LAN und Back-Office Software programmiert. Davon werden i. d. R. Sicherungen erstellt, die später noch zur Verfügung gestellt werden können.

- Programmabrufe **nach jeder Änderung**,

Praxishinweis:
Werden diese Programmänderungen hinsichtlich der Artikel, Preise, Warengruppen, Bediener etc. vom Kassenaufsteller durchgeführt, können evtl. durchgeführte Sicherungen später – z. B. im Rahmen einer Betriebsprüfung – noch ausgedruckt und vorgelegt werden.

- **alle weiteren Anweisungen** zur Kassenprogrammierung, müssten vom Kassenaufsteller, wenn dieser diese programmiert hat, beschafft werden können.

Schwierig wird es, wenn die EDV-Registrierkassen im Großmarkt oder von einem fremden Vorbesitzer angeschafft wurden.

Fehlen die Dokumentationsunterlagen über die Kasseneinstellungen, Bedienerprogrammierung, Artikel- und Warengruppeneinstellungen etc., kann die Vollständigkeit der erfassten Umsätze nicht gewährleistet werden.[224]

▶ die **Tagesendsummenbons** (darunter versteht man die Finanz-, Finanzarten- oder Transaktionsberichte, s. auch Kapitel X. 1.) sollten abweichend von den in der 1. Kassenrichtline geforderten Mindestangaben (s. Kapitel V. 3.1) die im weiteren Verlauf näher erläuterten weiteren Angaben enthalten, damit im Rahmen einer Betriebsprüfung durch die Finanzverwaltung die Vollständigkeit und insbesondere die Unabänderbarkeit überprüft werden kann.

Der in ABB. 39 dargestellte Tagesendsummenbon entspricht nicht nur nicht den Vorgaben der 1. Kassenrichtlinie, sondern es fehlen noch weitere, wichtige Informationen:

---

[224] *FG Münster* vom 16. 5. 2014 – 2 K 3030/11 E, U.

IX. Arten von Kassen

ABB. 41: Tagesendsummenbon ohne wichtige Informationen

```
※※※※※※※※※※※※※※※※※※
Finanzberichtnummer        467
Finanzbericht täglich       Z
Kasse    1              03-08-11
※※※※※※※※※※※※※※※※※※

Brutto 1                2649.20
MWST1 19 %               422.98
Netto 1                 2226.22
Kassensoll
BAR EUR                 2649.20
                        Umsatz

BAR EUR                 2649.20
Bonanzahl      108
Z-Zähler 1     458


>>>>>>> Speicher gelöscht! <<<<<<<
```

- **Datum und Uhrzeit** des Abrufs,

> **Praxishinweis:**
> Eigene Erfahrungen aus der Praxis zeigen, dass auf vielen Tagesendsummenbons keine Uhrzeit angegeben ist.
> Die Uhrzeit ist für die Vollständigkeitsüberprüfung und für die Prüfung der Unveränderbarkeit unerlässlich. Wie bereits erläutert (s. Kapitel V. 3.1), lassen sich bei vielen Kassen die Z-Nummern manuell eingeben.

- **Anzahl der Kunden** und **Anzahl der verkauften Artikel**,
- **Stornierungen**,

> **Praxishinweis:**
> Fehlen jegliche Stornierungen auf den Tagesendsummenbons, deutet dies auf einen bewussten Eingriff in das Kassensystem hin (Näheres zu Stornierungen s. Kapitel IV. 3.6).[225]

- **Entnahmen** werden in der Praxis grundsätzlich nicht auf einem Tagesendsummenbon zu finden sein. Meistens werden diese im Kassenbericht bzw. Kassenbuch dokumentiert.

Werden die Tagesendsummenbons nicht vollständig aufbewahrt, finden die Härtefallregelung und die sich aus der 1. Kassenrichtlinie ergebenden Erleichterungen hinsichtlich der Aufbewahrungspflichten keine Anwendung mehr, d. h. der Unternehmer muss das Zustandekommen der Tagesendsummen durch Einzelaufzeichnungen (Kassenjournalstreifen, Kassenzettel und Bons) nachweisen. Des Weiteren lässt sich nicht mehr überprüfen, ob die Kasse manipulierbar ist/war und damit nicht mehr den Grundsätzen der Unveränderbarkeit der Buchführung (§ 146 Abs. 4 AO) entspricht.

Werden vorgenannte EDV-Registrierkassen im Betrieb eingesetzt, sind die o. g. Unterlagen zwingend im Rahmen von steuerlichen Betriebsprüfungen vorzulegen. In diesen Fällen ist es nicht ausreichend, wenn nur tägliche Kassenberichte erstellt werden.[226] Die bloße Behauptung, dass Kassenstreifen nicht aufzubewahren waren, weil die eingesetzte Registrierkasse nicht zur Erfassung der Einnahmen gedient habe, ist nicht glaubhaft.[227]

Die Vernichtung von Tagesendsummenbons kann auch den Straftatbestand der Beweismittelunterdrückung (§ 274 Abs. 1 Nr. 1-2 StGB) erfüllen.[228]

Zu den Aufbewahrungsfristen der wichtigsten Kassenunterlagen s. Checkliste über die aufbewahrungspflichtigen Kassenunterlagen und ihre Aufbewahrungsfristen (Kapitel XV. 3.).

3. EDV-Registrierkassen neuerer Bauart oder proprietäre Kassensysteme

Proprietäre Kassensysteme unterscheiden sich von PC-(Kassen-)Systemen und auch von den EDV-Registrierkassen durch eine flexible Software, eine grafische Benutzeroberfläche, Touch-Displays, einem leistungsfähigeren Microcontroller (z. B. 32/64-Bit und mehr) oder Prozessoren, wie sie bei PC-(Kassen-)Systemen gängig sind, Möglichkeiten zum Anschluss externer Speichermedien (SD-Karte, USB-Stick etc.) zur Speicherung größere Datenmengen und durch eine Vielzahl von betriebswirtschaftlichen Auswertungen. Proprietäre Systeme basieren auf einem vom Hersteller selbst entwickelten Betriebssystem und sind „geschlossene Systeme" (engl. Embedded-Technology, deutsch: eingebettetes System). Durch diese „abgeschlossene Technologie" ist der Unternehmer an die Hard- und Software des Herstellers gebunden. Geräte unterschiedlicher Hersteller können mangels Kompatibilität meist nicht mit einander verbunden werden. Die Datenspeicherung erfolgt auf Flash-Speichern und dort in Tabellen, ähnlich Datenbanksystemen.

---

225 *FG Münster* vom 16. 5. 2013 – 2 K 3030/11 E, U.
226 *BFH*-Beschluss vom 11. 5. 2000 – I B 7/00.
227 *FG Münster* vom 31. 8. 2000 – 14 K 3305/98 G, U, F.
228 *Becker*, Beweismittelunterdrückung gemäß § 274 Abs. 1 Nr. 1 und Nr. 2 StGB, StBp 2008 S. 29-36.

IX. Arten von Kassen

Die proprietären Kassensysteme stehen von ihrer Programmierung und Leistungsfähigkeit aus gesehen zwischen den einfachen summenspeicherbasierten EDV-Registrierkassen und den PC-(Kassen-)Systemen. Die herstellerspezifische Programmierung sorgt für eine hohe Systemstabilität. Die Kassen sind weniger anfällig für externe Viren – wie z. B. bei PCs –. Eine Manipulation der Daten in der Kasse ist nur schwer möglich. Meistens können Daten nur im Ausdruck unterdrückt werden.

Viele Hersteller solcher proprietären Kassen bieten zusätzlich eine auf einem „normalen" PC oder Notebook zu installierende Back-Office-Software an, worüber der Unternehmer – insbesondere bei mehreren Kassen in einem Verbund/Netzwerk oder in mehreren Filialen – die Verwaltung der Kassen (Artikel, Bediener, Warengruppen etc.) vornehmen kann. Das Auslesen der proprietären Kassensysteme wird durch die Back-Office-Software gesteuert. Diese liest die Kassen zu einem vorher bestimmten Zeitpunkt (z. B. nachts um 4:00 Uhr) aus und legt die Daten im Speicher der Datenbank ab. Darüber hinaus besteht die Möglichkeit, neben dem Berichtswesen noch weitere betriebswirtschaftliche Auswertungen durchführen zu lassen.

3.1 Funktionsweise

Die Funktionsweise dieser Kassen unterscheidet sich gegenüber den vorgenannten EDV-Registrierkassen dahingehend, dass proprietäre Kassensysteme deutlich mehr Möglichkeiten der betriebswirtschaftlichen Auswertung bieten. Darüber hinaus können die eingegebenen Daten nicht nur in Tages- und Monatsspeichern abgelegt werden, sondern auch in Jahresspeichern. Einige proprietäre Kassen lassen intern auch ein Datenerfassungsprotokoll mitlaufen. In dieser Datei sind alle Eingaben nachvollziehbar. Sie dienen dem Hersteller bzw. Kassenaufsteller in Notfällen zur Rekonstruktion von Fehlern, z. B. wie es zu eventuellen Ausfällen bzw. Falschbuchungen gekommen ist, und zur Wiederherstellung der Daten.

3.2 Aufzeichnungs- und Aufbewahrungspflichten

Per Speichererweiterung und Softwareupdates bieten neuere proprietäre Kassen die Möglichkeit der Einzelaufzeichnung eines jeden Geschäftsvorfalls und damit auch die Möglichkeit, diese Grundaufzeichnungen zu exportieren. Durch diese technische Aufrüstung sind diese Kassen fähig, Daten für einen steuerlichen Datenzugriff i. S. d. § 147 Abs. 6 AO zu exportieren und entsprechen insoweit den Anforderungen der 2. Kassenrichtlinie.[229]

Ältere Modelle sind dagegen nicht in der Lage, Daten in einem für die Betriebsprüfung der Finanzverwaltung erforderlichen Format zu exportieren. Diese Kassen müssen aus Sicht der Finanzverwaltung weiterhin die Vorschriften der 1. Kassenrichtlinie[230] erfüllen.

Die folgende Aufstellung (TAB. 10) zeigt die zu erfüllenden Aufzeichnungs- und Aufbewahrungspflichten in Kürze im Überblick:

---

[229] BMF-Schreiben vom 26. 11. 2010 – IV A 4 – S 0316/08/10004-07, 2010/0946087, BStBl 2010 I S. 253.
[230] BMF-Schreiben vom 9. 1. 1996 – IV A 8 – S 0310-5/95, BStBl 1996 I, S. 36.

TAB. 10: Proprietäre Kassensysteme	
Proprietäre Kassensysteme nicht GDPdU/GoBD-fähig[231] **(nur Papierausdrucke möglich)**	**Proprietäre Kassensysteme GDPdU/GoBD-fähig**
BMF-Schreiben vom 9.1.1996 (Härtefallregelung bis zum 31.12.2016)	BMF-Schreiben vom 26.11.2010
▶ Grundsatz: Kassenstreifen (Kassenjournale), Kassenzettel und Bons sind aufbewahrungspflichtige Unterlagen, wenn das Kassenbuch als Kassenbericht erstellt wird, bei dem Anfangs- und Endbestände fortlaufend durch Kassenbestandsaufnahme abgestimmt werden.[232] ▶ Ausnahme: Beim Einsatz proprietärer Kassensysteme werden Tagesendsummenbons aufbewahrt, die die Gewähr der Vollständigkeit bieten.	▶ Grundsatz: Nach § 238 Abs. 1 Satz 3 HGB und § 145 Abs. 1 Satz 2 AO gilt für alle steuerlich relevanten Daten (Geschäftsvorfälle), dass diese im Kassensystem einzeln, vollständig und unveränderbar aufgezeichnet und auch entsprechend aufbewahrt werden (Einzelaufzeichnungspflicht). **Beachte:** Eine Verdichtung der Daten sowie die ausschließliche Speicherung der Rechnungsendsummen ist nicht zulässig.
Damit die Ausnahmeregelung zur Anwendung kommt, **müssen** folgende Unterlagen aufbewahrt werden: ▶ Organisationsunterlagen, u. a. Bedienungs- und Programmieranleitungen; ▶ sämtliche Programmabrufe, d. h. die Grund- und Stammdatenprogrammierung und alle Änderungen, dazu gehören auch Anweisungen zum Unterdrücken von Daten und Speicherinhalten sowie Änderungen der Artikel bzw. Preise; ▶ alle mithilfe des Kassensystems erstellten Rechnungen; ▶ vollständige Tagesendsummenbons mit fortlaufender Z-Nummer, Name des Geschäfts, Tagesumsätze, Datum und Uhrzeit des Abrufs, Stornoausdrucke und Retouren, Ausweis der Zahlungswege (bar, Scheck, EC- und Kreditkarten), Entnahmen.	Nach den Ausführungen des o. g. BMF-Schreibens müssen gespeichert und aufbewahrt werden: ▶ Sämtliche Programmeinstellungen: Grundprogrammierung, sämtliche Updates, das *Customizing* (z. B. Einrichtung von Bedienern und ihrer Zugriffsrechte), die abrufbaren Berichte inkl. der Druckparameter (z. B. Unterdrückung von Storni und Trainingsbediener), Informationen über eingerichtete Haupt- und Warengruppen sowie die Artikelprogrammierung und die Änderungen.

---

[231] *GDPdU/GoBD-fähig*, dies bedeutet, dass die Kassen in der Lage sind, die gespeicherten Daten entsprechend den gesetzlichen Vorgaben (§ 147 Abs. 6 AO) zu exportieren.
[232] *FG Sachsen*, Beschluss vom 24.11.2006 4 V 1528/06.

Beachte:	Beachte:
Die o. g. Aufbewahrungspflichten gelten für jede einzelne im Betrieb eingesetzte Registrierkasse.	Die o. g. Aufbewahrungspflichten gelten für jede einzelne im Betrieb eingesetzte Registrierkasse.

4. PC-(Kassen-)Systeme

Hierbei handelt es sich um Kassensoftwareprogramme, die auf einem handelsüblichen PC, Laptop/Notebook oder neuerdings auf auch Tabletts mit handelsüblichen Betriebssystemen (Windows, Android, OS, Linux etc.) installiert werden. Meist handelt es sich um Programme, die mit Datenbanken (ACESS, SQL) im Hintergrund arbeiten.

4.1 Funktionsweise

Die Kassensoftware wird auf einem handelsüblichen PC installiert. Nach dem Starten des Kassenprogramms verhält sich das System wie eine EDV-Registrierkasse und beinhaltet dann die gleichen Funktionen. Man kann bonieren, abrechnen und komplexe betriebswirtschaftliche Auswertungen fahren. Die entsprechenden Eingaben erfolgen über den Touchscreen.

PC-(Kassen-)Systeme bieten den Vorteil, dass die individuellen Wünsche des Kunden flexibel programmiert werden können. Wechselnde Produkt- und Leistungsangebote können zügig im System eingearbeitet werden.

PC-(Kassen-)Systeme speichern die Daten der Geschäftsvorfälle einzeln und dauerhaft in Datenbanktabellen im System. Über speziell programmierte Datenbankprozeduren (= Arbeitsanweisungen) können diverse Abfragen (Berichte) und betriebswirtschaftliche Auswertungen abgerufen werden. Es lassen sich Standardberichte, wie z. B. Finanz-, Warengruppen-, Artikelberichte und andere betriebswirtschaftliche Abfragen aus den Tabellen erstellen, aber auch individuelle Abfragen. Dies ist abhängig von den Wünschen des Nutzers.

Sofern die Datenbanktabellen und -prozeduren nicht durch ein herstellerspezifisches Passwort geschützt werden, lassen sich nachträgliche Veränderungen der Daten leicht vornehmen und zwar unmittelbar und lückenlos.

Bei einigen PC-(Kassen-)Systemen laufen Datenerfassungsprotokolle losgelöst von der Datenbank als Ereignisprotokolldatei mit, mit der die Vollständigkeit der Eingaben durch chronologisch fortlaufende lückenlose Aufzeichnung sicher gestellt werden soll. Sie dienen dem Programmierer im Falle des Systemabsturzes zur Rekonstruktion des Fehlers.

Das steuerliche Risiko der Manipulation ist bei dieser Form der Kassenführung sehr hoch. Denn auch das Datenerfassungsprotokoll lässt sich manipulieren. Der Einsatz von „Zappern" und „Phantomware" sorgen an dieser Stelle für Kürzungen und Manipulationen (s. auch Kapitel XIII.), die aus der Struktur der an die Betriebsprüfung übergebenen Daten nicht erkennbar sind.

4.2 Aufzeichnungs- und Aufbewahrungspflichten

Auf PC-(Kassen-)Systeme sind die BMF-Schreiben vom 26.11.2010 zur Aufbewahrung digitaler Unterlagen bei Bargeschäften[233] (s. Kapitel V. 3.2) und das BMF-Schreiben zur ordnungsgemäßen Führung und Aufbewahrung von Büchern, Aufzeichnungen und Unterlagen in elektronischer Form sowie zum Datenzugriff (GoBD)[234] vollumfänglich anzuwenden.

Danach müssen PC-(Kassen-)Systeme neben dem Grundsatz der Einzelaufzeichnung (s. Kapitel IV. 3.2) auf Bonebene auch die folgenden Anforderungen erfüllen:

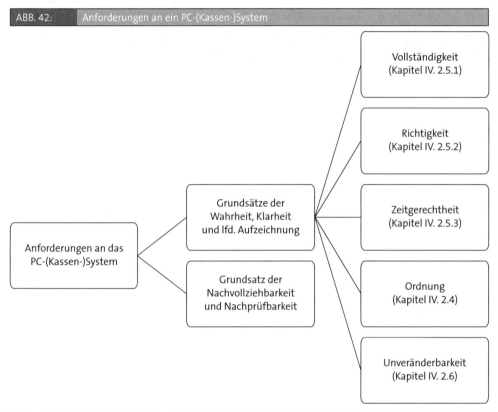

ABB. 42: Anforderungen an ein PC-(Kassen-)System

Gerade bei PC-(Kassen-)Systemen werden zur Bonierungszwecken neben dem Touchscreen am PC, auf dem die Kassensoftware installiert wurde, auch über Bluetooth oder Funk kommunizierende Handys, PDA-Systeme, Orderman oder mobile Kassen eingesetzt. Mit diesen nehmen die Mitarbeiter/innen die Bestellung auf, sodass nach dem Senden innerhalb des Betriebs (an der Theke und in der Küche) die Kundenwünsche vorbereitet werden können. Die vorgenannten Grundsätze (s. ABB. 42) erfordern, dass jede einzelne Eingabe im System, d. h. jede Art von Bonierung, unveränderbar gespeichert und für die gesamte Dauer der Aufbewahrungsfristen nachvollziehbar und exportiert bleibt.

---

233 *BMF*-Schreiben vom 26.11.2010, a.a.O.
234 *BMF*-Schreiben vom 14.11.2014, a.a.O.

IX. Arten von Kassen

Im Rahmen von Betriebsprüfungen lässt sich durch Eingabe von „Spiel-Umsätzen" leicht überprüfen, ob, was und wie im System gespeichert wird. Dazu sollte der Stpfl. aufgefordert werden, Bonierungen (z. B. von Getränken und Speisen in einer Gastwirtschaft) vorzunehmen. Anschließend wird eine Rechnung erstellt. Anhand der ausgedruckten Belege und den im System gespeicherten Daten lässt sich die Vollständigkeit überprüfen.

Die vollständige und lückenlose Erfassung und Wiedergabe eines jeden einzelnen Geschäftsvorfalls (= Bonierung) muss durch ein Zusammenspiel von technischen (einschl. programmierten) und organisatorischen Kontrollen sichergestellt werden. Dies gelingt am einfachsten durch ein unveränderbares Datenerfassungsprotokoll mit einer eindeutigen Sequenznummer.

Bei PC-(Kassen-)Systemen müssen auch keine Tagesendsummenbons ausgedruckt und aufbewahrt werden. Wichtiger sind die gespeicherten Daten.

X. Der Tagesendsummenbon und andere Ausdrucke aus einer EDV-Registrierkasse bzw. einem PC-(Kassen-)System und ihre Bedeutung

Moderne EDV-Registrierkassen und PC-(Kassen-)Systeme bieten eine Vielzahl von Speichermöglichkeiten, Statistiken, Reports und betriebswirtschaftlichen Auswertungen für den Unternehmer. Je größer die Kasse, desto größer die Funktionen, desto größer sind auch die Abfragemöglichkeiten. Sie dienen u. a. zur Kontrolle der Mitarbeiter während der Arbeit durch Kontrolle der Bestellungen und Zahlungsströme sowie zu deren Abrechnung am Ende des Tages bzw. der Schicht. Es lassen sich diverse Berichte über „Renner"- und „Penner"-Artikel erstellen, die das Einkaufsverhalten der Kunden darlegen, sodass das Angebot für den Kunden verbessert werden kann.

Folgende Berichte oder Reports werden u. a. von den Kassensystemen angeboten:

TAB. 11:	Berichtsarten
Bericht	**Name**
1	Bediener einzeln
2	Bediener gesamt
3	Verkäufer
4	Finanz-, Finanzarten- oder Transaktionsbericht
5	Stundenumsatz
6	Hauptgruppen
7	Warengruppen
8	PLU Gesamt
9	Tische
10	EC-Cash Einreichung
11	Übernachtungen
12	Raumpflegebericht
13	Abreisebericht
14	E-Journal
15	Monatsbericht
16	Rechnungsbericht
	u. v. m.

Jede Registrierung durch die Mitarbeiter wird in entsprechenden Speichern abgelegt. Dort verbleiben die Informationen bis zur Löschung. Bei leistungsfähigen EDV-Registrierkassen und bei PC-(Kassen-)Systemen bleiben die eingegeben Daten langfristig gespeichert. Die täglich ausgedruckten Berichte führen nicht automatisch zu einer Löschung. Vielmehr kann die Löschung optional angewiesen werden.

Bei EDV-Registrierkassen können darüber hinaus – i. d. R. – mindestens zwei Summenebenen abgerufen werden:

► Tagesumsätze,

► Periodenumsätze (Monats- oder/und Jahresumsätze).

Nur durch den Abruf der Berichte im Z-Modus werden die Speicher wieder gelöscht. Unternehmer, die immer nur die Tagesberichte abrufen, haben nur diese gelöscht. Die aufgelaufenen Summen im Monatsspeicher können im Rahmen der Betriebsprüfung ggf. noch ausgelesen werden.

Bei EDV-Registrierkassen, die technisch nicht mit Softwareanpassungen und Speichererweiterungen aufgerüstet werden können, müssen bis zum 31. 12. 2016 weiterhin alle im Modus „Z1" (= Tagesumsätze) und „Z2" (= Monatsumsätze) abgerufenen **Berichte** aufbewahrt werden.

Bei PC-(Kassen-)Systemen gilt der Grundsatz, dass die einmal erfassten Einzeldaten (Grundsatz der Einzelaufzeichnung) nicht wieder gelöscht werden dürfen. Die Daten der Registrierung werden in einer Datenbank abgelegt. Über diverse Prozeduren können somit jederzeit für unterschiedlichste Zeiträume Berichte abgefragt werden.

Welche Abfrage- und Berichtsmöglichkeiten die einzelnen Kassensysteme bieten, kann der jeweiligen Bedienungsanleitung entnommen werden. Der Programmierung ist dann zu entnehmen, welche Informationen und Daten in diesen Berichten dargestellt und ausgedruckt werden. Einen vom Gesetzgeber vorgeschriebenen Aufbau der Berichte gibt es nicht. Lediglich durch die 1. Kassenrichtlinie werden Vorgaben über bestimmte „Muss-Inhalte" gemacht (s. Kapitel V.3.1).

1. Tagesendsummenbon

Stellt man in der Praxis die Frage: „Was ist ein oder der Tagesendsummenbon?", kommt als Antwort: „Der Z-Bon."

Dieser Tagesendsummenbon beinhaltet die Daten der Summenebene „Z1" (= Tagesebene). Je nach Hersteller werden diese Berichte als *Finanz-*, *Finanzarten-* oder *Transaktionsberichte* bezeichnet.

Bezüglich der „Muss-Inhalte" wird auf Kapitel V.3.1 verwiesen.

1. Tagesendsummenbon

> **BEISPIEL**

ABB. 43:	Beispiel für einen Finanz-, Finanzarten- oder Transaktionsbericht	
	Muster-Gasthof	
	Inh.: Max Muster	
	Musterstraße 1	
	08151 Musterstadt	
Kasse 1		4.3.2015
	Finanzbericht (täglich)	
	Z – Zähler: 0345	
Brutto 1		1.348,50 €
	Kd. 22	1.348,50 €
Brutto (Gesamtsumme)		
Enthaltene MwSt.		
19 % (Inhaus-Umsatz)		178,38 €
7 % (Ausserhaus-Umsatz)		15,13 €
MwSt. gesamt		193,51 €
Netto		
19 % (Inhaus-Umsatz)		938,82 €
7 % (Ausserhaus-Umsatz)		216,17 €
Netto-Gesamt		1.154,99 €
Saldo auflaufend		1.348,50 €
Zahlungen auf Saldo		1.348,50 €
Zahlungswege:		
Bar-Umsatz	Kd. 22	1.198,50 €
Kreditkarten-Umsatz	Kd. 1	150,00 €
Umsatz Finanzwege		1.348,50 €
Sofort–Storno	3	111,40 €
Posten–Storno	1	13,50 €
Nach–Storno	0	
Chef–Storno	0	
Storno–Gesamt	4	124,90 €

Die „Kann-Inhalte" bestimmen sich nach den Speichermöglichkeiten der Kassensysteme. Welche Möglichkeiten der Darstellungen auf dem Finanz-, Finanzarten- oder Transaktionsbericht möglich sind, lässt sich den Bedienungsanleitungen entnehmen. Grundsätzlich sollte das Büro der Steuerberatung die vom Mandanten vorgelegten Tagesendsummenbons mit dem Muster in der Bedienungsanleitung abgleichen, um Fragen während einer Betriebsprüfung zu entgehen.

Weichen die tatsächlich ausgedruckten Berichte von denen in der Bedienungsanleitung ab, sollten dem Mandanten entsprechende Fragen gestellt werden:

▶ Warum werden keine fortlaufenden Z-Nummern ausgewiesen?
▶ Wieso werden die Uhrzeit und das Datum nicht ausgedruckt?
▶ Warum wird die Ausgabe des GT-Speichers (= Grand Total-Speicher) unterdrückt?

- Warum wird der Kundenzähler „KD" (= Kundenzähler) nicht ausgegeben?
- Warum fehlt der Postenzähler „PZ" (= Postenzähler)?
- Warum werden die Storni nicht auf dem Finanzbericht ausgegeben?
- Warum fehlen die Privatentnahmen?
- etc.

Um den Mandanten vor unliebsamen Überraschungen zu schützen, sollte man die vorgelegten Kassenunterlagen auch einmal auf ihre Schlüssigkeit hin überprüfen. Sind die Mindestangaben wie Name des Geschäfts, Datum, Uhrzeit, fortlaufende Z-Nummer, Summe der Umsätze getrennt nach Steuersätzen und die Zahlungswege auf dem Bon ausgedruckt?

Werden im Laufe eine Jahrs keinerlei Storni auf den Berichten ausgewiesen, kann man i. d. R. davon ausgehen, dass die EDV-Registrierkasse so programmiert wurde, dass Stornobuchungen auf dem Tagesendsummenbon unterdrückt werden, denn es widerspricht der allgemeinen Lebenserfahrung, dass über einen Zeitraum von einem Jahr keinerlei Storni angefallen sind. (Näheres zu den Stornotypen finden Sie in Kapitel IV. 3.6).

2. Bediener-, Kellner- oder Verkäuferberichte

Der Bediener-, Kellner- oder Verkäuferbericht beinhaltet alle Buchungen und Storni der an dem jeweiligen Tag eingesetzten Angestellten. Er dient dem Unternehmer als Grundlage für die Abrechnung und Kontrolle seiner Angestellten. Auch die jeweiligen Umsätze eines evtl. eingerichteten „Trainingskellners" werden auf diesem Bericht dokumentiert.

Bereits in seinem Urteil vom 30. 11. 1989[235] wies der *BFH* darauf hin, dass Bedienerberichte aufzubewahren sind, wenn der Unternehmer über die Bedienerselbstabrechnung mit seinen Angestellten abrechnet. Auch das FG Münster führt in einem aktuellen Urteil vom 16. 5. 2013[236] aus, dass Bedienerberichte aus der Abrechnung mit dem kassierberechtigten Personal aufzubewahren und im Rahmen einer Betriebsprüfung auch vorzulegen sind.

Die Bedienerselbstabrechnung erfolgt nach folgendem Schema:

Am Ende einer Schicht geht der/die Angestellte mit dem ihm zugeordneten Schlüssel an die Kasse und ruft im X^1-Modus seine Schichtabrechnung ab. Zusammen mit dem Geld, das sich im Kellnerportemonnaie befindet, wird mit dem Chef abgerechnet. Der Bedienerbericht über die Schichteinnahmen ist aufzubewahren.

Im Urteilsfall hatte der Kläger (ein Spielkasinobetreiber) die Kassenberichte und die Abrechnungen der Croupiers und Buffethilfen nicht vorlegen können, obwohl diese Aufzeichnungen in einem fast ausschließlich Bargeschäfte tätigenden Gewerbebetrieb eine unerlässliche Grundlage der Umsatz- und Gewinnermittlung darstellen.

Eine Schätzung der Besteuerungsgrundlagen war dadurch im Entscheidungsfall geboten.

Von besonderer Bedeutung sind Bedienerberichte im Rahmen von Betriebsprüfungen. Lassen sich aus diesen doch oftmals eventuelle Nachstorni erkennen, die auf dem Tagesendsummenbon nicht ausgewiesen werden, weil diese nur auf den Bedienerberichten dokumentiert werden.

---

235 *BFH*-Urteil vom 30. 11. 1989 – I R 225/84, BFH/NV 1991, S. 356.
236 *FG Münster*, Urteil vom 16. 5. 2013 – K 3030/11 E, U.

ABB. 44: Bedienerbericht Kellner 3 mit Nachstorno

```
==============================

3   Bediener Kellner 3

Gruppe           Anzahl            Umsatz

Umsatz nach Bedienergruppe
KUCHE              -6            -2850.00

Umsatz nach Finanzwegen
Bar                -6            -2850.00

Umsatz nach Steuergruppen
Umsatz 1                         -2850.00

MWST1 19 %                        -455.04

Gesamtbetrag                     -2850.00

N-Storno            6            -2850.00

Kassiert                         -2850.00
```

Der ABB. 44 lässt sich entnehmen, dass mit dem Bedienerschlüssel des Kellners 3 ein Nachstorno i. H. v. 2.850 € durchgeführt wurde.

3. Hauptgruppen-, Warengruppen- und Artikelberichte

Dem Unternehmer dienen diese Berichte zur betriebswirtschaftlichen Auswertung. Welche Artikel-, Waren- oder Hauptgruppen werden besonders gut verkauft (= „Renner") und welche Produkte stellen sich als Ladenhüter (= „Penner") dar. Entsprechend lässt sich der Wareneinkauf planen. Außerdem kann man sich so den sich laufend ändernden Wünschen der Kunden anpassen.

In fast jedem Kassensystem sollten Artikel, die verkauft werden, im Artikelbericht dokumentiert werden. Parallel dazu erfolgt eine Zuordnung zu einzelnen Warengruppen und schließlich die Zusammenfassung in Hauptgruppen (s. ABB. 44).

X. Der Tagesendsummenbon und andere Kassenausdrucke

> **PRAXISHINWEIS:**
> Artikel werden im Zusammenhang mit Kassensystemen oft auch als „PLU's" bezeichnet. Die Abkürzung „PLU-Code" (engl. price look-up code) steht für „Preis-Nachschlage-Code", was als Identifikationsnummer für Artikel angesehen werden kann.

In den Hauptgruppenberichten werden die Umsätze nach den Hauptgruppen wie z. B. im Haus/außer Haus oder Getränke/Speisen aufgeschlüsselt. Diese Berichte eignen sich besonders gut für Kalkulationen der Betriebsprüfung, da sich daraus die Verhältnisse „Speisen" zu „Getränke" ergeben. Dadurch wird die Arbeit des Betriebsprüfers erleichtert. Er muss nicht mehr nach der Methode 70 % Speisen und 30 % Getränke den Umsatz aufteilen, sondern er erhält über die Hauptgruppenberichte das tatsächliche Aufteilungsverhältnis im zu prüfenden Betrieb.

In den Warengruppenberichten erfolgt eine noch detailliertere Aufschlüsselung nach einzelnen Warengruppen.

In den Artikelberichten wird angezeigt, wie viele von dem jeweiligen programmierten Artikel verkauft wurden und welcher Umsatz damit erzielt wurde. Darüber hinaus lassen die Artikelberichte erkennen, ob tatsächlich der gesamte Wareneinkauf über die Kasse gebucht wurde.

ABB. 45: Aufbau Hauptgruppen, Warengruppen und Artikel

Hauptgruppenbericht	Getränke | Speisen
Warengruppenbericht	Flaschenbiere | Alkoholfreie Getränke | Weine, Sekt & Co. | Vorspeisen | Pizzen | Salate | Dessert
Artikelbericht	Hefeweizen hell 0,5 l | Hefeweizen dunkel 0,5 l | Hefeweizen trüb 0,5 l | Zitronenlimonade 0,3 l | Orangenlimonade 0,3 l | Apfelsaft 0,25 l | Müller-Thurgau 0,25 l | Rotwein 0,25 l | Champagner 0,1 l | Tomatensuppe | Zwiebelsuppe | Vorspeisenteller | Pizza Funghi | Pizza Tonno | Pizza Hawaii | Insalata Mista | Insalata verde | Tiramisu | Eis mit heißen Früchten | Crème brûlée

Der Betriebsprüfung dienen diese Berichte dem inneren Betriebsvergleich (Kalkulation). Ergibt sich aus dem Hauptgruppenbericht ein Verhältnis der Getränke zu Speisen von 32,5 % zu 67,5 %, müssen die Speisen nicht mehr im Einzelnen kalkuliert werden, sondern man beschränkt sich auf die Kalkulation der Getränke, die i. d. R. einfacher und schneller durchzuführen ist.

Werden Artikelberichte über einen längeren Zeitraum nicht abgerufen, lassen sich Feststellungen darüber treffen, welche Artikel der Unternehmer über einen längeren Zeitraum angeboten und verkauft hat. Auch eine Verprobung des Einkaufs mit dem gebuchten Verkauf ist möglich.

4. Stundenumsatz- oder Zeitzonenberichte

Der Stundenumsatz- oder Zeitzonenbericht kann i. d. R. im Tagesmodus (X_1, Z_1) abgerufen werden. Er dient dem Unternehmer zur optimalen Einteilung des Personals. In Zeiten mit hohen Kundenbesuchsfrequenzen muss mehr Personal vorgehalten werden als zu Öffnungszeiten mit nur geringem Kundenverkehr. Stundenumsatz- oder Zeitzonenberichte weisen die seit dem letzten Z-Abruf registrierten Umsätze innerhalb der einzelnen Stundenintervalle, z. B. 0:00-1:00 Uhr; 1:00-2:00 Uhr etc. aus. Daraus lässt sich erkennen, wann die umsatzstärksten Zeiten sind und wann entsprechend mehr Personal eingesetzt werden sollte, um einen reibungslosen Geschäftsablauf zu gewährleisten.

Für die steuerliche Betriebsprüfung sind diese Berichte von besonderer Bedeutung. In der Praxis nutzen viele Unternehmer diese Berichte nicht zur betriebswirtschaftlichen Auswertung und zur Planung des Personaleinsatzes, d. h., dass diese Berichte in der EDV-Registrierkasse über einen längeren Zeitraum nicht abgerufen werden. Dies hat zur Folge, dass sich die Umsätze aufsummieren, weil der Speicher nicht täglich gelöscht wurde (s. ABB. 46).

ABB. 46:	Stundenumsatzbericht		
Z 1			
	STUNDENBERICHT		
0:00	0:59	1113	-13.597,46 €
1:00	1:59	367	-3.008,10 €
2:00	2:59	84	126,70 €
3:00	3:59	21	107,40 €
6:00	6:59	4	21,00 €
7:00	7:59	63	248,60 €
8:00	8:59	10	23,70 €
9:00	9:59	41	-8.500,60 €
10:00	10:59	833	4.893,40 €
11:00	11:59	6083	55.356,32 €
12:00	12:59	2610	143.042,74 €
13:00	13:59	3363	160.502,72 €
14:00	14:59	241	84.304,83 €
15:00	15:59	9588	52.449,21 €
16:00	16:59	2766	140.353,68 €
17:00	17:59	9839	223.307,26 €
18:00	18:59	7823	818.904,80 €
19:00	19:59	8571	491.591,33 €
20:00	20:59	1693	274.568,77 €
21:00	21:59	4277	-136.747,86 €
22:00	22:59	7512	-467.294,95 €
23:00	23:59	3106	-253.095,11 €

Wie man der ABB. 46 entnehmen kann, werden Negativumsätze ausgewiesen, z. B. in dem Zeitintervall von 22.00-22.59 Uhr ein Betrag von **-467.294,95 €**. Negative Umsätze in einer Kasse können nur durch Stornierungen entstehen. Der vorliegende Stundenbericht ist ein Indiz dafür, dass Stornierungen tatsächlich durchgeführt wurden. Diese sind grundsätzlich zulässig. Als Nachweise müssen jedoch entsprechende Stornobelege aufbewahrt werden und diese sind im Rahmen einer Betriebsprüfung vorzulegen.

Werden in Stundenumsatz- oder Zeitzonenberichten solche negativen Beträge ausgewiesen und sind auf den aufbewahrten Tagesendsummenbons (Finanz-, Finanzarten- und Transaktionsberichte) keine Stornierungen erkennbar, kann dies ein Indiz dafür sein, dass der Ausdruck von Stornierungen in diesen Berichten unterdrückt wird.

5. Kettenberichte

Um dem Unternehmer das Abrufen von Berichten zu erleichtern, gehen Kassenaufsteller immer mehr dazu über, Kettenberichte zu programmieren. Nur durch bedienen einer Taste werden dann die gewünschten und programmierten Berichte (s. Kapitel X. 1. ff.) ausgegeben. Der Einzelabruf ist in diesen Fällen nicht mehr erforderlich.

Die 1. Kassenrichtlinie schreibt vor, dass alle im Belegzusammenhang mit dem Tagesendsummenbon ausgedruckten Berichte aufzubewahren sind. Werden nicht alle Berichte aufbewahrt, liegen entsprechende Mängel in der Kassenführung vor.

BEISPIEL Die EDV-Registrierkasse in einem gastronomischen Betrieb mit 330 Öffnungstagen pro Jahr wurde so programmiert, dass täglich ein Kettenbericht bestehend aus Finanz-, Bediener-, Warengruppen- und Tischbericht ausgedruckt wird. Vom Inhaber wird aber nur der Finanzbericht aufbewahrt. Es fehlen pro Tag drei Berichte, d. h. im Jahr fehlen 990 Berichte. Bei einer Prüfung durch das Finanzamt für drei Jahre käme es zu 2.970 Verstößen gegen die gesetzlichen Aufbewahrungspflichten!

XI. Datenzugriff

Im Rahmen von Betriebsprüfungen werden immer mehr Datenzugriffe auf EDV-Registrierkassen, proprietären Kassen und EDV-Kassensystemen vorgenommen.

Auch Waagen mit Registrierkassenfunktion, Taxameter und Wegstreckenzähler werden mittels Datenzugriff auf vorgelagerte Systeme ausgelesen.

Insbesondere bei proprietären Kassen und PC-(Kassen-)Systemen, die die Voraussetzungen der 2. Kassenrichtlinie (BMF-Schreibens vom 26.11.2010) erfüllen, ist es aus Sicht der Finanzverwaltung unumgänglich, diese hinsichtlich der Systemeinstellungen und Vollständigkeit der erfassten Einnahmen zu überprüfen.

An dieser Stelle sei noch einmal ausdrücklich darauf hingewiesen, dass auf vorgenannte Registrierkassen und Kassensysteme die Aufbewahrungserleichterungen aus dem BMF-Schreiben vom 9.1.1996 **keine** Anwendung finden.

In welchem rechtlichen Rahmen ein Datenzugriff zulässig ist, soll im Folgenden dargelegt werden.

1. Rechtliche Grundlagen für den Datenzugriff auf Kassensysteme

§ 146 Abs. 5 AO regelt, dass Bücher und sonst erforderliche Aufzeichnungen in der geordneten Ablage von Belegen aber auch auf Datenträgern geführt werden können, wenn diese den Grundsätzen ordnungsgemäßer Buchführung entsprechen. Darüber hinaus ist zu beachten, dass

- **bis zum 31.12.2014** die Grundsätze ordnungsgemäßer DV-Buchführungssysteme (GoBS)[237]

und

- **ab dem 1.1.2015** die Grundsätze zur ordnungsgemäßen Führung und Aufbewahrung von Büchern, Aufzeichnungen und Unterlagen in elektronischer Form sowie zum Datenzugriff (GoBD)[238]

beachtet werden sollten.

Ein sachverständiger Dritter muss in der Lage sein, die formelle und sachliche Richtigkeit eines EDV-(Kassen-)Systems in angemessener Zeit zu überprüfen. Diese Prüfbarkeit bezieht sich zum einen auf die Prüfbarkeit einzelner Geschäftsvorfälle (= Einzelprüfung) aber auch auf die Prüfbarkeit des gesamten Abrechnungssystems (= Verfahrens- oder Systemprüfung).

Bei auf Datenträgern geführten Büchern und sonstigen Aufzeichnungen muss sichergestellt sein, dass ein Datenzugriff während der gesamten Dauer der Aufbewahrungsfrist möglich ist. Dies setzt voraus, dass neben den Daten auch eine aussagefähige, verständliche und aktuelle Verfahrensdokumentation nicht nur für die Erstinstallierung eines Systems, sondern auch für alle vorgenommenen späteren Änderungen (System-Updates) inhaltlich und zeitlich lückenlos vorliegen muss (z.B. Beschreibungen von Tabellen, Feldern, Verknüpfungen und Auswertungen).

---

237 *BMF* vom 7.11.1995 – IV A 8 - S 0316 – 52/95, BStBl 1995 I S. 738.
238 *BMF* vom 14.11.2014 – IV A 4 – S 0316/13/10003, BStBl 2014 I S. 1450.

XI. Datenzugriff

Werden Abkürzungen, Ziffern, Buchstaben oder Symbole verwendet, muss deren Bedeutung eindeutig festliegen und aus der Verfahrensdokumentation erkennbar sein, § 146 Abs. 3 Satz 3 AO.

Der Umfang der erforderlichen Verfahrensdokumentation richtet sich nach der Komplexität des Kassensystems. Großrechnersysteme mit umfangreichen Datenbanktabellen und Datenbankprozeduren benötigen mehr Erläuterungen als kleinere EDV-Registrierkassen.

Egal welche Form von EDV-(Kassen-)Systemen der Stpfl. einsetzt, er ist immer dafür verantwortlich, die Informationen zur Verfügung zu stellen, die der sachverständige Dritte benötigt, um das Kassensystem zu verstehen.

Dies gilt auch in den Fällen, wo die EDV-(Kassen-)Systeme von einem fremden Dritten (z. B. Kassenaufsteller, Softwarehersteller etc.) – was in der Praxis der Regelfall ist – erworben werden. Die Betriebsprüfung hat das Recht, dass im Bedarfsfalle die Teile der Verfahrensdokumentation eingesehen werden können, die dem Stpfl. nicht vorliegen.

> **PRAXISHINWEIS:**
> Die Betriebsprüfungsstellen der Finanzverwaltung verfügen über eine Datenbank (Juris), in der eine Vielzahl von Bedienungs- und Programmieranleitungen gängiger Kassensysteme gespeichert sind.
> Das Wissen darüber entbindet den Stpfl. aber nicht, die entsprechenden Verfahrensdokumente seines EDV-(Kassen-)Systems aufzubewahren.

Nach Auffassung der Finanzverwaltung[239] sollte eine vollständige Verfahrensdokumentation folgende Bestandteile aufweisen:

- ▶ Allgemeine Beschreibung;
- ▶ Anwenderdokumentation u. a.
  - – Stammdatenverzeichnis (Aufbau, Eingabe und Funktion),
  - – Satzaufbau der Bewegungsdaten,
  - – Art und Wirkungsweise von USt-Schlüsseln (z. B. Modifier),
  - – Erfassungs-/Eingaberegeln,
  - – Beschreibung von Fehlermeldungen;
- ▶ Technische Systemdokumentation,
- ▶ Betriebsdokumentation.

Wer aufzubewahrende Unterlagen in der Form einer Wiedergabe auf einem Bildträger oder auf anderen Datenträgern vorlegt, ist nach § 147 Abs. 5 AO verpflichtet, auf seine Kosten diejenigen Hilfsmittel zur Verfügung zu stellen, die erforderlich sind, um die Unterlagen lesbar zu machen. Auf Verlangen der Finanzbehörde hat der Stpfl. auf seine Kosten die Unterlagen unverzüglich ganz oder teilweise auszudrucken oder ohne Hilfsmittel lesbare Reproduktionen beizubringen.[240]

Rechtsgrundlage für den Datenzugriff ist der § 147 Abs. 6 AO. Danach hat die Finanzbehörde das Recht, die mit Hilfe eines DV-Systems erstellten und nach § 147 Abs. 1 AO aufbewahrungspflichtigen Unterlagen durch Datenzugriff zu prüfen.

---

239 Rz. 153 des *BMF* vom 14. 11. 2014 – IV A 4 – S 0316/13/10003, BStBl 2014 I S. 1450.
240 Rz. 156 des *BMF* vom 14. 11. 2014 – IV A 4 – S 0316/13/10003, BStBl 2014 I S. 1450.

1. Rechtliche Grundlagen für den Datenzugriff auf Kassensysteme

Nach § 147 Abs. 6 AO unterliegen alle Daten i. S. d. § 147 Abs. 1 AO dem Datenzugriffsrecht (s. hierzu Kapitel V.2. und Checkliste Aufbewahrungsfristen Kapitel XV.2.)

Insbesondere bei proprietären Kassen und PC-(Kassen-)Systemen, bei denen tatsächlich Einzelaufzeichnungen geführt werden (z. B. bei Warenwirtschaftssystemen in Apotheken), stellen diese Einzelaufzeichnungen Grundaufzeichnungen i. S. d. § 147 Abs. 1 Nr. 1 AO dar, auf die ein Datenzugriffsrecht nach § 147 Abs. 6 AO besteht. Es handelt sich hierbei nicht um freiwillig geführte Unterlagen, die eventuell unter eine Vorlagepflicht nach § 147 Abs. 1 Nr. 5 i.V. mit Abs. 6 AO fallen.

Das Recht auf Datenzugriff steht der Finanzbehörde nur im Rahmen **steuerlicher Außenprüfungen** zu.

Dazu gehören die **Betriebsprüfung**, die **Lohnsteueraußenprüfung** und die **Umsatzsteuersonderprüfung**.

Der eingeschränkte Datenzugriff im Rahmen der **USt-Nachschau** ist in § 27b Abs. 2 Satz 2 UStG geregelt.

Die Regelung des § 147 Abs. 6 AO sieht drei gleichberechtigte Varianten für die Durchführung des Datenzugriffs vor:

a) den unmittelbaren, direkten Datenzugriff (Kapitel XI.3.1)
b) den mittelbaren Datenzugriff (Kapitel XI.3.2)
c) die Datenträgerüberlassung (Kapitel XI.3.3)

Nach dem BMF-Schreiben zu den GoBD[241] steht es im pflichtgemäßen Ermessen der Finanzbehörde, ob und wie sie im Rahmen einer wirksam angeordneten Betriebsprüfung einen Stpfl. auf der Grundlage seiner Mitwirkungspflichten in Anspruch nimmt.

Dabei setzt auch der Datenzugriff eine doppelte Ermessensentscheidung voraus.

Nach der Entscheidung über den Datenzugriff (das „Ob") steht auch die Auswahl zwischen den drei Formen des Datenzugriffs (das „Wie") im pflichtgemäßen Ermessen.

Dabei können prinzipiell auch mehrere Formen des Datenzugriffs kumulativ in Anspruch genommen werden, was jedoch besondere Anforderungen an die Erforderlichkeit der Maßnahmen stellt.[242]

Beschränkt sich die Finanzverwaltung auf lediglich eine Form des Datenzugriffs, wird die Ausübung des Auswahlermessens regelmäßig fehlerfrei erfolgt sein.

Grundsätzlich hat sich die Ermessensentscheidung daran zu orientieren, welche Methode im Einzelfall am besten geeignet erscheint.

> **BEISPIEL** Eine Großbäckerei setzt in ihren Filialen proprietäre Kassen ein, die über eine Back-Office-Software mit einem Server (PC) in der Zentrale verbunden sind.
>
> Die Großbäckerei hat ihr Wahlrecht zur Aufbewahrung auf Datenträgern durch Einsatz des Kassensystems ausgeübt und war daher verpflichtet, diese aufbewahrungspflichtigen Unterlagen in Dateiform zu sichern.

---

241 *BMF* vom 14. 11. 2014 – IV A 4 – S 0316/13/10003, BStBl 2014 I S. 1450.
242 *FG Münster* vom 1. 7. 2010 – Az. 6 K 357/10.

XI. Datenzugriff

Im Rahmen einer Betriebsprüfung könnte die Finanzbehörde einen Datenträger mit den Daten der Back-Office-Software anfordern. Sie könnte aber auch in den einzelnen Filialen die Kassen auslesen, sofern auf diesen noch Daten gespeichert sind.

Sie könnte sich aber auch einen „Nur Lesezugriff" auf das Back-Office-System einräumen lassen und sich das System im laufenden Betrieb ansehen.

BEISPIEL Im Rahmen der Prüfung einer Apotheke wird der Finanzbehörde ein Datenträger mit Daten aus dem Warenwirtschaftssystem der Apotheke überlassen. Bei der Überprüfung der Daten werden lückenhafte Sachverhalte und Widersprüchlichkeiten festgestellt.

Es besteht die Möglichkeit weitere Datenträger solange anzufordern, bis die Daten lückenlos überprüft werden können.

Neben der Datenträgerüberlassung könnte auch der unmittelbare Datenzugriff im Nur-Lesemodus oder der mittelbare Datenzugriff geltend gemacht werden.

Die Finanzverwaltung kann nach § 147 Abs. 6 AO auf gespeicherte Daten zurückgreifen, auch wenn die in § 147 Abs. 1 AO genannten Unterlagen zusätzlich in Papierform vorliegen.[243]

---

[243] *BFH* Beschluss v. 12.11.2009 – IV B 66 / 08, BFH/NV 2010, S. 671 Nr. 4.

1. Rechtliche Grundlagen für den Datenzugriff auf Kassensysteme

ABB. 47: Übersicht über die gesetzlichen Grundlagen zum Datenzugriff

	Gesetzliche Grundlagen zum Datenzugriff und zur Prüfbarkeit digitaler Unterlagen				
§ 146 Abs. 5 AO	§ 147 Abs. 2 AO	§ 147 Abs. 5 AO	§ 147 Abs. 6 AO	§ 200 Abs. 1 AO	§ 14 Abs. 3 UStG
„Bücher und Aufzeichnungen können auch auf Datenträgern geführt werden."	*„Aufbewahrung von Unterlagen nach § 147 Abs. 1 AO auch auf Datenträgern."*	*„Vorlage von aufzubewahrenden Unterlagen und Datenträgern."*	*„Recht der Einsicht in die gespeicherten Daten und Recht zur Nutzung des Datenverarbeitungssystems."*	*„Mitwirkungspflicht des Stpfl. bei Ausübung der Befugnisse nach § 147 Abs. 6 AO."*	*Elektronische Abrechnung*
	Ausnahme: ▶ Jahresabschlüsse ▶ Eröffnungsbilanzen ▶ Unterlagen i. S. d. § 147 Abs. 1 Nr. 4a AO	Die **Kosten** für die zur Verfügungsstellung der Unterlagen trägt der Stpfl.	▶ Z1-Zugriff ▶ Z2-Zugriff ▶ Z3-Zugriff		

Klarstellung, Ergänzungen und Erläuterungen durch die BMF - Schreiben zu den GoBS, GDPdU, sowie dem FAQ-Katalog (alle drei gültig bis zum 31.12.2014) und GoBD (gültig ab 1.1.2015)

2. Hilfsmittel bei Grundsatzfragen im Zusammenhang mit dem Datenzugriff bei Kassen

Hilfsmittel zur Beantwortung eventuell auftretender Fragen sind:
▶ Grundsätze zur ordnungsgemäßen Führung und Aufbewahrung von Büchern, Aufzeichnungen und Unterlagen in elektronischer Form sowie zum Datenzugriff (GoBD),
▶ Rechtsprechung.

3. Zugriffsmöglichkeiten

Bei der Ausübung des Rechts auf Datenzugriff stehen der Finanzbehörde nach dem Gesetz drei gleichberechtigte Möglichkeiten zur Verfügung.

3.1 Unmittelbarer, direkter Datenzugriff

Die Finanzbehörde hat das Recht, selbst unmittelbar auf die EDV-Registrierkasse, proprietäre Kasse oder das EDV-(Kassen-)System zuzugreifen. Sie darf in Form des **„Nur-Lesezugriffs"** Einsicht in die im System gespeicherten Daten nehmen und die vom Stpfl. oder von einem beauftragten Dritten eingesetzte Hard- und Software zur Prüfung der gespeicherten Daten einschließlich der Meta-, Stamm- und Bewegungsdaten nutzen.

Der Finanzbehörde müssen für den Datenzugriff sämtliche Zugangsberechtigungen eingerichtet werden, die erforderlich sind, alle aufzeichnungs- und aufbewahrungspflichtigen Daten zu überprüfen.

Der Nur-Lesezugriff umfasst das Lesen, Filtern, Sortieren und Analysieren der Daten unter Nutzung der im Datenverarbeitungssystem des Unternehmers vorhandenen Auswertungsmöglichkeiten. Dies beinhaltet aber auch einen Zugriff auf die Tabellen einer Datenbank, deren Prozeduren und die Verknüpfungen zwischen diesen. Abfragen, die speziell nach den Wünschen der Betriebsprüfung erstellte Auswertungen darstellen, die das System nicht vorsieht, sind **nicht** zulässig. Die GoBD[244] schreiben vor, dass der Nur-Lesezugriff ausschließlich auf *im System vorhandene Auswertungsmöglichkeiten* beschränkt ist.

Der Wortlaut *„auf im System vorhandene Auswertungsmöglichkeiten"* wird zukünftig in der Praxis für Diskussionen sorgen. Ist damit gemeint, dass die Finanzverwaltung alle Auswertungsmöglichkeiten nutzen kann oder nur die, die der Stpfl. tatsächlich selbst nutzt.

Bei der Prüfung von konkreten Sachverhalten kann die Betriebsprüfung auch eine vom Stpfl. nicht genutzte, aber im PC-(Kassen-)System vorhandene Auswertungsmöglichkeit auswählen, um die Ordnungsmäßigkeit des Systems zu überprüfen.[245]

M. E. kann diese Forderung in der Praxis zu Problemen führen. Bei der Installation des PC-(Kassen-)Systems hat sich der Stpfl. bewusst für eine bestimmte – für seinen Betrieb optimierte – Konfiguration entschieden. Diese ist oft auch abhängig vom jeweiligen Budget. Jede Modulerweiterung kostet Geld. Werden nunmehr Auswertungen für die Betriebsprüfung gestartet, die

---
244 Rz. 165 des *BMF* vom 14. 11. 2014 – IV A 4 – S 0316/13/10003, BStBl 2014 I S. 1450.
245 *BMF* vom 14. 11. 2014, a. a. O. Rz. 174.

zwar vorhanden sind, aber nicht optimal programmiert wurden, kann es zu falschen Ergebnissen führen, die evtl. fehlinterpretiert werden können.

Dass der Datenbestand durch die Eingaben der Betriebsprüfung nicht verändert wird, muss der Stpfl. bzw. ein von ihm beauftragter Dritter sicherstellen.

Folgt man dem Wortlaut des Gesetzes und der GoBD, sind **Umprogrammierungen** durch die Betriebsprüfung der Finanzbehörde nicht zulässig.

In der Praxis der Betriebsprüfung stellt sich im Rahmen von Kassenauslesungen beim Nur-Lesezugriff die Frage, wie ist verfahrensrechtlich der Fall zu lösen, wenn beim unmittelbaren Datenzugriff festgestellt wird, dass z. B. Stornobuchungen oder die Umsätze des Trainingskellners im Ausdruck unterdrückt werden?

Darf die Betriebsprüfung durch eine Umprogrammierung die Daten wieder sichtbar machen, obwohl das Gesetz eine solche verbietet?

In diesem Fall müsste die Betriebsprüfung den Unternehmer bitten, selber die entsprechenden Änderungen einzugeben oder es wird ein Kassenaufsteller hinzugerufen, um die Programmänderungen einzugeben.

Was aber ist, wenn der Kassenaufsteller nicht erreichbar und der Unternehmer nicht in der Lage ist umzuprogrammieren? Die Betriebsprüfung darf dann nur mit Zustimmung des Stpfl. die Umprogrammierungen vornehmen. Diese Zustimmung muss eindeutig – wie die gesamte Kassenauslesung – in den Akten festgehalten werden. Der Stpfl. sollte sich immer eine Kopie dieses Auslesungsprotokolls aushändigen lassen.

3.2 Mittelbarer Datenzugriff

Der mittelbare Datenzugriff beinhaltet, dass Daten nach Vorgaben der Betriebsprüfung maschinell vom Stpfl. oder von einem beauftragten Dritten ausgewertet werden, um anschließend einen Nur-Lesezugriff durchzuführen. Dabei kann nur eine maschinelle Auswertung unter Verwendung der im Standardlieferumfang enthaltenen Auswertungsmöglichkeiten verlangt werden.[246]

3.3 Datenträgerüberlassung

Die Datenträgerüberlassung ist die in der Praxis am häufigsten vorkommende Variante des Datenzugriffs. Der Betriebsprüfung sind die Daten aus den EDV-(Kassen-)Systemen auf CD/DVD/USB-Stick oder einem anderen maschinell lesbaren und auswertbaren Speichermedium zur Auswertung zu überlassen, sodass die Daten durch die Prüfersoftware „IDEA" verarbeitet werden können.

Die Datenträgerüberlassung umfasst die Mitnahme der Daten aus der Sphäre des Stpfl. Eine Mitnahme der Datenträger aus der Sphäre des Stpfl. sollte im Regelfall nur in Abstimmung mit dem Stpfl. erfolgen.[247]

---

246 *BMF* vom 14.11.2014, a.a.O. Rz.166.
247 *BMF* vom 14.11.2014, a.a.O. Rz.168.

XI. Datenzugriff

Der Betriebsprüfung ist es ausdrücklich *nicht* gestattet, selbst Daten aus dem DV-System herunterzuladen oder Kopien vorhandener Datensicherungen zu erstellen.[248] Bei der Nutzung von USB-Sticks sollte darauf geachtet werden, dass keine virenverseuchten Datenträger genutzt werden.

Sollten der Betriebsprüfung im Wege der Datenträgerüberlassung die Daten eines PC-(Kassen-)Systems zur Verfügung gestellt werden, sollte wie folgt vorgegangen werden:

- ▶ Der Stpfl. sollte Rücksprache mit dem Kassenhersteller bzw. Kassenaufsteller nehmen und prüfen, ob das DV-System einen Datenexport i. S. d. § 147 Abs. 6 AO vorsieht.
- ▶ Mithilfe des DV-Administrators sollten die Daten auf einen USB-Stick kopiert werden, der dann der Betriebsprüfung zur Nutzung überlassen wird.
- ▶ Der Stpfl. bzw. sein Steuerberater sollte darauf achten, welche Daten überlassen werden.
- ▶ Die Übergabe an und die Rückgabe der Daten an/von der Betriebsprüfung sollte protokolliert werden.

In den Fällen, wo die Betriebsprüfung selber an das PC-(Kassen-)System geht und sich die Daten auf einen mitgebrachten USB-Stick kopiert, handelt es sich nicht um eine Datenträgerüberlassung i. S. d. § 147 Abs. 6 AO.

Nach Bestandskraft der aufgrund der Außenprüfung ergangenen Bescheide an den Stpfl. müssen die Speichermedien von der Betriebsprüfung zurückgegeben werden und die Daten sind auf den PCs der Betriebsprüfung zu löschen.[249]

PRAXISTIPP:
Der Stpfl. sollte sich die Rückgabe und die Löschung der Daten durch die Betriebsprüfung **schriftlich** bestätigen lassen!

---

248 *BMF* vom 14.11.2014, a. a. O. Rz. 167.
249 *BMF* vom 14.11.2014, a. a. O. Rz. 169.

XII. Mitwirkungspflichten des Unternehmers (Stpfl.) (§ 200 AO)

Der § 200 AO regelt die Pflichten des Stpfl. im Rahmen einer Betriebsprüfung. Er muss insbesondere die vorhandenen Aufzeichnungen und Unterlagen vorlegen, die nach Einschätzung der Finanzbehörde für eine ordnungsgemäße und effiziente Abwicklung der Außenprüfung erforderlich sind. Insbesondere muss er die Finanzbehörde bei Ausübung ihres Rechts auf Datenzugriff unterstützen.

Dieser allgemeine Grundsatz gilt im speziellen auch für die Kassenbuchführung und den Datenzugriff (s. auch Kapitel XI.) auf EDV-Registrierkassen und PC-(Kassen-)Systeme.

Die dabei entstehenden Kosten muss der Stpfl. selber tragen (s. § 47 Abs. 6 Satz 3 AO).

Bezüglich der Kosten sei an dieser Stelle auf ein Urteil des FG Münster vom 7.11.2014[250] verwiesen. In diesem Urteil ging es um die Datenträgerüberlassung bei einer Apotheke. Das dort eingesetzte Warenwirtschaftssystem (WWS) verfügte über keine Schnittstelle für die Datenüberlassung. Die Betriebsprüfung der Finanzverwaltung bestand darauf, dass auf Kosten des Stpfl. eine solche eingerichtet wird. Im Tenor kam das FG-Münster zu dem Ergebnis:

„Sind mittels eines Warenwirtschaftssystems programmgesteuert abgespeicherte Einzeldaten keine nach § 147 Abs. 1 AO gesondert aufzubewahrenden Unterlagen, so besteht hierauf auch kein Datenzugriffsrecht der Finanzbehörden. Ein Verlangen der Überlassung von Datenträgern ist ermessenfehlerhaft, sofern sämtliche Unterlagen in schriftlicher Form vorgelegt wurden und darüber hinaus auch Zugriff auf das Datenverarbeitungssystem gewährt worden ist."

1. Unterstützungsleistungen des Unternehmers bei der Ausübung des Datenzugriffs durch die Betriebsprüfung

1.1 Unterstützungsleistungen beim unmittelbaren Datenzugriff

Beim **unmittelbaren Datenzugriff** hat der Stpfl. der Betriebsprüfung die für den Datenzugriff erforderlichen Hilfsmittel zur Verfügung zu stellen und ihn für den Nur-Lesezugriff in die EDV-Registrierkasse bzw. das PC-(Kassen-)System einzuweisen. Die Zugangsberechtigung muss so ausgestaltet sein, dass der Betriebsprüfung dieser Zugriff auf alle aufzeichnungs- und aufbewahrungspflichtigen Daten eingeräumt wird. Sie umfasst die im DV-System genutzten Auswertungsmöglichkeiten (z. B. Filtern, Sortieren, Konsolidieren) für Prüfungszwecke (z. B. in Back-Office-Produkten). Eine Volltextsuche, eine Ansichtsfunktion oder ein selbsttragendes System, das in einer Datenbank nur die für archivierte Dateien vergebenen Schlagworte als Indexwerte nachweist, reicht regelmäßig nicht aus.[251]

Im gesamten Bundesgebiet wurden in den letzten Jahren die Betriebsprüfungen in Bezug auf den Datenzugriff auf vorgelagerte Systeme (DAVOS[252]), insbesondere EDV-Registrierkassen, PC-

---

250 *FG Münster* vom 7.11.2014 – 14 K 2901/13 AO.
251 *BMF* vom 14.11.2014, a.a.O. Rz. 174.
252 DAVOS = Wortschöpfung von Betriebsprüfern des Landes Niedersachsen.

(Kassen-)Systemen und sonstige vorgelagerte Systeme geschult. Meine Erfahrungen aus 18 Jahren Praxis bestätigen, dass die Prüfungsdienste die Systeme der Stpfl. oftmals besser kennen, als die Stpfl. selbst. Dies kann dazu führen, dass Rückschlüsse aus dem System gezogen werden, die der Stpfl. selbst nicht versteht. Aus diesem Grund sollte beim unmittelbaren Datenzugriff immer der DV-Administrator bzw. der Kassenaufsteller zugegen sein.

1.2 Unterstützungsleistungen beim mittelbaren Datenzugriff

Beim **mittelbaren Datenzugriff** gehört zur Mithilfe des Stpfl. beim Nur-Lesezugriff, dass er neben der Zurverfügungstellung von Hard- und Software auch mit dem Kassensystem vertrautes Personal zur Verfügung stellt. Der Umfang der zumutbaren Mithilfe richtet sich nach den betrieblichen Gegebenheiten des Unternehmens. Hierfür können z. B. seine Größe oder Mitarbeiterzahl Anhaltspunkte sein.[253]

1.3 Unterstützungsleistungen bei Datenträgerüberlassung

Bei der **Datenträgerüberlassung** sind der Finanzbehörde mit den gespeicherten Unterlagen und Aufzeichnungen alle zur Auswertung der Daten notwendigen Informationen,

z. B. über

► die Dateiherkunft [eingesetztes System],

► die Dateistruktur,

► die Datenfelder,

► die verwendeten Zeichensatztabellen

► sowie interne und externe Verknüpfungen

in maschinell auswertbarer Form zur Verfügung zu stellen.

Auch die zur Auswertung der Daten notwendigen **Strukturinformationen** müssen in maschinell auswertbarer Form zur Verfügung gestellt werden.

Bei unvollständigen oder unzutreffenden Datenlieferungen kann die Finanzbehörde neue Datenträger mit vollständigen und zutreffenden Daten verlangen. Im Verlauf der Prüfung kann die Finanzbehörde auch weitere Datenträger mit aufzeichnungs- und aufbewahrungspflichtigen Unterlagen anfordern.

Das Einlesen der Daten muss ohne Installation von Fremdsoftware auf den Rechnern der Finanzbehörde möglich sein. Eine Entschlüsselung der übergebenen Daten muss spätestens bei der Datenübernahme auf die Systeme der Finanzverwaltung erfolgen.

Nähere Informationen sind den „Ergänzenden Informationen zum Datenzugriff"[254] des BMF zu entnehmen.

---

253 *BMF* vom 14. 11. 2014, a. a. O. Rz. 175.
254 http://www.bundesfinanzministerium.de.

1.4 Verstöße gegen die Mitwirkungspflichten

Die Finanzverwaltung hat die Möglichkeit Zwangsmittel (§ 328 AO) anzudrohen und festzusetzen, wenn ein Stpfl. seine Buchführung, seine Aufzeichnungen, seine Kassenunterlagen und Kassendaten nicht vorlegt.

XIII. Manipulationsmöglichkeiten bei Kassen

§ 239 Abs. 3 HGB und § 146 Abs. 4 AO schreiben vor, dass eine Buchung oder Aufzeichnung nicht in einer Weise verändert werden darf, durch die der ursprüngliche Inhalt nicht mehr feststellbar ist. Auch solche Veränderungen dürfen nicht vorgenommen werden, deren Beschaffenheit es ungewiss lässt, ob sie ursprünglich oder erst später gemacht worden sind.

Aktuelle Presseberichte[255] sowie eigene Erfahrungen aus der Praxis der Steuerfahndung zeigen, dass Manipulationen an EDV-Registrierkassen und sonstigen PC-(Kassen-)Systemen nicht ein Alleinstellungsmerkmal der Gastronomiebranche darstellen. Davon betroffen sind sämtliche bargeldintensive Branchen wie Apotheken, Handwerker (z. B. Bäcker, Friseure), Einzelhandel, Spielhallen, Tankstellen, Taxen etc.

> **BEISPIEL** ▶ Ein gutbürgerliches Restaurant in einer Großstadt in NRW. Der Gast verlangt eine Rechnung. Die Bedienung geht an die Kasse und überreicht dem Kunden einen Beleg. Bei genauer Betrachtung stellt der Gast fest, dass es sich um eine „Pro-Forma-Rechnung" handelt. Er verlangt von der Bedienung eine ordnungsgemäße Rechnung.

Oftmals wird eine Rechnung erst gar nicht erstellt, weil der Kunde diese nicht benötigt oder es sind mobile Kassengeräte oder „Orderman" im Einsatz, wo dem Kunden nur diese Geräte vorgehalten werden, auf denen dann der zu zahlende Betrag angezeigt wird.

Die Praxis zeigt, dass immer öfter keine korrekten Rechnungen mehr ausgestellt werden. In Restaurants, Bars, Cafés, Handels- und Handwerksbetrieben und auch in Apotheken werden mit Hilfe manipulierter EDV-Registrierkassen, proprietärer Kassen und PC-(Kassen-)Systeme Steuern in einer Größenordnung von mehreren Milliarden € hinterzogen. So entzog das Verwaltungsgericht Ansbach[256] zwei Apothekern einer OHG die Betriebserlaubnis, weil sie über Jahre Manipulationssoftware im Kassensystem ihrer Apotheke einsetzten und täglich die Kassenbestände der Apotheke manuell änderten.

Mithilfe einer Vielzahl der zurzeit am Markt erhältlichen Registrierkassen und PC-(Kassen-)Systeme lassen sich bei sachgerechter Anwendung und ohne großen Aufwand ordnungsgemäße Tagesendsummenbons (= Tagesberichte), Monatsberichte und auch Datenexporte im GDPdU-Format (bis zum 31. 12. 2014) oder GoBD-Format (ab dem 1. 1. 2015) erstellen, die den Grundsätzen ordnungsgemäßer Buchführung bzw. den Grundsätzen ordnungsgemäßer DV-gestützter Buchführungssysteme (GoBS)[257] und auch den Grundsätzen zur ordnungsgemäßen Führung und Aufbewahrung von Büchern, Aufzeichnungen und Unterlagen in elektronischer Form sowie zum Datenzugriff (GoBD)[258] entsprechen. Selbst Registrierkassen im unteren Preissegment (unter 500 €/Kasse) können schon mit einer Software ausgestattet werden, die die Daten in einem entsprechenden Format auf z. B. eine externe SD-Karte speichert.

Die modernen Prüfungstechniken der Betriebsprüfungs- und Steuerfahndungsstellen, z. B. die Summarische Risiko Prüfung (SRP), haben in den letzten Jahren eine Vielzahl von Manipula-

---

255 *Rudio*, Zu Gast bei Betrügern, in: DIE ZEIT Nr. 09/2014 v. 27. 2. 2014 und Schummel beim Bezahlen, in: DIE ZEIT Nr. 16/2014 v. 10. 4. 2014 und DIE WELT v. 23. 3. 2014.
256 *VG Ansbach*, Urteil vom 26. 11. 13 – AN 4 K 13.01021.
257 *BMF-Schreiben* vom 7. 11. 1995, BStBl 1995 I S. 738.
258 *BMF-Schreiben* vom 14. 11. 2914, BStBl 2014 I S. 1450.

tionsmöglichkeiten bei – nicht nur modernen – Kassensystemen (EDV-Registrierkassen, POS[259]-Systemen, proprietären Kassen und PC-(Kassen-)Systemen) erkennen lassen, die darauf zurückzuführen sind, dass in der Kasse vorhandene Möglichkeiten dazu genutzt wurden, Einnahmen zu minimieren und somit nicht der Besteuerung zuzuführen.

Dabei werden vielfach Eingaben nachträglich geändert bzw. gelöscht, ohne dass diese Änderungen dokumentiert werden. Anschließend werden neue Tagesendsummenbons u. a. Protokolle aus den Kassen erzeugt, die keinerlei Auffälligkeiten mehr erkennen lassen. Diese erwecken den Anschein, als ob die Dokumentation den gesetzlichen Anforderungen entspricht, obwohl – wie in Praxisfällen schon des Öfteren nachgewiesen – teilweise bis zu 50 % der Einnahmen nicht erklärt wurden.

Diese unerlaubten Eingriffe in Registrierkassen und den daraus resultierenden Aufzeichnungen führen zu erheblichen Steuerausfällen. Der Finanzminister des Landes NRW schätzt den Schaden allein in Deutschland auf ca. zehn Milliarden €.[260] Michael Grabitz beziffert in seinem Artikel „Die Quittung für den Wirt"[261] den Schaden im Bereich der Bargeldbranchen auf bis zu 70 Mrd. € jährlich.

Zusammenfassend lässt sich festhalten, dass Datenmanipulationen an EDV-Registrierkassen und PC-(Kassen-)Systemen in den Bargeldbranchen zum Zwecke der Steuerhinterziehung sowie die daraus generierten Schwarzlöhne mit der einhergehenden Vorenthaltung von Sozialversicherungsbeiträgen ganz erhebliche Einnahmenausfälle in den öffentlichen Kassen verursachen.

Dass es sich dabei nicht um ein aktuelles Problem handelt, zeigt der Bericht des Bundesrechnungshofs zur *Haushalts- und Wirtschaftsführung des Bundes* aus dem Jahr 2003. Auf Seite 197 wird unter Rz. 54 *„Drohende Steuerausfälle aufgrund moderner Kassensysteme"* ausgeführt:

„Die Finanzbehörden können falsche Angaben über eigenommene Bargelder bei Verwendung elektronischer Kassen und Kassensysteme jüngster Bauart nicht mehr aufdecken. Bei solchen Systemen lassen sich eingegebene Daten sowie im System erzeugte Registrier- und Kontrolldaten ohne nachweisbare Spuren verändern. Somit drohen nicht abschätzbare Steuerausfälle. Abhilfe ist dringend geboten."[262]

Drei Jahre später griff der Bundesrechnungshof die Problematik noch einmal auf, als er sich zu erheblichen Steuerausfällen im Taxigewerbe äußerte.[263]

Der Bundesrechnungshof forderte den damaligen Gesetzgeber auf, unverzüglich zu handeln und dafür Sorge zu tragen, dass die elektronischen Kassensysteme und PC-(Kassen-)Systeme eingriffssicher gemacht werden. Als eine Lösungsmöglichkeit wurde vorgeschlagen, dass ein von der Physikalisch-Technischen Bundesanstalt in Berlin bevorzugtes **„INSIKA®"**-Verfahren (Näheres dazu s. Kapitel XIII.9.) Manipulationsmöglichkeiten einschränken sollte. Vereinfacht gesagt handelte es sich dabei um ein kryptographisches Verfahren, bei dem die in elektronischen Kas-

---

259 POS = Point of Sale.
260 *Finanzministerium NRW* (Hrsg.), Pressemitteilung vom 3.4.2014.
261 http://go.nwb.de/vgx53.
262 *Bundesrechnungshof* (Hrsg.), Bericht zur Haushalts- und Wirtschaftsführung des Bundes 2003, Berlin, PDF-Datei S. 197, Ziffer 54: „Drohende Steuerausfälle aufgrund moderner Kassensysteme" s. http://go.nwb.de/710nj.
263 PDF-Datei S. 208-209, Ziffer 54, s. http://go.nwb.de/h7p02.

sen und Kassensystemen eingegebenen Datensätze nicht mehr veränderbar versiegelt und auf einer SD-Karte gespeichert werden.

Der damalige, auf diesen Vorschlag aufbauende Gesetzesentwurf sah vor, dass jede Registrierkasse im Handel, in der Gastronomie oder im Handwerk (z. B. Bäckereien) mit einem Chip auszustatten sei. Es sollte die Einführung von Signaturerstellungseinheiten in Ausprägung als Smartcards zunächst in das 2. SGB IV Änderungsgesetz und danach in das JStG 2009 aufgenommen werden. Dieser sollte den Umsatz und die Mehrwertsteuer speichern und dadurch Betriebsprüfern die Prüfung der Einnahmen erleichtern. Bedenken von Seiten der Bundesländer als auch aus dem Wirtschaftsministerium und aus der Wirtschaft, u. a. des Hauptverbands des Deutschen Einzelhandels (HDE), die ausführten, dass die Umrüstung alter Kassensysteme und die Anschaffung neuer Registrierkassen den Einzelhandel und handelsnahe Betriebe bis zu einer Milliarde € kosten würden, brachten die Einführung zu Fall. Die Kosten stünden in keinem Verhältnis zum Nutzen.

Im Ergebnis hat sich jedoch bis heute mit Ausnahme erster INSIKA®-Praxistests im Taxigewerbe in Hamburg noch nichts geändert. Weiterhin werden Registrierkassen und Kassensysteme auf dem Markt zum Verkauf angeboten und genutzt, die eine umfangreiche Bandbreite von „Manipulationen" zulassen. In persönlichen Gesprächen mit Kassenaufstellern oder bei anonymen Kaufgesprächen auf Messen der Gastronomiebranche, so u. a. auf der Internorga in Hamburg, wurde mir bestätigt, dass sich Kassensysteme, die keine „Veränderungen" zulassen, nur sehr schlecht verkaufen lassen.

Es handelt sich nicht um ein rein deutsches Problem. Der OECD–Bericht mit dem Titel „*Umsatzverkürzung mittels elektronischer Kassensysteme: Eine Bedrohung für die Steuereinnahmen*"[264] zeigt deutlich, dass es sich um ein international verbreitetes Problem handelt. So wurden in Kanada vier Restaurantunternehmer wegen Steuerhinterziehung verurteilt, weil sie mithilfe von Manipulationssoftware („Zapper") insgesamt 200.000 Bartransaktionen i. H. v. 4,6 Mio. kanadische $ nicht der Besteuerung unterwarfen. Schweden schätzt die Steuerausfälle durch Manipulationen im Bargeldbereich auf 2 Mrd. €.

Sowohl der Bundesrechnungshof als auch die OECD kommen zu dem Ergebnis, dass es in der Praxis für Steuerberater, Wirtschaftsprüfer etc. sowie Betriebsprüfer und Steuerfahnder der Finanzbehörden nur sehr schwer möglich ist, Manipulationen zu erkennen und aufzudecken. In vielen Bereichen fehlt es am dafür nötigen Sachverstand.

Die Wichtigkeit des Themas kann man u. a.. in Zeitschriftenbeiträgen von *Huber*[265], *Becker*[266] und *Nowotzin/Teutemacher*[267] nachlesen.

Die Praxis zeigt, dass die Unterlagen, insbesondere Tagesendsummenbons, die der Mandant seinem Steuerberater bzw. dessen Angestellten für Buchungszwecke zur Verfügung stellt, auf den

---

264 *OECD* (Hrsg.), 2013.
265 *Huber*, Wien, Manipulationssysteme, Urkundenunterdrückung und Beweisverderber – von der Systemkontrolle zur Generalschätzung, StBP 2003 S. 193 ff.(Teil 1), S. 225 ff. (Teil 2); Über Registrierkassen, Phantomware, Zapping und Fiskallösungen aus Deutschland und Österreich, StBP 2009 S. 153 ff. (Teil 1), S. 185 ff. (Teil II), S. 217 ff. (Teil III), S. 253 ff. (Teil IV), S. 286 ff. (Teil V), S. 317 ff. (Teil VI), S. 342 ff. (Teil VII).
266 *Becker*, Beweismittelunterdrückung gem. § 274 Abs. 1 StGB – Ein kaum beachteter Straftatbestand in der Außen- und Fahndungsprüfung, StBP 2008 S. 29 ff (Teil I), S. 61 ff. (Teil II), S. 104 ff. (Teil III).
267 *Nowotzin/Teutemacher*, Manipulation beim Einsatz von PC- und elektronischen Kassen, Zentrale Fahndungsnachrichten (ZFN) 2009 S. 110.

ersten Blick unauffällig aussehen bzw. von diesen nicht auf Auffälligkeiten bzw. eventuelle Manipulationen geprüft werden können. Auch Prüfer der Finanzverwaltung stehen oft vor dem Problem, dass die Ausdrucke und die aus den Kassensystemen exportierten Daten vielfach unauffällig sind. Erst eine genaue Überprüfung der Belege (Tagesendsummenbons, Programmierprotokolle etc.) unter Zuhilfenahme der Bedienungs- und Programmieranleitung sowie der Datenzugriff auf die vorgelagerten Systeme und eine Kassenauslesung durch die Finanzbehörden ohne vorherige Anmeldung, z. B. im Rahmen einer Umsatzsteuernachschau (§ 27b UStG), oder eine vertiefte Systemprüfung fördern zu Tage, wie die Einnahmen tatsächlich verkürzt worden sind.

BEISPIEL Im Rahmen der laufenden Buchführung wird einem Steuerberater der folgende Finanzbericht von seinem Mandanten mit einem gastronomischen Betrieb vorgelegt.

ABB. 48: Finanzbericht (= Tagesendsummenbon) als Z-Bericht

```
******************
Finanzberichtnummer          467
Finanzbericht täglich         Z     *1
Kasse   1                  03-08-11
******************

Brutto 1                    2649.20
MWST1 19 %                   422.98
Netto 1                     2226.22
Kassensoll
BAR EUR                     2649.20
                            Umsatz
                            2649.20
BAR EUR
Bonanzahl          108*3
Z-Zähler 1         458*2
```

Auf den ersten Blick fällt auf, dass auf diesem Finanzbericht nur die wichtigsten Informationen ausgewiesen werden:
▶ Bruttoumsatz,
▶ Umsatzsteuer,
▶ Nettoumsatz,
▶ Kassensoll,
▶ Z-Zähler 1 (Tagesberichte).

Es handelt sich bei diesem Bericht um einen Finanzbericht (= Tagesendsummenbon) aus einem proprietären Kassensystem, der mit dem „Chef-Bediener-Schlüssel" im Tagesberichtsmodus (Z[1]) (ABB. 48, *1) ausgedruckt worden ist. Nach Abruf dieses Berichts wurden sämtliche Umsatzdaten in diesem Tagesspeicher gelöscht. Hinweise auf eventuell vom Unternehmer durchgeführte Storni sind nicht erkennbar.

Der „Z-Zähler 1" (= Tagesberichte, ABB. 48, *2) steht bei „458". Somit wurden vorher schon „457" Tages-Finanzberichte an dieser Kasse abgerufen, die allesamt Bestandteil der Buchführung sein müssen, da sie aufzubewahren sind. Gleichzeitig ist dem Bonzähler zu entnehmen, dass an diesem Tag „108" Bons (= Rechnungen, ABB. 48, *3) mit dieser Kasse erstellt wurden.

Der ausgewiesene Umsatz von 2.649,20 € wurde anschließend vom Unternehmer in seinem Kassenbericht eingetragen und vom Steuerberater bzw. dessen Angestellten wie folgt verbucht (eingesetzt wurde der DATEV SKR 03):

- Sachkonto 1000: 2.649,20 €
- Sachkonto 8400: 2.226,22 €
- Sachkonto 1576: 422,98 €

Was diesem Beleg nicht entnommen werden konnte war, dass sich die tatsächlichen Einnahmen an diesem Tag auf 4.149,20 €, mithin um 1.500,00 € höher, beliefen.

Der Unternehmer hat vor Abruf des täglichen „Z"-Finanzberichts einen Finanzbericht in Schlüsselstellung „X", somit ohne Löschung der Daten, abgerufen (ABB. 49, *4). „X-Berichte" lassen sich mehrfach am Tag abrufen, ohne dass die bis dahin im System erfassten Daten gelöscht werden. Sie führen nicht zur Löschung des Speichers.

Auf diesem Bericht wird der „echte" Umsatz von 4.149,20 € ausgewiesen. Der „Z-Zähler 1" zeigt an, dass der letzte in der Schlüsselstellung „Z" ausgedruckte Finanzbericht die Nummer „457" (ABB. 49 *5) trägt. Der Bonzähler steht bei 109 (ABB. 49 *6).

XIII. Manipulationsmöglichkeiten bei Kassen

ABB. 49: Finanzbericht (= Tagesendsummenbon) als X-Bericht

```
※※※※※※※※※※※※※※※※※
Finanzberichtnummer              467
Finanzbericht täglich             €        *4
Kasse   1                     03-08-11
※※※※※※※※※※※※※※※※※

Brutto 1                       4149.20
MWST1 19 %                      662.48
Netto 1                        3486.72
Kassensoll
BAR EUR                        4149.20
                                Umsatz
BAR EUR                        4149.20
Bonanzahl          109      *6
Z-Zähler 1         457      *5
```

Wie wurde die Manipulation durchgeführt?

Nach Abruf des Finanzberichts in Schlüsselstellung „X" ist der Unternehmer hingegangen und hat im Wege des **Nachstornos** die Einnahmen um 1.500 € gemindert.

Diese Manipulation konnte weder im elektronischen Journal noch auf dem vorgelegten Tagesendsummenbon erkannt werden, da das proprietäre Kassensystem entsprechend programmiert wurde:

▶ Das elektronische Journal wurde als „rotierendes Journal" eingerichtet, d. h. es wird laufend überschrieben und nicht fortlaufend gespeichert.

▶ Nachstorni werden im Finanzbericht nicht ausgewiesen. Ihr Ausdruck wurde entsprechend unterdrückt (ABB. 50, *7).

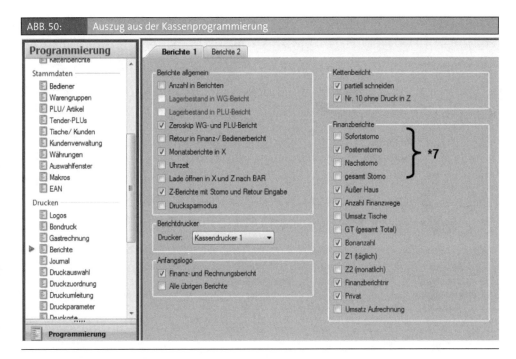

Abb. 50: Auszug aus der Kassenprogrammierung

Wie dieses Beispiel zeigt, werden durch unterschiedliche Zugangs- und Nutzungsberechtigungen auf übergeordneten Berechtigungsstufen Möglichkeiten, wie z. B. Nachstorni, geschaffen, die die in die Kasse eingegebenen Daten nachträglich verändern, ohne dass diese Änderungen protokolliert oder auf irgendeine Weise für Dritte kenntlich gemacht werden.

Die Manipulationsmöglichkeiten sind vielfältig und auch nicht auf bestimmte Branchen begrenzt. In einer Vielzahl von Betrieben der Bargeldbranchen konnte ich in der Praxis Veränderungen an den Ursprungsdaten feststellen. Die folgende Abbildung zeigt ein paar ausgewählte Manipulationsbeispiele:

XIII. Manipulationsmöglichkeiten bei Kassen

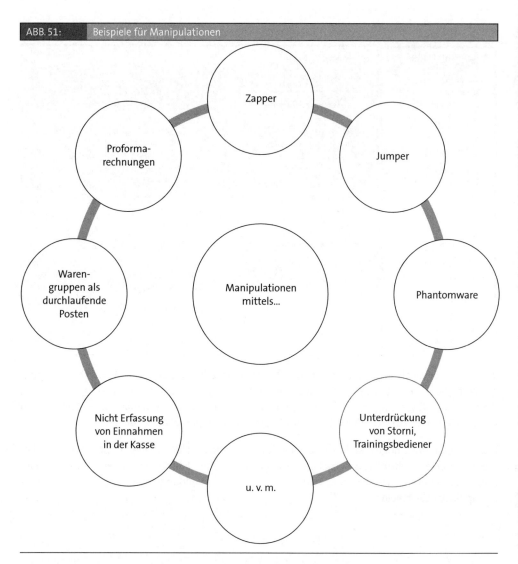

ABB. 51: Beispiele für Manipulationen

Die Aufzählung kann nicht als abschließend bezeichnet werden, da ständig neue Formen der Manipulation entwickelt werden. Alle Formen von Veränderungen an Grundaufzeichnungen an dieser Stelle aufzuzählen, würde den Rahmen sprengen. Es bedarf dringend eindeutiger gesetzlicher Regelungen, um den volkswirtschaftlichen Schaden, der durch Veränderungen an den Ursprungsdaten hervorgerufen wird, einzugrenzen.

Eine aktuell eingerichtete Bund-Länder-Arbeitsgruppe zum Thema „Ordnungsmäßigkeit digitaler Grundaufzeichnungen" kümmert sich aktuell um die Einführung von INSIKA®.

Im Folgenden werden ein paar Manipulationsmöglichkeiten erläutert.

1. Nicht registrierte Einnahmen

Die nach eigenen Feststellungen in der Praxis am häufigsten vorkommende, da einfachste und am schwersten nachzuvollziehende Manipulationsmöglichkeit ist das Nichtverbuchen von Einnahmen in der Kasse. Dabei ist es nicht von Bedeutung, welche Art von Kasse genutzt wird, offene Ladenkasse, EDV-Registrierkasse, proprietäres Kassensystem oder PC-(Kassen-)System. Diese Manipulation ist immer möglich.

> **BEISPIEL** In einem Imbissbetrieb hat sich eine kleine Schlange von fünf Kunden gebildet. Die Bestellung des ersten Kunden wird vom Inhaber noch über die Kasse erfasst und dokumentiert. Nachdem der erste Kunde in der Reihe bezahlt hat, bleibt die Geldschublade unter der Kasse offen. Die Bestellungen der restlichen vier Kunden werden dann nicht mehr im Kassensystem erfasst, sondern das Bargeld wandert ohne Registrierung in die Kassenschublade. Am Ende des Tages werden nur die Tageseinnahmen lt. Tagesendummenbons der Kasse versteuert. Die darüber hinaus eingenommenen Gelder bleiben unversteuert.

Viele Registrierkassen mit untergebauter Geldschublade verfügen über eine „KV-" (Kein Verkauf) oder „NL-" Taste (nur Lade), mit dem sich die Geldschublade öffnen lässt, ohne dass eine Registrierung erfolgte. Bei diesen Kassen besteht jedoch das Problem, dass später auf dem Tagesendsummenbon die Summe der Geldschubladenöffnungen protokolliert wird.

Das im Rahmen von Betriebsprüfungen oftmals vorgebrachte Argument, die Registrierkasse sei nur als Rechenmaschine oder nur zur Bestellaufnahme, aber nicht zur Dokumentation der Einnahmen genutzt worden, ist nicht stichhaltig.

Mit Urteilen vom 31.8.2000[268] und 7.3.1997[269] entschied das *FG Münster*, dass es nicht glaubhaft sei, dass eine gekaufte Registrierkasse, die teilweise auch einige tausend € an Anschaffungskosten verursacht hat, nicht auch eingesetzt worden ist, um die Einnahmen zu ermitteln.

2. Unterdrückung der Z-Nummer im Tagesendsummenbon

Eine eher einfache und bei EDV-Registrierkassen zum Einsatz kommende Manipulation ist das Unterdrücken der Z-Nummer. Sie ermöglicht es dem Unternehmer, mehrmals am Tag einen Finanz-, Finanzarten- oder Transaktionsbericht mit anschließender Löschung der Umsätze abzurufen, ohne dass dies auf den entsprechenden Tagesendsummenbons erkennbar ist.

3. Unterdrückung von Storni/Retouren/Warenrücknahmen

Jede Registrierkasse, jedes Kassensystem ermöglicht mehrere Stornierungen. Das Recht, im laufenden Geschäftsverkehr zu stornieren, wird nicht jedem Mitarbeiter zuteil. Über die Bedienergrundprogrammierung werden die Stornierungsrechte dem jeweiligen Bedienerschlüssel bzw. Bediener einzeln zugeordnet. In der Praxis lassen sich mehrere Stornomöglichkeiten unterscheiden (Näheres s. Kapitel IV.3.6):

In der Praxis hat sich herauskristallisiert, dass die meisten Manipulationen über Managerstorni nach Geschäftsschluss erfolgen. Im Rahmen von Betriebsprüfungen werden diese oftmals aufgedeckt, wenn Berichte nicht täglich bzw. monatlich abgerufen werden und sich dort die Ein-

---

268 *FG Münster*, Urteil vom 31.8.2000 – 14 K 3305/98 G, U, F.
269 *FG Münster*, Urteil vom 7.3.1997 – 2 V 3448/96.

XIII. Manipulationsmöglichkeiten bei Kassen

gabe- und Stornierungsbeträge aufsummieren oder aus aktuellen Journaleinträgen ein solcher Nachstorno (s. ABB. 52) erkennbar ist:

ABB. 52: Beispiel Nachstorno im Journal erkennbar

```
        Gesamtrech.-Betrag           10.50
             Bar                     10.50
        Rechnungs-Nummer    46
        Kellner 2    1               04-05-14
                                     Storno
        KUCHE                       -300.00
             Total                     0.00
        Kasse1 Total                -300.00
             Umsatz 1               -300.00
             MWST1 19 %              -47.90
        * Gesamt total *            -300.00
                                     Storno
             Bar                    -300.00
        1    23:01    04-05-14
        Kellner 3                    153-0
        Kasse1 Total                -300.00
        1    23:01    04-05-14
        Kellner 3                    153-1
        Tisch 6
```

Storni sind gesetzlich zulässig. Sie dürfen jedoch **nicht unterdrückt** oder **gelöscht** werden. Die Buchführung entspricht dann nicht mehr den Vorschriften des § 239 Abs. 3 HGB sowie § 146 AO und damit nicht mehr den Grundsätzen ordnungsgemäßer Buchführung. Gem. § 239 Abs. 3 HGB und § 146 Abs. 4 Satz 1 AO dürfen Buchungen oder Aufzeichnungen nicht in einer Weise verändert werden, dass der ursprüngliche Inhalt nicht mehr feststellbar ist. Entsprechende Nachweise (Stornobelege) sind aufzubewahren.

Für PC-(Kassen-)Systeme legt Tz. 3.2.5 der GoBD[270] eindeutig fest, dass bei einer Veränderung einer erfolgten Buchung der Inhalt der ursprünglichen Buchung, z. B. durch Aufzeichnungen über durchgeführte Änderungen (Storno- oder Neubuchung), die als Bestandteil der Buchführung aufzubewahren sind, feststellbar bleiben muss.

Das im Rahmen von Betriebsprüfungen von Steuerberatern und Rechtsanwälten vielfach vorgebrachte Argument, dass es keinen Grund gab für Stornierungen, ist nicht stichhaltig. Es widerspricht der Lebenserfahrung und ist nicht glaubhaft, dass in Betrieben mit überwiegenden Bargeldumsätzen über einen ganzen Tag oder Monat bzw. in dem gesamten durch eine Betriebs-

---

270 *BMF* vom 14. 11. 2014, BStBl I S. 1450.

prüfung überprüften Prüfungszeitraum, z. B. von drei Jahren, die Eingaben in das Kassensystem ohne Fehler erfolgen und keine Stornobuchungen erforderlich werden.[271]

Der Umstand, dass Stornobuchungen nicht ausgewiesen werden und auch keine Stornobelege/-nachweise eine evtl. Erklärung für das Fehlen von Stornobuchungen geben können, lässt in der Praxis darauf schließen, dass Stornobuchungen im Kassensystem unterdrückt bzw. bei PC-(Kassen-)Systemen nachträglich gelöscht worden sind. Infolge fehlender Stornobuchungen lässt sich ebenfalls nicht mehr feststellen, ob lediglich Fehlbuchungen oder auch Einnahmebuchungen an sich gelöscht worden sind. Die erforderliche Vollständigkeit der Buchungen ist infolge dieser Veränderungen nicht gewährleistet und diese Unvollständigkeit ergreift die gesamte Buchführung, sodass die Buchführung als nicht ordnungsgemäß anzusehen ist.

Kassenauslesungen im Rahmen von Umsatzsteuernachschauen oder Betriebsprüfungen lassen oftmals erkennen, dass tatsächlich über Nach- und/oder Managerstorni manipuliert wurde. So können Bediener-, Warengruppen- oder Artikel-/PLU-Berichte Rückschlüsse auf Manipulationen offenlegen, wenn dort z. B. Warengruppen oder Artikel negative Umsätze ausweisen. Auch Stundenumsatzberichte können Manipulationen nachweisen, insbesondere in den Fällen, in denen negative Umsätze in Stunden ausgewiesen werden, in denen das Unternehmen eigentlich geschlossen war (s. Ausführungen zum Thema „Stunden- und Zeitzonenberichte", Kapitel X.5.).

---

271 *FG Niedersachsen*, Urteil vom 2. 9. 2004 – 10 V 52/04.

| ABB. 53: | Beispiel Nachstorno im Artikelbericht erkennbar |

```
          MPLU 000856 ohne Gurken
          Preis 1                          0.00

          MPLU 000886 K ä s e *****
          Preis 1                          0.00

          MPLU 000887 ohne Parmesan
          Preis 1                          0.00

          MPLU 000891 ohne Fontina
          Preis 1                          0.00

          PLU  000901 Getränke
          Preis 1                     -64703.55

          PLU  000902 Wein
          Preis 1                       1154.30

          PLU  000903 Nudeln
          Preis 1                       2918.50

          PLU  000904 Speisen
          Preis 1                       5135.25

          MPLU 000910 Englisch
          Preis 1

          MPLU 000911 Medium
          Preis 1
```

4. Manipulationen mit Trainingsbedienern und externen Bedienern

Fast jedes Kassensystem verfügt über die Möglichkeit der Einrichtung eines Trainings- oder Übungsbedieners bzw. Trainings- und Übungsspeichers. Sinn und Zweck dieser Programmierungen ist, dass neue Mitarbeiter den Umgang mit den Kassen besser erlernen können. Die Einrichtung dieser Speicher ist gesetzlich zugelassen und entspricht auch den Grundsätzen ordnungsgemäßer Buchführung, wenn aus dem Tagesendsummenbon (Finanz-, Finanzarten- und Transaktionsbericht), den Bedienerberichten und/oder aus den gespeicherten Einzeldaten eindeutig erkennbar ist, welche Umsätze über den Traingsbediener bzw. -speicher erfasst wurden und wie diese in die Ermittlung der Tageslosung eingegangen sind. Oftmals merkt der jeweilige Bediener

4. Manipulationen mit Trainingsbedienern und externen Bedienern

gar nicht, dass er nur zu Übungszwecken unterwegs ist. Auch muss sichergestellt sein, dass die Eingaben auf dem Papierjournal oder im elektronischen Journal sichtbar und nachprüfbar sind.

Die folgende ABB. 54 zeigt einen Hauptgruppenbericht mit erwirtschaftetem Gesamtumsatz von 66.104,31 €.

ABB. 54:	Hauptgruppenbericht

```
**** *** *** *** *** *** *** *** *** *** *** *** ***
Hauptgruppenber. täglich Z
Kasse    1            29-10-08
*** *** *** *** *** *** *** *** *** *** *** *** ***

              Anzahl      Umsatz
KÜCHE          3444     44037.26
%-Anteil                   66.61
GETRÄNKE       9694     22067.05
%-Anteil                   33.38
---------------------------------
Gesamt         13138    66104.31
```

Der Bedienerbericht (ABB. 55) zeigt, dass sich die tatsächlich erzielten Einnahmen auf 73.242,86 € belaufen. Die Umsätze des „Trainings-"Bedieners „6" wurden nicht mitberücksichtigt.

ABB. 55: Bedienerbericht

```
************************
Bedienerbericht monatl.  X
Kasse    1           29-10-08
************************
1   Bediener K 1

Gruppe         Anzahl    Umsatz
Umsatz nach Finanzwegen
Bar EURO           639  53523.56
Umsatz nach Steuergruppen
Umsatz 1                53523.56
MWST1 19%                8545.78
Gesamtbetrag            53523.56
P-Storno            73   -585.50
Kassiert                53523.56
Reakt. Tisch       -28  -5696.25
================================

4   Bediener K 4

Gruppe         Anzahl    Umsatz
Umsatz nach Finanzwegen
Bar EURO           136  12580.75
Umsatz nach Steuergruppen
Umsatz 1                12580.75
MWST1 19%                2008.69
Gesamtbetrag            12580.75
P-Storno            36   -333.25
Kassiert                12580.75
Reakt. Tisch        -9  -1710.70
================================
```

```
************************
Bediener-Bericht monatl. X
Kasse    1           29-10-08
************************
6   Bediener K 6

Gruppe         Anzahl    Umsatz
Umsatz nach Finanzwegen
Bar EURO             6   7138.55
Umsatz nach Steuergruppen
Umsatz 1                 7138.55
MWST1 19%                1139.77
Gesamtbetrag             7138.55
:dienersoll
ir EURO                  7138.55
issiert                  7138
:akt. Tisch         -5  -7040
```

Im Rahmen einer Betriebsprüfung kann die Ordnungsmäßigkeit der Kassenführung nicht deshalb verworfen werden, weil ein Trainingsbediener bzw. -speicher eingerichtet wurde. Die Unterdrückung dieser führt jedoch zu einem Mangel in der Buchführung.[272]

Die Programmierung eines externen Bedieners wird oftmals genutzt, um „Springern" – Mitarbeiter, die als Ersatz von Filiale zu Filiale „springen" (= ständig wechseln) – die Möglichkeit zu bieten, sich überall schnell am Kassensystem anzumelden. Auch diese Programmierung ist grundsätzlich zulässig, wenn die Tageslosung leicht und einwandfrei nachvollziehbar ermittelt werden kann. Aber auch diese Eingaben und Umsätze des „externen" Bedieners lassen sich unterdrücken und können somit der Besteuerung entzogen werden.

5. Pro-forma-Rechnungen

Das Erstellen von Pro-forma-Rechnungen gehört bei den meisten EDV-Registrierkassen, proprietären Systemen und PC-Kassensystemen zur Standardprogrammierung. Zunächst werden die Bestellungen über einen „Bitburger"-Block (handschriftliche Notiz) erfasst und nur wenn der Kunde eine Rechnung haben will, wird diese über die Kasse als „Pro-forma-Rechnung" erstellt.

---

272 *FG Münster*, Urteil vom 16. 5. 2013 – 2 K 3030/11 E, U, EFG 2014 S. 86-90.

Die Daten dieser Rechnungen haben jedoch keinen Einfluss auf die einzelnen Speicher der Kasse. Sie werden weder in der Primärebene noch im Tages- oder Monatsspeicher (Sekundärebene) abgelegt. Auch können mit dieser Art von Rechnungen jegliche Wunschrechnungen für den Kunden erstellt werden, die dieser wiederum für den Abzug als Betriebsausgabe nutzen kann.

6. Warengruppen als „durchlaufender Posten"

Diese Form der Manipulation ist Mitte 2014 erstmalig aufgefallen. In der Programmierung wird eine Warengruppe als „durchlaufender Posten" programmiert. Wie der ABB. 56 zu entnehmen ist, wird die Warengruppe „Warme Getränke" mit der Funktion „5" belegt. Dies führt dazu, dass alle eingegebenen Umsätze dieser Warengruppe nicht im Tagesendsummenbon oder Bedienerbericht ausgewiesen werden. Die Einnahmen aus dem Verkauf der „warmen Getränke" sind nur im Warengruppenbericht ersichtlich. Diese werden aber i. d. R. von den Stpfl. nicht aufbewahrt, sodass der Nachweis dieser Manipulation in der Praxis nur möglich ist, wenn Summenspeicher (z. B. Monats- und/oder Jahresspeicher) nicht gelöscht werden.

ABB. 56:	Programmierung der Warengruppe „Warme Getränke"

```
Warengruppe 1
Text 1                    WARME GETRÄNKE
Text 2
Preis 1                              0.00
Steuergruppe                            1
AH-Steuergruppe                         1
Sortiergruppe                           0
Eingabegrenze                           5
Bediener-Umsatzgruppe                   0
Hauptgruppe                             0
Funktion                                5
Preiseingabe erlaubt
Aufrechnungsbon
Standard-Drucker
Ferndrucker 2
Ausweich-Drucker
Bondrucker 0
```

7. Manipulationen mit mobilen Geräten

In einem gastronomischen Betrieb werden neben der Hauptkasse (Basisstation) noch mehrere mobile Kassengeräte genutzt. Der Vorteil dieser mobilen Kassen besteht darin, dass das volle Kassen-Programm auf dem Handy programmiert wurde und zusätzlich auf einer Basisstation. Hinzu kommt, dass auch ein Offline-Betrieb der mobilen Kasse ohne aktuelle Funkverbindung möglich ist. Erst wenn das Mobilgerät wieder im Funkkontakt mit der Basisstation steht, werden die Daten ausgetauscht.

XIII. Manipulationsmöglichkeiten bei Kassen

Die Grundprogrammierung der Hauptkasse (s. ABB. 57, rechte Seite) zeigt, dass die Umsätze, die über das Mobilgerät mit der Nr. 2 erfasst werden, mit den Daten der Basisstation konsolidiert gebucht werden (Konsolidiert buchen = „1"). Es wird so der Anschein erweckt, als ob alle Umsätze im Kassensystem erfasst werden. Dies ist jedoch ein Trugschluss, wie die Programmierung des Mobilgeräts (s. ABB. 57, linke Seite) zeigt, denn dort wurde bei „Konsolidiert buchen" eine „0" programmiert. Dies führt dazu, dass Umsätze, die über dieses Kassenterminal erfasst wurden, nicht im Tagesumsatz dokumentiert werden.

ABB. 57: Manipulation mit mobilen Kassengeräten

Mobile Kasse

```
Nummer               : 1.
Name                 : Kasse
Vorhanden            : 1
Vorgabe markiert     : 1
Off. Tische senden   : 0
Rech.back.tab. send. : 1
Gesich. Berichte an  : 0
Sendet Journal an    : 1
Konsolidiert buchen  : 1
IP Adr Byte 1        : 192
IP Adr Byte 2        : 168
IP Adr Byte 3        : 0
IP Adr Byte 4        : 41
MAC Adresse          : 00:10:39:19:F0:90

Nummer               : 2.
Name                 : Mobile
Vorhanden            : 1
Vorgabe markiert     : 1
Off. Tische senden   : 0
Rech.back.tab. send. : 1
Sendet Journal an    : 0
Konsolidiert buchen  : 0
IP Adr Byte 1        : 192
IP Adr Byte 2        : 168
IP Adr Byte 3        : 0
IP Adr Byte 4        : 42
MAC Adresse          : 00:80:C6:EA:6B:E9

Nummer               : 3.
```

Hauptkasse

```
Kassen im Netz

Nummer               : 1.
Name                 : Strandbar
Vorhanden            : 1
Vorgabe markiert     : 1
Off. Tische senden   : 0
Rech.back.tab. send. : 1
Sendet Journal an    : 1
Konsolidiert buchen  : 1
IP Adr Byte 1        : 192
IP Adr Byte 2        : 168
IP Adr Byte 3        : 0
IP Adr Byte 4        : 41
MAC Adresse          : 00:10:39:19:F0:90

Nummer               : 2.
Name                 : Mobile
Vorhanden            : 1
Vorgabe markiert     : 1
Off. Tische senden   : 0
Rech.back.tab. send. : 1
Sendet Journal an    : 1
Konsolidiert buchen  : 1
IP Adr Byte 1        : 192
IP Adr Byte 2        : 168
IP Adr Byte 3        : 0
IP Adr Byte 4        : 42
MAC Adresse          : 00:80:C6:EA:6B:E9
```

Diese Form der Manipulation lässt sich im Rahmen einer Betriebsprüfung nur schwer erkennen. Aus diesem Grund werden von der Finanzverwaltung verstärkt Umsatzsteuernachschauen nach § 27b UStG durchgeführt. Unangekündigte Kassenüberprüfungen führen immer mehr dazu, Manipulationen dieser Art aufzudecken.

8. Manipulationsprogramme („Zapper", „Phantomware"[273] & Co.)

Die Praxis in der Steuerfahndung aber auch in der Betriebsprüfung der Finanzverwaltung zeigt, das „Zapper" und „Phantomware" immer mehr zu einem Problem werden, weil nachträglich veränderte Grundaufzeichnungen ohne Protokollierung verändert werden. Die vorgelegten Datenexporte können den Anschein der Richtigkeit erwecken, obwohl diese umfassend manipuliert wurden.

8.1 Zapper

„Zapper" (to zap = löschen) sind Manipulationsprogramme (Software), mit denen es bei proprietären Registrierkassen und PC-(Kassen-)Systemen möglich ist, gespeicherte Einzel- und Summendaten (= Transaktionsdaten) zu manipulieren. In der Praxis wurden diese bereits entdeckt in Taxametern, Geldspielautomaten, Warenwirtschaftssystemen von Apotheken u.v.m. Für den Manipulierer liegt der Vorteil der Nutzung dieser Programme in der schweren Nachweisbarkeit, weil sich diese Programme im laufenden Betrieb nicht auf dem System befinden.

Bei PC-gestützten Kassensystemen kommen immer mehr von diesen Manipulationsprogrammen zum Einsatz, die von externen Datenträgern, z. B. USB–Sticks, CDs, DVDs, oder über einen Internetlink (online) gestartet werden und deren Veränderungen am ursprünglichen Datenbestand daher nur sehr schwer nachzuweisen sind. Neuartige Zapper sind sogar in der Lage, Kreditkarten-Rechnungen zu löschen.

Zur Tarnung dienen oftmals einfache Computerspiele.

So wurde ein Zapper im Bereich der Gastronomie als Spiel getarnt, bei dem Raumschiffe abgeschossen werden. Der Zapper im „HIGHSCORE"-Modus konnte erst über die Eingabe eines Passworts gestartet werden.

Die Hersteller solcher Programme stellen oftmals selber solche Manipulationstools her. Aber auch externe und unabhängige Programmierer, wie z. B. Mitarbeiter von Kassenaufstellern, sind in der Lage solche Software zu programmieren. Anonyme Besuche auf Messen, wo Registrierkassen und Kassenprogramme angeboten werden, zeigten, dass solche „Zapper" oftmals auch als Verkaufsargument genutzt werden.

Es bedarf oftmals vertiefter IT-Kenntnisse, um festzustellen, welche Daten gelöscht bzw. verändert wurden. Die Programmierer solcher Programme versuchen mit benutzerfreundlichen Hinweisen wie „Nur für Testzwecke." oder „Sind Sie sicher, dass Sie diese Änderungen vornehmen wollen." ihre Beihilfe zur Steuerhinterziehung zu umgehen. Gleichzeitig werden durch solche Hinweise die Manipulationsprogramme benutzerfreundlich.

---

[273] Begriffe und Definitionen von *Richard Thompson Ainsworth*, Zappers & Phantom-Ware: A Global Demand for Tax Fraud Technology, Boston University School of Law Working Paper No. 08-20, unter: http://bu.ed/law/faculty/scholarship/workingpapers/2008.html.

XIII. Manipulationsmöglichkeiten bei Kassen

BEISPIEL

ABB. 58: Hinweis für den Bediener aus einem Zapperprogramm

Bitte nicht vergessen:
- unbedingt den 'alten' Kassenzettel vernichten
- aus der Historie den 'neuen' Kassenzettel drucken
- und im Kassenbuch die Zahlen korrigieren.....

8.2 Phantomware

Im Gegensatz zu „Zappern", die von externen Datenträgern gestartet werden, handelt es sich bei „Phantomware" um integrierte, versteckte Manipulationssoftware. Diese Programme werden erst über ein Passwort oder eine Tastenkombination, z. B. <STRG> + <SHIFT> + <F7>, durch den Nutzer aufgerufen. Anschließend werden dem Nutzer verschiedene Möglichkeiten der Manipulation angeboten, z. B. selektive Löschung von Verkaufstransaktionen und anschließende Reorganisation der Daten, sodass beim Datenexport für die Finanzverwaltung keinerlei Auffälligkeiten mehr erkennbar sind.

Ist an das Kassensystem auch noch ein Warenwirtschaftssystem angeschlossen, sorgt die Phantomware dafür, dass auch dort die Lager- und Abverkaufsdaten entsprechend angepasst werden, damit Unterschiede nicht erkennbar werden.

Gefährlicher und in der Praxis der Betriebsprüfung und Steuerfahndung kaum nachweisbar sind die Softwareprogramme, die keine Daten löschen, sondern höherpreisige Transaktionen durch preiswertere, günstigere Transaktionen verändern, denn dadurch werden Bon- oder Journallücken vermieden.

9. Die Lösung des Manipulationsproblems

Berichte der Bundesländer an das Bundesfinanzministerium im Jahre 2014 haben gezeigt, dass die 2. Kassenrichtlinie[274] zur Aufbewahrung digitaler Unterlagen bei Bargeschäften (inkl. einer Einzelaufzeichnungs- und -aufbewahrungspflicht) sowie einer Nichtbeanstandungsregelung für Altgeräte bis zum 31. 12. 2016 in der Praxis kaum Beachtung finden.

Hinzu kommen ungenaue, abstrakte Anforderungen des Gesetzgebers an die Unveränderbarkeit der Daten i. S. d. § 238 Abs. 3 HGB und § 146 Abs. 4 AO. Beide Gesetzesvorschriften beinhalten keine genauen technischen Vorgaben.

Auch die nicht abebbende Flut von Manipulationen (Beispiele dazu s. Kapitel XIII.1. bis XIII.8.) bei EDV-Registrierkassen, PC-(Kassen-)Systemen sowie kassenähnlichen Systemen, z. B. Waagen mit Kassen- und Speicherfunktionen, Taxameter, Wegstreckenzähler, Wettterminals, Geld- und

---

274 *BMF*-Schreiben vom 26. 11. 2010, a. a. O.

9. Die Lösung des Manipulationsproblems

Warenspielgeräte, fördern den Ruf nach einer technischen Lösung, da ein Nachweis im Rahmen steuerlicher Betriebsprüfungen kaum oder nur mit erheblichem Fach- und Zeitaufwand möglich ist.

Im Europäischen Ausland, z. B. Kroatien, Serbien oder Ungarn, setzt man zur Lösung des Problems auf Systeme, die eine Online-Übertragung von Daten direkt an Serveranlagen des Finanzministeriums ermöglichen. Aber auch bei dieser Idee gibt es keine 100%ige Sicherheit dafür, dass die Daten nicht manipuliert wurden, denn bis zum Senden der Daten sind Veränderungen immer möglich. Hinzu kommen immense Kosten für die Datenübertragung, Datenverbindung und Datenspeicherung. Auch ist noch nicht geklärt, wie die immensen Datenvolumina von Seiten der Finanzverwaltung geprüft werden können. Andere Länder wie z. B. Schweden arbeiten mit einer „Black-Box" für Kassen.

Bei Gesprächen mit Kollegen aus diesen Ländern in Online-Foren musste ich feststellen, dass auch vorgenannte Ideen nicht die Lösung des Problems brachten.

In ihrem Artikel „Die Unveränderbarkeit der (Kassen-)Buchführung nach § 146 Abs. 4 AO im EDV-Zeitalter und INSIKA"[275] geben die Autoren Lösungsansätze dafür, wie sich Manipulationen an gespeicherten Daten durch Sicherstellung von Datenintegrität, Datenauthentizität, Datensicherheit und Kontrollfähigkeit erkennbar und beweisbar machen lassen. Nach Ansicht der Autoren ist die Lösung des Problems: **INSIKA®**.

Aber INSIKA® allein kann das Problem nicht lösen.

Es müsste ein umfangreiches Maßnahmenpaket geschnürt werden, bestehend aus

- ▶ konkreter gesetzlicher Normierung der Einzelaufzeichnungspflicht, d. h. grundsätzlich sind alle Geschäftsvorfälle zwingend einzeln aufzuzeichnen, und die Einzelaufzeichnungsverpflichtung wird gleichzeitig Grundlage für Aufbewahrungs- und Vorlagepflichten,

- ▶ Konkretisierung der Aufzeichnungspflichten für EDV-Registrierkassen, PC-(Kassen-)Systeme (inkl. vor- und nebengelagerter Warenwirtschaftssysteme), Waagen mit Kassenfunktion, Geld- und Warenspielgeräten, Taxametern (Fahrpreisanzeiger) und Wegstreckenzähler,[276]

- ▶ Verschärfung der Sanktionsmöglichkeiten durch Erweiterung des Gefährdungstatbestands i. S. d. § 379 Abs. 2 AO (Steuergefährdung) nicht nur für Stpfl., sondern auch für Hersteller und Vertreiber von Kassen und anderen Systemen und Erhöhung der Geldbuße,

- ▶ unangekündigten Kassen-Nachschauen nach österreichischem Muster, bei denen die Finanzverwaltung Registrierkassen, offene Ladenkassen etc. auf Auffälligkeiten prüfen kann,

- ▶ der gesetzlichen Einführung des INSIKA®-Konzepts.

Aktuell wird auf Bundesebene über die Umsetzung vorgenannter Maßnahmen diskutiert. Eine Änderung ist dringend geboten, da die Frist zur Nutzung alter Registrierkassen am 31.12.2016 endet.

---

[275] *Huber/Reckendorf/Zisky*, Die Unveränderbarkeit der (Kassen-)Buchführung nach § 146 Abs. 4 AO im EDV-Zeitalter und INSIKA, Teil III: Konzept, Technik, Praxis; BBK Nr. 14 v. 19.7.2013 S. 663 ff., NWB Dok-ID: SAAAE-40175.
[276] Taxameter und Wegstreckenzähler i. S. d. Verordnung über den Betrieb von Kraftfahrunternehmen im Personenverkehr.

XIII. Manipulationsmöglichkeiten bei Kassen

Aber was ist **INSIKA®**?

INSIKA® steht für

> INtegrierte
>
> SIcherheitslösung für messwertverarbeitende
>
> KAssensysteme.[277]

Es handelt sich dabei um ein System zum Schutz der digitalen Aufzeichnung von Bargeschäften gegen Manipulationen mittels Kryptografie, das derzeit auf freiwilliger Basis in Registrierkassen und Taxametern[278] Verwendung findet.

> **PRAXISHINWEIS:**
>
> Seit dem 28. 5. 2014 können bundesweit Taxiunternehmer INSIKA-Smartcards bei der D-Trust beantragen.
>
> Link: www.d-trust.de/insika
>
> Die Einschränkung auf die beiden Bundesländer Hamburg und Berlin besteht seit diesem Datum nicht mehr!

Das Konzept stellt die lückenlose, revisionssichere Aufzeichnung von Einzelbuchungen bei Bargeschäften dar. Vorausgesetzt es wird eine entsprechende Registrierkasse genutzt und sämtliche Geschäftsvorfälle werden auch über diese erfasst.

Um das Konzept zu nutzen, muss eine spezielle Smartcard nach genau festgelegten Regeln angesteuert werden. Alle mithilfe der Smartcard erzeugten Daten werden zusammen mit den Daten der Buchung in ein Standardformat gewandelt.

Der Manipulationsschutz besteht aus einer digitalen Signatur, die von der durch eine autorisierte zentrale Stelle ausgegebenen Smartcard erzeugt wird. Mithilfe dieser ist es jederzeit möglich, die korrekte Erfassung der Daten zu überprüfen. Einmal signierte Daten können nicht mehr unerkannt verändert werden.

Nach Angaben der Entwickler handelt es sich um eine sicherere und auch deutlich kostengünstigere Alternative zu konventionellen Fiskalspeicher-Systemen. Das Konzept wurde in einem durch das Bundesministerium für Wirtschaft und Energie (BMWi) geförderten Projekt unter Leitung der Physikalisch-Technischen Bundesanstalt (PTB), deren Leiter Dr. Zisky war, entwickelt. Das gesamte Konzept und die Spezifikation aller Schnittstellen sind transparent und können im Internet[279] jederzeit eingesehen werden.

Die Vorteile der Offenlegung liegen auf der Hand:

▶ Patentansprüche Dritter können nicht geltend gemacht werden.

▶ Lizenzzahlungen fallen für Nutzer nicht an.

▶ Keine Abhängigkeit von bestimmten Lieferanten.

---

277 Der Begriff ist als Marke beim Deutschen Paten- und Markenamt eingetragen.

278 Die Gewerbeaufsicht der Stadt Hamburg hat erstmalig großflächig das INSIKA-Verfahren für Taxameter eingeführt. Näheres dazu unter http://go.nwb.de/cozdj.

279 http://www.insika.de.

Detaillierte Verfahrensbeschreibungen und der jeweilige aktuelle Entwicklungsstand werden auf der Internetseite von INSIKA „http://www.insika.de" veröffentlicht. Aktuell (Stand Anfang 2015) stehen dort der Bericht[280] „Revisionssicheres System zur Aufzeichnung von Kassenvorgängen und Messinformationen, INSIKA – Konzept, Umsetzung und Erprobung" von Dr. Norbert Zisky, Jörg Wolff (Hrsg.) und zwei Flyer mit den Titeln:

- ▶ „INSIKA: Kryptografischer Manipulationsschutz für Registrierkassen und Taxameter" (Stand April 2013) und

- ▶ „Whitepaper: Fiskalsysteme – Anforderungen und Lösungen" (Stand 2014)

zum Download zur Verfügung. Des Weiteren werden die häufigsten Fragen zu INSIKA im „Fragen- und Antwortenkatalog" (FAQ) beantwortet.

10. Der strafrechtliche Aspekt

Wer den Finanzbehörden oder anderen Behörden über steuerlich erhebliche Tatsachen unrichtige oder unvollständige Angaben macht und dadurch Steuern verkürzt oder für sich oder einen anderen nicht gerechtfertigte Steuervorteile erlangt, wird mit einer Freiheitsstrafe von bis zu fünf Jahren oder einer Geldstrafe wegen Steuerhinterziehung bestraft, § 370 Abs. 1 Nr. 1 AO.

Dass diese Vorschrift bei der Manipulation von EDV-Registrierkassen und PC-(Kassen-)Systemen zur Anwendung kommt, versteht sich von selbst.

Darüber hinaus muss jedoch noch auf zwei weitere Vorschriften des Strafgesetzbuchs (StGB) hingewiesen werden, die in diesem Zusammenhang von Bedeutung sind. Es handelt sich hierbei um die Vorschriften der §§ 268 und 274 StGB (Beweismittelunterdrückung). *Becker*[281] führt in seinem Artikel in der steuerlichen BP dabei an, dass im Rahmen von Betriebs- und Steuerfahndungsprüfungen diese Strafvorschriften kaum Beachtung finden. Durch die laufenden Schulungen werden in aktuellen Prüfungen auch diese Verstöße mit geprüft.

Im Gegensatz zum Straftatbestand der Steuerhinterziehung, wo die Möglichkeit einer Selbstanzeige (§ 371 AO) besteht, gibt es bei der Beweismittelunterdrückung eine solche Möglichkeit nicht.

---

280 http://public.ptb.de/oa/doi/210_20130206a.pdf.
281 *Becker*, Beweismittelunterdrückung gem. § 274 Abs. 1 StGB – Ein kaum beachteter Straftatbestand in der Außen- und Fahndungsprüfung, StBP 2008 S. 29 ff. (Teil I), S. 61 ff. (Teil II), S. 104 ff. (Teil III).

XIV. Folgen einer nicht ordnungsgemäßen Kassenführung

Gemäß § 162 Abs. 1 Satz 1 AO hat die Finanzbehörde die Besteuerungsgrundlagen zu schätzen, wenn sie diese nicht ermitteln kann. Zu schätzen ist insbesondere dann, wenn die vom Stpfl. geführten (Kassen-)Bücher und Aufzeichnungen der Besteuerung nicht nach § 158 AO zugrunde gelegt werden können. Gemäß § 158 AO sind die Buchführung und die Aufzeichnungen des Stpfl., die den Vorschriften der §§ 140 bis 148 AO entsprechen, der Besteuerung zugrunde zu legen, soweit nach den Umständen des Einzelfalls kein Anlass besteht ihre sachliche Unrichtigkeit zu beanstanden (§ 162 Abs. 2 Satz 2 AO).

Insbesondere in den Fällen, wo die vom Stpfl. gemachten Angaben zu steuerpflichtigen Einnahmen unrichtig oder unvollständig sind, hat eine Schätzung zu erfolgen (s. auch AEAO zu § 162 – Schätzung der Besteuerungsgrundlagen).

Entspricht die Kassenführung und daraus folgend auch die Buchführung nicht den Vorgaben der §§ 140 bis 148 AO darf nicht in jedem Fall eine Zuschätzung erfolgen.

Die formelle Ordnungswidrigkeit ist für sich allein kein Grund für eine Korrektur, auch das Ergebnis einer formell nicht ordnungsgemäßen Buchführung kann sachlich richtig sein.[282]

Nach gängiger Rechtsprechung des BFH berechtigen **formelle** Buchführungsmängel deshalb nur dann zu einer Schätzung, soweit sie Anlass geben, die sachliche Richtigkeit des Buchführungsergebnisses anzuzweifeln.[283]

Inwieweit nur unwesentliche Buchführungsmängel vorliegen, unterliegt den Regeln der freien Beweiswürdigung. Eine Schätzung scheidet dann aus, wenn die durch die Buchführung verursachten Unklarheiten und Zweifel durch anderweitige zumutbare Ermittlungen beseitigt werden können.[284] Im Rahmen einer solchen Ermittlung der tatsächlichen Verhältnisse richten sich die Anforderungen an die nötigen Beweise und die Beweislast nach den allgemeinen Grundsätzen.[285]

Ergibt die Würdigung eines Sachverhalts im Rahmen einer Betriebsprüfung, dass eine formell ordnungsgemäße Kassenführung mit an Sicherheit grenzender Wahrscheinlichkeit ganz oder teilweise sachlich unrichtig ist, so kann das Ergebnis der darauf aufbauenden Buchführung ganz oder teilweise verworfen werden. Die objektive Beweislast für die hierfür maßgeblichen steuererhöhenden Tatsachen trägt die Finanzverwaltung.[286]

1. Schätzungsbefugnis

Lassen die formellen und materiellen/sachlichen Mängel der Kassenführung und somit der Buchführung angesichts ihrer Quantität und Qualität den Schluss zu, dass die der Besteuerung

---

[282] *Frotscher*, in: Schwarz, Kommentar zur Abgabenordnung, zu § 158 AO Rz. 23.
[283] *BFH*-Urteil vom 14.12.2011 – XI R 5/10, BFH/NV 2012 S. 1921, m.w.N.
[284] *FG Münster*, Beschluss vom 22.12.2014 – 9 V 1742/14 G.
[285] *BFH*-Urteil vom 14.11.2011 – XI R 5/10, BFH/NV 2012 S. 1921.
[286] *BFH*-Urteil vom 24.6.1997 – VIII R 9/96, BStBl II 1998 S. 51.

bisher zugrunde gelegten Ergebnisse unrichtig sind, besteht grundsätzlich die Berechtigung der Schätzung der Besteuerungsgrundlagen durch die Finanzverwaltung.

Nach gängiger Rechtsprechung des BFH[287] müssen die Ergebnisse der Schätzungen der Höhe nach wirtschaftlich möglich und vernünftig sein. Dabei sind von der Finanzverwaltung diejenigen Tatsachen zu ermitteln, die die größtmögliche erreichbare Wahrscheinlichkeit für sich haben. Sie müssen der Wirklichkeit am nächsten kommen und dürfen nicht den Denkgesetzen und den allgemeinen Erfahrungssätzen widersprechen.

Die von der Finanzverwaltung dabei verwandten Schätzungsmethoden sind vielfältig. Hier eine kleine Auswahl:

- Äußerer und innerer Betriebsvergleich (Kalkulation),
- Quantilschätzung im Rahmen der „Summarischen Risikoprüfung",
- Geldverkehrs- und Vermögenszuwachsrechnung.

Liegen eine Vielzahl von formellen Kassenmängeln vor, kann die Schätzung der Besteuerungsgrundlagen auch durch einen Zuschlag zu den Betriebseinnahmen erfolgen, um dadurch den Unsicherheiten Rechnung zu tragen, die durch die punktuelle Feststellung von sachlichen Fehlern in der Kassenbuchführung des Stpfl. eingetreten sind, sog. Sicherheitszuschätzung.[288] Daraus ergibt sich, dass bei vorliegenden formellen Mängeln die Werthaltigkeit der Mängel eine wesentliche Rolle spielt.

Schwere Mängel in der Buchführung führen zu hohen Sicherheitszuschätzungen, leichte Mängel zu niedrigen. In einem Fall hat das FG Düsseldorf entschieden, dass bei Vorliegen schwerer Mängel (im Urteilsfall fehlte ein Kassenbuch und der geführte Kassenbericht war nicht ordnungsgemäß) – ohne Kalkulation – eine Hinzuschätzung bis zu 10 % des erklärten Umsatzes als „keinesfalls überhöht" angesehen wurde[289] (ebenso FG Nürnberg[290]).

Aber auch Sicherheitszuschätzungen über 10 % sind möglich.[291]

Auch eine Schätzung nach den amtlichen Richtsätzen kommt in Betracht.[292]

Die auf Basis von finanzamtlichen Prüfungen erstellten Richtsätze sind zwar keine Rechtsnormen, jedoch werden sie als anerkanntes Hilfsmittel der Verprobung und Schätzung der Umsätze und Gewinne angesehen.

Ermittelt werden diese Richtsätze[293] durch finanzamtliche Prüfungen bei solchen Betrieben, die nach Art und Größe den Betrieben entsprechen, auf die sie angewendet werden sollen.[294]

---

287 *BFH*-Urteile vom 2.2.1982, BStBl II 1982 S. 409; vom 18.12.1984 – VIII R 195/82, BStBl II 1986 S. 226; vom 19.1.1993 – VII R 128/84, BStBl II 1993 S. 594.
288 *FG München* vom 24.2.2011 – 14 K 1715/08.
289 *FG Düsseldorf* vom 26.3.2012 – 6 K 2749/11, K, G, U, F.
290 *FG Nürnberg* vom 28.3.2013 – 4 K 26/11.
291 *BFH* vom 28.4.2014 – X B 12/14, BFH/NV 2014 S. 1383-1385.
292 *BFH* Beschluss vom 28.3.2001 – VII B 213/00, BFH/NV 2001 S. 1217.
293 *NWB-Datenbank*; Arbeitshilfen Richtsatz-Rechner von *Gembella* und Richtsatzsammlung ab 1996.
294 *BFH*-Urteil vom 7.12.1977 – I R 16 bis 17/75, BStBl II 1978 S. 278.

Liegen erhebliche Kassen- und somit Buchführungsmängel vor, kann eine Schätzung auch in Form einer Vollschätzung nach Maßgabe der amtlichen Richtsätze zur **Höhe des Reingewinns**[295] erfolgen.[296]

Hinzuschätzungen, die die höchsten Reingewinnsätze lt. Richtsatzsammlung überschreiten sind nur dann zulässig, wenn plausible Gründe dafür bestehen.[297]

Im Folgenden wird anhand einiger bedeutsamer Urteile die Schätzungsbefugnis des Finanzamts dargelegt:

1.1 Schätzungsbefugnis bei Kassenfehlbeträgen

Bei Kassenfehlbeträgen, die durch die unrichtige Aufzeichnung von betrieblichen Geldbewegungen entstanden sind, kann eine Schätzung dem Grunde nach §§ 158, 162 Abs. 2 AO wegen nicht ordnungsgemäßer Buchführung erfolgen.

Dabei ist die Schätzung in der Weise, dass der höchste Kassenfehlbetrag nebst einem Unsicherheitszuschlag in Höhe eines angemessenen positiven Kassenbestands angesetzt wird, zulässig.[298]

1.2 Schätzungsbefugnis bei fehlender Kassenbelegführung

Im Rahmen einer Betriebsprüfung darf die Finanzverwaltung eine Sicherheitszuschätzung bis 10 % der erklärten Erlöse vornehmen, wenn die Kassenbelegführung und die Kassenaufzeichnungen nicht ordnungsgemäß sind.[299] Bei einer Pflichtverletzung des Stpfl., insbesondere bei einer nicht ordnungsgemäßen Buchführung ist ein Sicherheitszuschlag zulässig. Der Sicherheitszuschlag lässt sich dabei als eine griffweise Schätzung, die in einem vernünftigen Verhältnis zu den erklärten oder nicht verbuchten Umsätzen steht, charakterisieren.[300]

Angesichts der Schwere der Verletzung der Aufzeichnungspflichten sah das Finanzgericht eine Zuschätzung i. H. v. 10 % der erklärten Erlöse in den Streitjahren als „moderat und vernünftig" an.

1.3 Schätzungsbefugnis wegen fehlendem Z-Zähler auf dem Tagesendsummenbon

Im vorliegenden Urteilsfall[301] stützte das Finanzamt die Hinzuschätzung im Wesentlichen auf den Gesichtspunkt, dass die Buchführung nicht ordnungsgemäß ist, weil der Stpfl. nur die Tagesendsummenbons ohne Aufdruck des Nullstellenzählers („Z-Zählers"), nicht aber die Registrierkassenstreifen aufbewahrt habe. Gem. § 147 Abs. 1 Nr. 4 AO müssen buchführungspflichtige Stpfl. die Buchungsbelege aufbewahren. Dazu gehören grundsätzlich auch die Registrierkas-

---

295 *FG Nürnberg* vom 24. 5. 2011 – 2 K 449/2008.
296 *BFH*-Urteil vom 17. 5. 1990 – IV R 36/89, BFH/NV 1991 S. 646.
297 *BFH*-Urteil vom 17. 6. 2004 – IV R 45/03, BFH/NV 2004 S. 1618 und Urteil vom 15. 1. 1989 – I R 289/83, BStBl II 1989 S. 620.
298 *BFH*-Urteil vom 20. 9. 1989 – X R 39/87, BStBl II 1990 S. 109; *FG Sachsen-Anhalt* vom 22. 5. 2014 – 1 K 515/11.
299 *FG Nürnberg*, Urteil vom 28. 3. 2013 – 4 K 26/11.
300 *BFH*-Urteil vom 26. 10. 1994 – X R 114/92, BFH/NV 1995 S. 373.
301 *FG Düsseldorf*, Urteil vom 20. 7. 2004 – 18 V 2853/04 A (E, U).

senstreifen, wenn ein Stpfl. eine EDV-Registrierkasse verwendet. Auf die Aufbewahrung der Registrierkassenstreifen kann nur dann verzichtet werden, wenn die Tagesendsummenbons den Nullsummenzähler („Z-Zähler") ausweisen, damit kontrolliert werden kann, ob die Aufzeichnungen vollständig sind (s. dazu auch Kapitel V.3.1).

Nicht jeder formelle Mangel der Aufzeichnungen führt jedoch dazu, dass die Buchführung insgesamt als formell ordnungswidrig im Sinne des § 162 Abs. 2 Satz 2 AO zu bewerten ist. Jedoch stellt das Fehlen von Kassenstreifen bzw. Tagesendsummenbons mit Aufdruck des Z-Zählers dann einen wesentlichen Mangel der Aufzeichnungen dar, wenn die Bargeschäfte einen erheblichen Teil der Geschäftsvorfälle ausmachen und sich die Vollständigkeit der Aufzeichnungen nicht anderweitig überprüfen oder belegen lässt.

1.4 Schätzungsbefugnis bei Erwerb einer Manipulationssoftware

Im Rahmen einer Betriebsprüfung hat die Finanzverwaltung das Recht zu schätzen, wenn der Stpfl. (im Urteilsfall ein Gastronom) eine Kassensoftware erwirbt, die nachträgliche Manipulationen der gebuchten Daten erlaubt. Es ist davon auszugehen, dass die Software entsprechend ihrem Zweck eingesetzt wird. Hinzu kommende weitere Mängel an der Kassenführung geben Anlass die Ordnungsmäßigkeit der Kassenführung anzuzweifeln.[302]

1.5 Schätzungsbefugnis bei Einnahmenüberschussrechnung

Auch bei der Gewinnermittlung durch Einnahmenüberschussrechnung wird vom Stpfl. die korrekte und leicht nachprüfbare Aufzeichnung der Geschäftsvorfälle verlangt. Die Verletzung dieser Nachweispflicht führt zur Schätzungsbefugnis.[303]

Die Kassenführung eines den Gewinn nach § 4 Abs. 3 EStG ermittelnden Betriebs ist mangelhaft und berechtigt zur Schätzung, wenn nicht alle Z-Bons aufbewahrt werden, die Kassenaufzeichnungen nicht unmittelbar nach Auszählung der Tageskassen erfolgen und auch die weiteren Verprobungsmethoden, graphischer Zeitreihenvergleich, Geldverkehrsrechnung und die Nachkalkulation bestätigen, dass es mit an Sicherheit grenzender Wahrscheinlichkeit zu Doppelverkürzung (= „Schwarzeinkauf; Schwarzverkauf") gekommen ist.[304]

Dokumentiert ein Stpfl. seine Betriebseinnahmen bei der Einnahmenüberschussrechnung in Kassenberichten, die wiederholt korrigiert und in sich widersprüchlich sind, ist das Finanzamt befugt zu schätzen.[305]

Sehr detailliert hat sich auch das FG Saarland zu den Aufzeichnungs- und Aufbewahrungspflichten bei der Einnahmenüberschussrechnung geäußert.[306] Das FG weist darauf hin, auch die Aufzeichnungen bei der Gewinnermittlung nach § 4 Abs. 3 EStG müssen so klar und vollständig sein, dass sie einem sachverständigen Dritten in vertretbarer Zeit den Umfang der Einkünfte plausibel machen. Nur bei Vorlage geordneter und vollständiger Belege verdient eine Aufzeichnung nach § 4 Abs. 3 EStG Vertrauen und kann für sich die Vermutung der Richtigkeit in An-

---

302 *FG Düsseldorf*, Urteil vom 20.3.2008 – 16 K 4689/06 E, U, F, EFG 2008 S. 1256-1258.
303 *FG Nürnberg*, Urteil vom 08.5.2012 – 2 K 1122/2009, PStR 2012 S. 291.
304 *FG Sachsen-Anhalt*, Urteil vom 16.12.2013 – K 1147/12.
305 *BFH* Beschluss vom 13.3.2013 – X B 16/12, BFH/NV 2013 S. 902-903.
306 *FG Saarland*, Urteil vom 21.6.2012 – 1 K 1124/10, EFG 2012 S. 1816-1819.

spruch nehmen. Insbesondere bei bargeldintensiven Betrieben ist zur Vermeidung der Einnahmeneinzelaufzeichnung kaum zu umgehen, ein detailliertes Kassenkonto oder ein Kassenbuch (auch in Form aneinandergereihter Kassenberichte) zu führen. Betriebseinnahmen und Betriebsausgaben müssen durch Belege nachgewiesen werden.

XV. Checklisten ordnungsgemäßer Kassenführung

1. Checkliste Kassenführung

Persönliche Informationen über den Mandanten/die Mandantin:	
Name, Vorname, Firma	
Firmenbezeichnung	
Straße, Hausnummer	
PLZ, Ort	
Mandantennummer	
Rechtsform	

1.	**Gewinnermittlungsart**	
1.1	Bilanzierung nach § 5, § 4 Abs. 1 EStG	☐
1.2	Einnahmenüberschussrechnung, § 4 Abs. 3 EStG	☐
2.	**Art der Kassenführung**	
2.1	Offene Ladenkasse	☐
2.2	Registrierkasse/n, Waage/n mit Registrierfunktion eventuell auch mit Mobilgeräten	☐
2.3	Proprietäre Kassensysteme	☐
2.4	PC-Kassensystem/e, PC-Registrierkasse/n eventuell auch mit Mobilgeräten	☐
3.	**Offene Ladenkasse**	
3.1	Liegt ein Kassenbericht vor?	☐ ja ☐ nein
3.2	Wenn 3.1 = ☒ja, ist der Kassenbericht nach der „retrograden" Berechnungsmethode[307] aufgebaut?	☐ ja ☐ nein
3.3	Die Mandantin/der Mandant wurde darauf hingewiesen, dass sie/er den Kassenbericht eigenständig erstellen muss.	☐ ja ☐ nein
3.4	Wird der Kassenbericht zeitnah (= **täglich**) erstellt?	☐ ja ☐ nein
3.5	Wurden tatsächlich tägliche Kassenbestandsaufnahmen durchgeführt?	☐ ja ☐ nein
3.6	Wird die tägliche **Kassensturzfähigkeit** gewährleistet?	☐ ja ☐ nein
3.7	Liegt darüber (zu 3.5) ein Zählprotokoll vor? (**optional, nach dem Gesetz nicht verpflichtend**)	☐ ja ☐ nein

---

307 **Retrograde Berechnungsmethode:** die täglichen Tageseinnahmen werden durch Rückrechnung aus dem ausgezählten Tagesendbestand berechnet, vgl. Kapitel VIII.2.1.

XV. Checklisten ordnungsgemäßer Kassenführung

> **PRAXISHINWEIS:**
> Die Erstellung eines Zählprotokolls wird empfohlen, da dann die Betriebsprüfung nicht mehr unterstellen kann, dass man eine nur rechnerische Kasse geführt hat!

3.8	Sind die Eintragungen im Kassenbericht richtig und vollständig?	☐ ja	☐ nein
3.9	Liegen Belege über Barausgaben vor?	☐ ja	☐ nein
3.10	Laufende, tägliche Eintragung der Entnahmen im Kassenbericht (s. 3.1) und nicht nur am Monatsende?	☐ ja	☐ nein
3.11	Liegen **Eigenbelege über Privatentnahmen** aus der Kasse vor?	☐ ja	☐ nein
3.12	Laufende, tägliche Eintragung der Einlagen?	☐ ja	☐ nein
3.13	Ergeben sich ohne Einlagen im Kassenbericht eventuell Kassenfehlbeträge?	☐ ja	☐ nein

> **PRAXISHINWEIS:**
> Denken Sie daran, dass untertägig Kassenfehlbeträge entstehen können, wenn vor Betriebseröffnung Barbeträge bei der Bank eingezahlt werden, die höher sind als der Kassenbestand am Vortag!

3.14	Liegen **Eigenbelege über Privateinlagen** in die Kasse vor?	☐ ja	☐ nein
3.15	Weisen die Kassenberichte sonstige **Auffälligkeiten** auf z. B.:		
	▶ Hohe Kassenbestände zur Vermeidung von Kassenfehlbeträgen?	☐ ja	☐ nein
	▶ Nur glatte €-Beträge, die indizieren, dass der Kassenbestand nicht durch Auszählung ermittelt wurde?	☐ ja	☐ nein
	▶ Weisen die Kassenberichte ein einheitliches Schriftbild aus, weil sie nicht täglich geführt, sondern nachträglich erstellt wurden?	☐ ja	☐ nein
	▶ Wurde die rechnerische Richtigkeit der Eintragungen überprüft?	☐ ja	☐ nein
	▶ Sonstiges:		

_____

_____

_____

_____

_____

_____

_____

4. Registrierkasse/n und Proprietäre Kassensysteme

4.1 Allgemeine Angaben zum Kassensystem:

4.1.1 **Kassenaufsteller**

Name: _____

Anschrift: _____

Ansprechpartner: _____

Telefonnummer: _____

Mobilnummer: _____

Email: _____

4.1.2 Welche **Art von Registrierkasse** wird im Betrieb eingesetzt? (ggf. fragen Sie den Kassenhersteller bzw. Kassenaufsteller)

► **EDV–Registrierkasse (Kassentyp 1):** R

Registrierkasse **mit** Bondruck (für den Kunden) und Journaldruck (zwei Druckwerke für Papierrollen), **keine** Schnittstelle, um Daten (= Einzelaufzeichnungen) zu exportieren. ☐

► **EDV–Registrierkasse (Kassentyp 2):**

Registrierkasse **mit** Bondruck (für den Kunden und nur einem Laufwerk für eine Papierrolle), mit begrenztem Speicher für das elektronische Journal, **keine** Schnittstelle, um Daten (= Einzelaufzeichnungen) zu exportieren. ☐

PRAXISHINWEIS:
Werden die Kassen des Kassentyps 2 aufgerüstet, sodass diese die Daten langfristig speichern und exportieren können, sind sie den Kassentypen 3 bzw. 4 zuzuordnen!

► **EDV-Registrierkasse (Kassentyp 3):**

Registrierkasse **mit** Bondruck (für den Kunden und nur einem Laufwerk für eine Papierrolle), mit elektronischem Journal und integrierter Speicherkarte (oder anderem Speichermedium), aber **mit einer** Schnittstelle, um Daten (= Einzelaufzeichnungen) zu exportieren. ☐

► **EDV-Registrierkasse (Kassentyp 4):**

Proprietäre Registrierkasse (POS[308]-Kasse) mit eigenem herstellerspezifischem Betriebssystem und täglicher, digitaler Aufzeichnung aller Geschäftsvorfälle (= Einzelaufzeichnungen), die exportiert werden können. ☐

4.1.3 **Details zu den im Betrieb eingesetzten Registrierkassen**

► Wurden die Einsatzorte und -zeiträume für **jede einzelne Kasse** (auch mobile Kassen/Orderman etc.) protokolliert (s. u.)? ☐ ja   ☐ nein

► Wurden die Einsatzprotokolle aufbewahrt? ☐ ja   ☐ nein

► **Muster**aufbau eines Protokolls:

---

[308] POS = Point of Sale = Punkt des Einkaufs (für den Kunden)/Punkt des Verkaufs (für den Verkäufer).

XV. Checklisten ordnungsgemäßer Kassenführung

Fabrikat oder Typbezeichnung	Seriennummer	Einsatzzeitraum von	Einsatzzeitraum bis	Anzahl	Einsatzort/e

4.1.4 Bei den **Kassentypen 2 bis 4** (s. 4.1.2) ist zu prüfen:

▶ Werden alle steuerlich relevanten Daten[309] einzeln aufgezeichnet? ☐ ja ☐ nein

▶ Wenn zuvor = ☒ nein, kann eine Speichererweiterung durchgeführt werden?[310] ☐ ja ☐ nein

▶ Wenn zuvor = ☒ja, wurde diese Speichererweiterung bereits durchgeführt? ☐ ja ☐ nein

▶ Kann **keine Speichererweiterung** durchgeführt werden, liegt ein entsprechender Nachweis des Kassenherstellers/Kassenaufstellers vor? ☐ ja ☐ nein

5. Wenn Sie in Ihrem Betrieb eine Registrierkasse der **Kassentypen 1 und/oder 2** (s. 4.1.2) einsetzen, müssen zwingend die folgenden Organisationsunterlagen aufbewahrt werden (ggf. müssen diese vom Kassenhersteller oder -aufsteller angefordert werden).

5.1 Bedienungsanleitung[311] ☐ iegt vor

5.2 Programmieranleitung ☐ liegt vor

5.3 Sonstige Organisationsunterlagen ☐ liegen vor

5.4 Grundprogrammierung und *Customizing*, u. a. der Stammdaten (ggf. vom Kassenaufsteller ausdrucken oder auf einem externen Datenträger speichern lassen) ☐ liegt vor

5.5 Protokolle nach jeder Änderung der Programmierung durch den Kassenaufsteller bzw. den Unternehmer selbst (z. B. Änderung der Artikelpreise (bei PLU-Systemen[312]), der Bediener, der Warengruppen etc.) ☐ liegen vor

---

309 Steuerlich relevante Daten, u. a. Grund-, Stammdaten-, Bediener-, Artikel-, Warengruppenprogrammierung etc.
310 Nähere Informationen zur Speichererweiterung erhalten Sie auf den Internetseiten der Kassenhersteller.
311 Bedienungsanleitungen sind auch über das Internet beziehbar.
312 *PLU* = *Price-Look-Up* = Preis-Nachschlags-Code = Identifikationsnummer für Produkte.

1. Checkliste Kassenführung

5.6 Protokolle über die Einrichtung von Verkäufer-, Kellner-, Bediener- und/oder Trainingsspeichern ☐ liegen vor

5.7 Alle weiteren Anweisungen zur Kassenprogrammierung (z. B. Anweisungen zum maschinellen Ausdrucken von Pro-forma-Rechnungen oder zum Unterdrücken von Daten- und Speicherinhalten) ☐ liegen vor

5.8 Verfahrensdokumentation (aktuell und historisch) ☐ liegt vor

5.9 Sofern die Registrierkasse noch über ein Papierjournal verfügt: Wurden die Journalrollen aufbewahrt? ☐ aufbewahrt

5.10 Wurden Durchschriften der Rechnungen, die mit Hilfe der Registrierkasse erstellt wurden, aufbewahrt? ☐ aufbewahrt

PRAXISHINWEIS:
Rechnungen auf Thermopapier, das mit den Jahren verblasst, bitte auf Papier kopieren. Original und Kopie zur Buchführung nehmen und aufbewahren![313]

5.11 Sonstige aufbewahrte Unterlagen:

_____

_____

_____

_____

_____

6. Wenn die Journalrollen nicht aufbewahrt wurden (s. 5.9), müssen die Tageseinnahmen durch Ausdruck und Aufbewahrung eines **Tagesendsummenbons** nachgewiesen werden.

PRAXISHINWEIS:
Werden die Tagesendsummenbons auf Thermopapier ausgedruckt, sollte sichergestellt werden, dass diese auch noch am Ende der gesetzlichen Aufbewahrungsfristen lesbar sind (im Notfall kopieren!).

6.1 Welche Berichte (Z-Bons = Tagesendsummenbons) werden beim **Tagesabschluss** in Schlüsselstellung „Z1" bzw. „Z1-Modus" ausgedruckt?

☐ **Einzelbericht**,

z. B. Finanzbericht, Finanzartenbericht, Transaktionsbericht? (weiter mit 6.1.1 ff.)

☐ **Kombibericht**,

z. B. bestehend aus Bediener-, Finanz- und Warengruppenbericht? (weiter mit 6.2.1 ff.)

---

[313] Siehe Abschnitt 14.1 Abs. 5 Satz 2 UStAE.

XV. Checklisten ordnungsgemäßer Kassenführung

Mussbestandteile, die auf dem **Einzelbericht** (s. 5.1) enthalten sein müssen:

6.1.1	Z_1-Bon enthält Name und Anschrift des Betriebs	☐ ja	☐ nein
6.1.2	Z_1-Bon enthält fortlaufende Z-Nummer (= Z-Zähler) zur Überprüfung der Vollständigkeit	☐ ja	☐ nein
6.1.3	Z_1-Bon enthält Datum **und** Uhrzeit der Erstellung/des Abrufs	☐ ja	☐ nein
6.1.4	Z_1-Bon enthält **sämtliche** in der Registrierkasse programmierbaren **Stornobuchungen**[314] (sog. Managerstorni und Nachstorni etc.)	☐ ja	☐ nein
6.1.5	Z_1-Bon enthält Retouren bzw. Warenrücknahmen	☐ ja	☐ nein
6.1.6	Z_1-Bon enthält Tagesumsatz	☐ ja	☐ nein
6.1.7	Z_1-Bon enthält die jeweiligen Zahlungswege (bar, Scheck, EC-, Kreditkarte)	☐ ja	☐ nein
6.1.8	Z_1-Bon enthält Umsätze des Trainingskellners	☐ ja	☐ nein
6.1.9	Z_1-Bon enthält die **Entnahmen**	☐ ja	☐ nein

Weitere wichtige Angaben auf dem Einzelbericht, die im Rahmen von Betriebsprüfungen dann nachgefragt werden, wenn sie auf dem *Musterbericht in der Bedienungsanleitung* ausgegeben werden, aber auf dem vom Unternehmer vorgelegten Bericht unterdrückt werden.

Es handelt sich hierbei **nicht** um „Mussbestandteile".

6.1.10	Z_1-Bon enthält Kunden- und/oder Postenzähler	☐ ja	☐ nein
6.1.11	Z_1-Bon enthält „Grand Total-Speicher" (GT-Speicher)	☐ ja	☐ nein
6.1.12	Z_1-Bon enthält Bonnummernzähler	☐ja	☐ nein

Werden im Rahmen des Tagesabschlusses weitere Ausdrucke/Berichte aus der Registrierkasse, z. B. Kombiberichte oder andere betriebswirtschaftliche Berichte, ausgedruckt, müssen auch diese aufbewahrt werden (s. 5.2)!

6.2 Welche Berichte wurden als Kombiberichte täglich abgerufen und aufbewahrt:

Berichte	Täglich	aufbewahrt
▶ Bediener-/Kellner-/Verkäuferberichte mit Ausweis des „Trainingsbedieners"?	☐	☐
▶ Haupt- und/oder Warengruppenbericht	☐	☐
▶ Artikelbericht	☐	☐
▶ Stundenumsatzbericht	☐	☐
▶ Rechnungsbericht	☐	☐
▶ Ausdrucke aus dem Trainingsspeicher	☐	☐

---

314 Beachte: Die Stornobelege sind aufzubewahren!

▶ Sonstige Berichte: ☐ ☐

_____
_____
_____
_____
_____
_____

7. Werden im Betrieb neben dem Tagesbericht/den Tagesberichten zusätzlich auch noch **Monatsberichte in Schlüsselstellung „Z2" bzw. „Z2"-Modus** abgerufen, müssen auch diese aufbewahrt werden.
Welche Berichte wurden als Monatsberichte abgerufen und aufbewahrt?

Berichte	monatlich	aufbewahrt
▶ Finanz-, Finanzarten, Transaktionsbericht	☐	☐
▶ Bediener-/Kellner-/Verkäuferberichte mit Ausweis des „Trainingsbedieners"?	☐	☐
▶ Haupt- und/oder Warengruppenbericht	☐	☐
▶ Artikelbericht	☐	☐
▶ Stundenumsatzbericht	☐	☐
▶ Rechnungsbericht	☐	☐
▶ Ausdrucke aus dem Trainingsspeicher	☐	☐
▶ Sonstige Berichte:	☐	☐

PRAXISHINWEIS:
Für den Z_2-Modus gibt es einen eigenen Z-Zähler, mit dem die Vollständigkeit der Z_2-Berichte vom Betriebsprüfer überprüft werden kann.

8. **EDV-Registrierkassen (Kassentyp 3), Proprietäre Kassen (Kassentyp 4), PC-Kassen, PC-Kassensysteme**

Werden im Betrieb entsprechende Kassensysteme eingesetzt, gilt **Einzelaufzeichnungspflicht auf Bonebene**. Nach den GoBD sind folgende Unterlagen (**nicht** in Papierform, sondern im System bzw. in den entsprechenden Systemsicherungen) aufzubewahren:

8.1 **Verfahrensdokumentation** (**aktuell** und **historisch**) mit mindestens folgenden Angaben:

8.1.1	Programmhandbuch	☐ liegt vor
8.1.2	Informationen über Aufbau und Struktur der Datenbank (z. B. in welchen Tabellen werden die Daten abgelegt, welche (internen) Prozeduren werden ausgeführt, welche Eingabe-/Auswertungsmöglichkeiten gibt es etc.?)	☐ liegen vor
8.1.3	Grundprogrammierung/Systemeinstellungen	☐ liegt/liegen vor
8.1.4	Änderungen an der Grundprogrammierung	☐ liegen vor
8.1.5	Stammdateninformationen (z. B. über Artikel-, Waren-, Hauptgruppen; Bedienerübersichten; Berechtigungen; Steuersätze; Modifier; Berichtswesen; Journale; Datenerfassungsprotokolle etc.)	☐ liegen vor
8.1.6	Weitere Dokumente/Dokumentationen, soweit sie für das Verständnis der Systemabläufe von Bedeutung sind:	

_____

_____

_____

_____

_____

_____

8.2	Werden die **Beleg-, Journal- und Kontenfunktionen** der GoBS/GoBD erfüllt?	
8.2.1	Sachlicher und zeitlicher Nachweis sämtlicher über das System erfasster Geschäftsvorfälle.	☐ liegt vor
8.2.2	Jeder einzelne Geschäftsvorfall ist im System **lückenlos** nachvollziehbar, u. a.	☐ ist gegeben

▶ Zeitpunkt und Uhrzeit der Bonierung sind erkennbar,

▶ Geschäftsvorfall wird hinreichend erläutert,

▶ bonierter Betrag, Mengen und Wertangaben sind erkennbar,

	▶ im System sind alle Storni (Sofortstorni, Managerstorni etc.) erkennbar.	
8.2.3	Eine Bedienerzugangsberechtigung sichert einen ordnungsgemäßen Umgang mit dem System.	☐ ist gegeben
8.2.4	Nachweis (Journal oder Datenerfassungsprotokoll mit einer vom System vergebenen **einmaligen Sequenznummer**) über die vollständige, zeitgerechte und formal richtige Erfassung und Wiedergabe der Geschäftsvorfälle.	☐ liegt vor
8.2.5	Korrektur falscher Registrierungen und Bonierungen durch im System erkennbare Stornierungen, Umbuchungen etc.	☐ liegt vor
8.2.6	Manipulationen und nachträgliche Veränderungen sind systembedingt nicht möglich. Beinhaltet das System programmmäßige Sicherungen und Sperren? (Wie werden die Daten, Stamm- und Bewegungsdaten, vor Manipulationen geschützt?)	☐ ist gegeben
8.3	Besteht ein internes Kontrollsystem? (Wie erfolgt z. B. die Kontrolle der Mitarbeiter, besteht eine sichere Zugangsverwaltung?)	☐ liegt vor
8.4	Datenexport Können die Daten aus dem System in einem IDEA tauglichen Format exportiert werden?	☐ ist gegeben
8.5	Datensicherheit Liegen für den Aufbewahrungszeitraum (10 Jahre) sämtliche Daten (s. o.) vor?	☐ liegen vor

Diese Kassenschecliste wurde mit der Mandantin/dem Mandanten besprochen.

Auf die Risiken und Konsequenzen, die sich bei einer nicht ordnungsgemäßen Kassenführung im Rahmen einer steuerlichen Betriebsprüfung ergeben, wurde ausdrücklich hingewiesen.

_____ _____
Ort   Datum

_____ _____
Mandantin/Mandant   Steuerberater

2. Checkliste über die aufbewahrungspflichtigen Kassenunterlagen und deren Aufbewahrungsfristen

Kassenunterlagen	Fristen
A	
Abrechnungsunterlagen (soweit Buchungsbelege)	10 Jahre
Abschlagszahlungen	10 Jahre
Angebote	
▶ die zu einem Auftrag geführt haben	10 Jahre
▶ die zu keinem Auftrag geführt haben	0 Jahre
Ausgangsrechnungen	10 Jahre
Auswertungsstatistiken (soweit sie für die Besteuerung von Bedeutung sind)	6 Jahre
B	
Bankbelege	
▶ Bareinzahlungsbelege	10 Jahre
▶ Kontoauszüge	10 Jahre
Bareinkaufsunterlagen	10 Jahre
Barquittungen über Gehaltszahlungen	10 Jahre
Barverkaufsunterlagen	10 Jahre
Bedienungsanleitungen	10 Jahre
Bedienerberichte (aus der Abrechnung mit dem kassierberechtigten Personal)	10 Jahre
Betriebswirtschaftliche Analysen (Waren-, Haupt-, Artikel-, Stundenumsatzberichte etc.)	
▶ soweit für die Besteuerung von Bedeutung	6 Jahre
▶ im Belegzusammenhang mit dem Tagesendsummenbon (Z1-Bon) und/oder	10 Jahre
Monatsendsummenbon (Z2-Bon) abgerufen	10 Jahre
Bewirtungsunterlagen (z. B. Rechnungen i. S. d. § 4 Abs. 5 Nr. 2 EStG) (sofern Buchungsbelege)	10 Jahre
Buchungsanweisungen	10 Jahre
Buchungsbelege	10 Jahre

2. Checkliste über die aufbewahrungspflichtigen Kassenunterlagen

C	
COM-Verfahrensbeschreibungen	10 Jahre

D	
Datensicherungen von Buchungsbelegen	10 Jahre
Datensicherungen von Einzelaufzeichnungen eines WWS[315] oder Kassensystems oder Waagensystems	10 Jahre
Datensicherungen von sonstigen Registrierkassen, die keine Einzelaufzeichnungen führen (= Datensicherung der Summenspeicher bei Kassen)	10 Jahre
Datensicherungen von Handelsbriefen	6 Jahre
Datensicherungen, sonstige (von Handelsbüchern, Inventaren, Lageberichten, Konzernlageberichten/ einschließlich der zum Verständnis erforderlichen Arbeitsanweisungen/ Organisationsunterlagen)	10 Jahre
Datensicherungen von sonstigen Unterlagen i. S. d. § 147 Abs. 1 Nr. 1 AO	10 Jahre
Datensicherungsregeln	10 Jahre

E	
EC-Karten-Belege (soweit Buchungsbelege)	10 Jahre
Eigenbelege über	
▶ Privatentnahmen	10 Jahre
▶ Privateinlagen	10 Jahre
Einfuhrunterlagen	6 Jahre
Eingabebeschreibungen bei EDV-(Kassen-)Systemen	10 Jahre
Eingangsrechnungen	10 Jahre
Einnahmenüberschussrechnungen	10 Jahre
Einzahlungsbelege (s. auch Bankbelege)	10 Jahre
Erlösjournale	10 Jahre

F	
Fehlerprotokolle (als Buchungsbelege)	10 Jahre
Fehlermeldungen, Fehlerkorrekturanweisungen bei EDV-(Kassen-)Systemen	10 Jahre
Finanz-, Finanzartenberichte (= Tagesendsummenbons aus EDV-Registrierkassen)	10 Jahre

---

315 WWS = Warenwirtschaftssystem.

G	
Geschäftsbriefe	6 Jahre
Gewinn- und Verlustrechnung	10 Jahre
Grundbücher	10 Jahre
Gutschriften	10 Jahre
H	
Handelsbilanzen	10 Jahre
Handelsbriefe (ohne Rechnungen und Gutschriften)	6 Jahre
Handelsbücher	10 Jahre
Hard- und Software des Produktivsystems (Ausnahme: s. BMF-Schreiben zu den GoBD Tz. 9.4 Rz. 142)	10 Jahre
Hauptbücher	10 Jahre
I	
Inventare als Bilanzunterlagen	10 Jahre
J	
Jahresendsummenbons (z. B. Finanz-, Finanzarten- oder Transaktionsberichte und alle anderen Berichte, die damit im Belegzusammenhang ausgedruckt werden.)	10 Jahre
Journale	10 Jahre
Journal(papier)rolle einer Registrierkasse **(Beachte: Eine Aufbewahrungspflicht besteht nicht, wenn vollständige Tagesendsummenbons aufbewahrt werden!)**	10 Jahre
K	
Kassenabrechnungen	10 Jahre
Kassenberichte	10 Jahre
Kassenblätter	10 Jahre
Kassenbons **(Beachte: Eine Aufbewahrungspflicht besteht nicht, wenn eine vollständige (Papier-)Journalrolle, ein vollständiger Tagesendsummenbon oder jeder Einzelbon ausgedruckt oder in einem Kassensystem gespeichert wird!)**	10 Jahre
Kassenbücher	10 Jahre
Kassenzettel (sofern steuerlich relevant)	6 Jahre

2. Checkliste über die aufbewahrungspflichtigen Kassenunterlagen

Kontokorrentbücher (Geschäftsfreundebücher)	
▶ Debitoren	10 Jahre
▶ Kreditoren	10 Jahre
Kreditkartenbelege (soweit Buchungsbelege)	10 Jahre

L	
Leergutabrechnungen	10 Jahre
Lieferscheine (als Buchungsbelege)	10 Jahre

M	
Magnetbänder mit Datensicherungen von EDV-(Kassen-)Systemen	10 Jahre
Mahnungen	6 Jahre
Mahnbescheide	6 Jahre
Monatsendsummenbons (Z2-Berichte) (z. B. Finanz-, Finanzarten- oder Transaktionsberichte)	10 Jahre

N	
Nachweise über Röhrenfüllungen bei Geldspielgeräten	10 Jahre
Nebenbücher	10 Jahre

O	
Organisationsunterlagen EDV-(Kassen-)Systeme	10 Jahre

P	
Preislisten	10 Jahre
Privatentnahmebelege	10 Jahre
Privateinlagebelege	10 Jahre
Programmieranleitungen für Registrierkassen	10 Jahre
Provisionsabrechnungen	10 Jahre
Provisionsgutschriften	10 Jahre

Q	
Quittungen (soweit Buchungsbelege)	10 Jahre

R	
Rechnungen	10 Jahre
Registrierkassenstreifen (s. auch (Papier-)Journalrolle einer Registrierkasse; (**Beachte: Eine Aufbewahrungspflicht besteht nicht, wenn vollständige Tagesendsummenbons aufbewahrt werden!**)	10 Jahre
Repräsentationsaufwendungen	10 Jahre
S	
Sachkonten	10 Jahre
Scheckunterlagen (soweit Buchungsbelege)	10 Jahre
Schriftwechsel	6 Jahre
Schichtzettel bei Taxiunternehmen	10 Jahre
Spendenbescheinigungen	10 Jahre
Stornobons und/oder andere Stornobelege	10 Jahre
Speisen- und Getränkekarten (Sie dienen u. a. als Nachweis für die Artikelprogrammierung in den Kassen. Es handelt sich insoweit um Buchungsbelege.)	10 Jahre
Stundenlohnzettel (soweit Buchungsbelege)	10 Jahre
T	
Tagesendsummenbons (Z1-Berichte) (z. B. Finanz-, Finanzarten- oder Transaktionsberichte) (**Beachte: Die Aufbewahrungsfrist gilt auch für alle anderen im Belegzusammenhang mit dem TEB ausgedruckten Belege!**)	10 Jahre
U	
Überstundenlisten	6 Jahre
Unterlagen, soweit sie für die Besteuerung von Bedeutung sind	6 Jahre
V	
Verfahrensdokumentation EDV-(Kassen-)Systeme (**Beachte: Die Aufbewahrungsfrist läuft nicht ab, soweit und solange die Aufbewahrungsfrist für die Unterlagen noch nicht abgelaufen ist, zu deren Verständnis sie erforderlich ist.**)	mind. 10 Jahre
Verkaufsbücher und -journale	10 Jahre

Verträge (soweit handels- und steuerrechtlich von Bedeutung)	10 Jahre

W	
Warengruppenberichte (im Belegzusammenhang mit dem Tagesendsummenbon ausgedruckt)	10 Jahre

Z	
Z-Bons (Tages-, Monats- und Jahresbericht im Z-Modus abgerufen)	10 Jahre

XVI. Anhang
1. BMF-Schreiben vom 9.1.1996 – IV A 8 – S 0310 – 5/95

Verzicht auf die Aufbewahrung von Kassenstreifen bei Einsatz elektronischer Registrierkassen

Nach R 29 Abs. 7 Satz 4 EStR 1993 ist eine Aufbewahrung von Registrierkassenstreifen, Kassenzetteln, Bons und dergleichen (Kassenbeleg) im Einzelfall nicht erforderlich, wenn der Zweck der Aufbewahrung in anderer Weise gesichert und die Gewähr der Vollständigkeit der vom Kassenbeleg übertragenen Aufzeichnungen nach den tatsächlichen Verhältnissen gegeben ist. Nach Satz 5 der Richtlinienregelung sind die vorgenannten Voraussetzungen hinsichtlich der Registrierkassenstreifen regelmäßig erfüllt, wenn Tagesendsummenbons aufbewahrt werden, die die Gewähr der Vollständigkeit bieten und den Namen des Geschäfts, das Datum und die Tagesendsumme enthalten.

Unter Bezugnahme auf das Ergebnis der Erörterungen mit den obersten Finanzbehörden der Länder gilt dazu folgendes:

Beim Einsatz elektronischer Registrierkassen kann im Regelfall davon ausgegangen werden, daß die „Gewähr der Vollständigkeit" i.S. des R 29 Abs. 7 Satz 4 EStR 1993 dann gegeben ist, wenn die nachstehend genannten Unterlagen aufbewahrt werden. In diesem Fall kann auch bei elektronischen Registrierkassensystemen auf die Aufbewahrung von Kassenstreifen, soweit nicht nachstehend aufgeführt, verzichtet werden.

1. Nach § 147 Abs. 1 Nr. 1 AO sind die zur Kasse gehörenden Organisationsunterlagen, insbesondere die Bedienungsanleitung, die Programmieranleitung, die Programmabrufe nach jeder Änderung (u. a. der Artikelpreise), Protokolle über die Einrichtung von Verkäufer-, Kellner- und Trainingsspeichern u. ä. sowie alle weiteren Anweisungen zur Kassenprogrammierung (z. B. Anweisungen zum maschinellen Ausdrucken von Proforma-Rechnungen oder zum Unterdrücken von Daten und Speicherinhalten) aufzubewahren.

2. Nach § 147 Abs. 1 Nr. 3 AO sind die gem. R 21 Abs. 7 Sätze 12 und 13 EStR 1993 mit Hilfe von Registrierkassen erstellten Rechnungen aufzubewahren.

3. Nach § 147 Abs. 1 Nr. 4 AO sind die Tagesendsummenbons mit Ausdruck des Nullstellungszählers (fortlaufende sog. „Z-Nummer" zur Überprüfung der Vollständigkeit der Kassenberichte), der Stornobuchungen (sog. Managerstornos und Nach-Stornobuchungen), Retouren, Entnahmen sowie der Zahlungswege (bar, Scheck, Kredit) und alle weiteren im Rahmen des Tagesabschlusses abgerufenen Ausdrucke der EDV-Registrierkasse (z. B. betriebswirtschaftliche Auswertungen, Ausdrucke der Trainingsspeicher, Kellnerberichte, Spartenberichte) im Belegzusammenhang mit dem Tagesendsummenbon aufzubewahren. Darüber hinaus ist die Vollständigkeit der Tagesendsummenbons durch organisatorische oder durch programmierte Kontrollen sicherzustellen.

Fundstelle(n):

BStBl 1996 I S. 34

NWB DokID: OAAAA-77205

2. BMF-Schreiben vom 26. 11. 2010 – IV A 4 – S 0316/08/10004-07

Aufbewahrung digitaler Unterlagen bei Bargeschäften

Im Einvernehmen mit den obersten Finanzbehörden der Länder gilt zur Aufbewahrung der mittels Registrierkassen, Waagen mit Registrierkassenfunktion, Taxametern und Wegstreckenzählern (im Folgenden: Geräte) erfassten Geschäftsvorfälle Folgendes:

Seit dem 1. Januar 2002 sind Unterlagen i. S. des § 147 Abs. 1 AO, die mit Hilfe eines Datenverarbeitungssystems erstellt worden sind, während der Dauer der Aufbewahrungsfrist jederzeit verfügbar, unverzüglich lesbar und maschinell auswertbar aufzubewahren (§ 147 Abs. 2 Nr. 2 AO). Die vorgenannten Geräte sowie die mit ihrer Hilfe erstellten digitalen Unterlagen müssen seit diesem Zeitpunkt neben den „Grundsätzen ordnungsmäßiger DV-gestützter Buchführungssysteme (GoBS)" vom 7. November 1995 (BStBl 1995 I S. 738) auch den „Grundsätzen zum Datenzugriff und zur Prüfbarkeit digitaler Unterlagen (GDPdU)" vom 16. Juli 2001 (BStBl 2001 I S. 415) entsprechen (§ 147 Abs. 6 AO). Die Feststellungslast liegt beim Steuerpflichtigen. Insbesondere müssen alle steuerlich relevanten Einzeldaten (Einzelaufzeichnungspflicht) einschließlich etwaiger mit dem Gerät elektronisch erzeugter Rechnungen i. S. des § 14 UStG unveränderbar und vollständig aufbewahrt werden. Eine Verdichtung dieser Daten oder ausschließliche Speicherung der Rechnungsendsummen ist unzulässig. Ein ausschließliches Vorhalten aufbewahrungspflichtiger Unterlagen in ausgedruckter Form ist nicht ausreichend. Die digitalen Unterlagen und die Strukturinformationen müssen in einem auswertbaren Datenformat vorliegen.

Ist die komplette Speicherung aller steuerlich relevanten Daten - bei der Registrierkasse insbesondere Journal-, Auswertungs-, Programmier- und Stammdatenänderungsdaten - innerhalb des Geräts nicht möglich, müssen diese Daten unveränderbar und maschinell auswertbar auf einem externen Datenträger gespeichert werden. Ein Archivsystem muss die gleichen Auswertungen wie jene im laufenden System ermöglichen.

Die konkreten Einsatzorte und -zeiträume der vorgenannten Geräte sind zu protokollieren und diese Protokolle aufzubewahren (vgl. § 145 Abs. 1 AO, § 63 Abs. 1 UStDV). Einsatzort bei Taxametern und Wegstreckenzähler ist das Fahrzeug, in dem das Gerät verwendet wurde. Außerdem müssen die Grundlagenaufzeichnungen zur Überprüfung der Bareinnahmen für jedes einzelne Gerät getrennt geführt und aufbewahrt werden. Die zum Gerät gehörenden Organisationsunterlagen müssen aufbewahrt werden, insbesondere die Bedienungsanleitung, die Programmieranleitung und alle weiteren Anweisungen zur Programmierung des Geräts (§ 147 Abs. 1 Nr. 1 AO).

Soweit mit Hilfe eines solchen Geräts unbare Geschäftsvorfälle (z. B. EC-Cash, ELV - Elektronisches Lastschriftverfahren) erfasst werden, muss aufgrund der erstellten Einzeldaten ein Abgleich der baren und unbaren Zahlungsvorgänge und deren zutreffende Verbuchung im Buchführungs- bzw. Aufzeichnungswerk gewährleistet sein.

Die vorgenannten Ausführungen gelten auch für die mit Hilfe eines Taxameters oder Wegstreckenzählers erstellten digitalen Unterlagen, soweit diese Grundlage für Eintragungen auf einem Schichtzettel i. S. des BFH-Urteils vom 26. Februar 2004, XI R 25/02 (BStBl 2004 II S. 599) sind. Im Einzelnen können dies sein:

- ▶ Name und Vorname des Fahrers
- ▶ Schichtdauer (Datum, Schichtbeginn, Schichtende)
- ▶ Summe der Total- und Besetztkilometer laut Taxameter
- ▶ Anzahl der Touren lt. Taxameter
- ▶ Summe der Einnahmen lt. Taxameter
- ▶ Kilometerstand lt. Tachometer (bei Schichtbeginn und -ende)
- ▶ Einnahme für Fahrten ohne Nutzung des Taxameters
- ▶ Zahlungsart (z. B. bar, EC-Cash, ELV - Elektronisches Lastschriftverfahren, Kreditkarte)
- ▶ Summe der Gesamteinnahmen
- ▶ Angaben über Lohnabzüge angestellter Fahrer
- ▶ Angaben von sonstigen Abzügen (z. B. Verrechnungsfahrten)
- ▶ Summe der verbleibenden Resteinnahmen
- ▶ Summe der an den Unternehmer abgelieferten Beträge
- ▶ Kennzeichen der Taxe

Dies gilt für Unternehmer ohne Fremdpersonal entsprechend.

Soweit ein Gerät bauartbedingt den in diesem Schreiben niedergelegten gesetzlichen Anforderungen nicht oder nur teilweise genügt, wird es nicht beanstandet, wenn der Steuerpflichtige dieses Gerät längstens bis zum 31. Dezember 2016 in seinem Betrieb weiterhin einsetzt. Das setzt aber voraus, dass der Steuerpflichtige technisch mögliche Softwareanpassungen und Speichererweiterungen mit dem Ziel durchführt, die in diesem Schreiben konkretisierten gesetzlichen Anforderungen zu erfüllen. Bei Registrierkassen, die technisch nicht mit Softwareanpassungen und Speichererweiterungen aufgerüstet werden können, müssen die Anforderungen des BMF-Schreibens vom 9. Januar 1996 weiterhin vollumfänglich beachtet werden.

Das BMF-Schreiben zum „Verzicht auf die Aufbewahrung von Kassenstreifen bei Einsatz elektronischer Registrierkassen" vom 9. Januar 1996 (BStBl 1996 I S. 34) wird im Übrigen hiermit aufgehoben.

Fundstelle(n):

BStBl 2010 I, S. 1342

NWB DokID: KAAAD-56752

3. BMF-Schreiben vom 14. 11. 2014 – IV A 4 – S 0316/13/10003

Grundsätze zur ordnungsmäßigen Führung und Aufbewahrung von Büchern, Aufzeichnungen und Unterlagen in elektronischer Form sowie zum Datenzugriff (GoBD)

Unter Bezugnahme auf das Ergebnis der Erörterungen mit den obersten Finanzbehörden der Länder gilt für die Anwendung dieser Grundsätze Folgendes:

1. Allgemeines

1 Die betrieblichen Abläufe in den Unternehmen werden ganz oder teilweise unter Einsatz von Informations- und Kommunikations-Technik abgebildet.

2 Auch die nach außersteuerlichen oder steuerlichen Vorschriften zu führenden Bücher und sonst erforderlichen Aufzeichnungen werden in den Unternehmen zunehmend in elektronischer Form geführt (z. B. als Datensätze). Darüber hinaus werden in den Unternehmen zunehmend die aufbewahrungspflichtigen Unterlagen in elektronischer Form (z. B. als elektronische Dokumente) aufbewahrt.

1.1 Nutzbarmachung außersteuerlicher Buchführungs- und Aufzeichnungspflichten für das Steuerrecht

3 Nach § 140 AO sind die außersteuerlichen Buchführungs- und Aufzeichnungspflichten, die für die Besteuerung von Bedeutung sind, auch für das Steuerrecht zu erfüllen. Außersteuerliche Buchführungs- und Aufzeichnungspflichten ergeben sich insbesondere aus den Vorschriften der §§ 238 ff. HGB und aus den dort bezeichneten handelsrechtlichen Grundsätzen ordnungsmäßiger Buchführung (GoB). Für einzelne Rechtsformen ergeben sich flankierende Aufzeichnungspflichten z. B. aus §§ 91 ff. Aktiengesetz, §§ 41 ff. GmbH-Gesetz oder § 33 Genossen-schaftsgesetz. Des Weiteren sind zahlreiche gewerberechtliche oder branchenspezifische Aufzeichnungsvorschriften vorhanden, die gem. § 140 AO im konkreten Einzelfall für die Besteuerung von Bedeutung sind, wie z. B. Apothekenbetriebsordnung, Eichordnung, Fahrlehrergesetz, Gewerbeordnung, § 26 Kreditwesengesetz oder § 55 Versicherungsaufsichtsgesetz.

1.2 Steuerliche Buchführungs- und Aufzeichnungspflichten

4 Steuerliche Buchführungs- und Aufzeichnungspflichten ergeben sich sowohl aus der Abgabenordnung (z. B. §§ 90 Absatz 3, 141 bis 144 AO), als auch aus Einzelsteuergesetzen (z. B. § 22 UStG, § 4 Absatz 3 Satz 5, § 4 Absatz 4a Satz 6, § 4 Absatz 7 und § 41 EStG).

1.3 Aufbewahrung von Unterlagen zu Geschäftsvorfällen und von solchen Unterlagen, die zum Verständnis und zur Überprüfung der für die Besteuerung gesetzlich vorgeschriebenen Aufzeichnungen von Bedeutung sind

5 Neben den außersteuerlichen und steuerlichen Büchern, Aufzeichnungen und Unterlagen zu Geschäftsvorfällen sind alle Unterlagen aufzubewahren, die zum Verständnis

und zur Überprüfung der für die Besteuerung gesetzlich vorgeschriebenen Aufzeichnungen im Einzelfall von Bedeutung sind (vgl. BFH-Urteil vom 24. Juni 2009, BStBl 2010 II S. 452).

Dazu zählen neben Unterlagen in Papierform auch alle Unterlagen in Form von Daten, Datensätzen und elektronischen Dokumenten, die dokumentieren, dass die Ordnungsvorschriften umgesetzt und deren Einhaltung überwacht wurde. Nicht aufbewahrungspflichtig sind z. B. reine Entwürfe von Handels- oder Geschäftsbriefen, sofern diese nicht tatsächlich abgesandt wurden.

Beispiel 1:
Dienen Kostenstellen der Bewertung von Wirtschaftsgütern, von Rückstellungen oder als Grundlage für die Bemessung von Verrechnungspreisen sind diese Aufzeichnungen aufzubewahren, soweit sie zur Erläuterung steuerlicher Sachverhalte benötigt werden.

Form, Umfang und Inhalt dieser im Sinne der Rzn. 3 bis 5 nach außersteuerlichen und steuerlichen Rechtsnormen aufzeichnungs- und aufbewahrungspflichtigen Unterlagen (Daten, Datensätze sowie Dokumente in elektronischer oder Papierform) und der zu ihrem Verständnis erforderlichen Unterlagen werden durch den Steuerpflichtigen bestimmt. Eine abschließende Definition der aufzeichnungs- und aufbewahrungspflichtigen Aufzeichnungen und Unterlagen ist nicht Gegenstand der nachfolgenden Ausführungen. Die Finanzverwaltung kann diese Unterlagen nicht abstrakt im Vorfeld für alle Unternehmen abschließend definieren, weil die betrieblichen Abläufe, die aufzeichnungs- und aufbewahrungspflichtigen Aufzeichnungen und Unterlagen sowie die eingesetzten Buchführungs- und Aufzeichnungssysteme in den Unternehmen zu unterschiedlich sind. 6

1.4 Ordnungsvorschriften

Die Ordnungsvorschriften der §§ 145 bis 147 AO gelten für die vorbezeichneten Bücher und sonst erforderlichen Aufzeichnungen und der zu ihrem Verständnis erforderlichen Unterlagen (vgl. Rzn. 3 bis 5; siehe auch Rzn. 23, 25 und 28). 7

1.5 Führung von Büchern und sonst erforderlichen Aufzeichnungen auf Datenträgern

Bücher und die sonst erforderlichen Aufzeichnungen können nach § 146 Absatz 5 AO auch auf Datenträgern geführt werden, soweit diese Form der Buchführung einschließlich des dabei angewandten Verfahrens den GoB entspricht (siehe unter 1.4.). Bei Aufzeichnungen, die allein nach den Steuergesetzen vorzunehmen sind, bestimmt sich die Zulässigkeit des angewendeten Verfahrens nach dem Zweck, den die Aufzeichnungen für die Besteuerung erfüllen sollen (§ 145 Absatz 2 AO; § 146 Absatz 5 Satz 1 2. HS AO). Unter diesen Voraussetzungen sind auch Aufzeichnungen auf Datenträgern zulässig. 8

Somit sind alle Unternehmensbereiche betroffen, in denen betriebliche Abläufe durch DV-gestützte Verfahren abgebildet werden und ein Datenverarbeitungssystem (DV-System, siehe auch Rz. 20) für die Erfüllung der in den Rzn. 3 bis 5 bezeichneten außersteuerlichen oder steuerlichen Buchführungs-, Aufzeichnungs- und Aufbewahrungspflichten verwendet wird (siehe auch unter 11.1 zum Datenzugriffsrecht). 9

10 Technische Vorgaben oder Standards (z. B. zu Archivierungsmedien oder Kryptografieverfahren) können angesichts der rasch fortschreitenden Entwicklung und der ebenfalls notwendigen Betrachtung des organisatorischen Umfelds nicht festgelegt werden. Im Zweifel ist über einen Analogieschluss festzustellen, ob die Ordnungsvorschriften eingehalten wurden, z. B. bei einem Vergleich zwischen handschriftlich geführten Handelsbüchern und Unterlagen in Papierform, die in einem verschlossenen Schrank aufbewahrt werden, einerseits und elektronischen Handelsbüchern und Unterlagen, die mit einem elektronischen Zugriffschutz gespeichert werden, andererseits.

1.6 Beweiskraft von Buchführung und Aufzeichnungen, Darstellung von Beanstandungen durch die Finanzverwaltung

11 Nach § 158 AO sind die Buchführung und die Aufzeichnungen des Steuerpflichtigen, die den Vorschriften der §§ 140 bis 148 AO entsprechen, der Besteuerung zugrunde zu legen, soweit nach den Umständen des Einzelfalls kein Anlass besteht, ihre sachliche Richtigkeit zu beanstanden. Werden Buchführung oder Aufzeichnungen des Steuerpflichtigen im Einzelfall durch die Finanzverwaltung beanstandet, so ist durch die Finanzverwaltung der Grund der Beanstandung in geeigneter Form darzustellen.

1.7 Aufzeichnungen

12 Aufzeichnungen sind alle dauerhaft verkörperten Erklärungen über Geschäftsvorfälle in Schriftform oder auf Medien mit Schriftersatzfunktion (z. B. auf Datenträgern). Der Begriff der Aufzeichnungen umfasst Darstellungen in Worten, Zahlen, Symbolen und Grafiken.

13 Werden Aufzeichnungen nach verschiedenen Rechtsnormen in einer Aufzeichnung zusammengefasst (z. B. nach §§ 238 ff. HGB und nach § 22 UStG), müssen die zusammengefassten Aufzeichnungen den unterschiedlichen Zwecken genügen. Erfordern verschiedene Rechtsnormen gleichartige Aufzeichnungen, so ist eine mehrfache Aufzeichnung für jede Rechtsnorm nicht erforderlich.

1.8 Bücher

14 Der Begriff ist funktional unter Anknüpfung an die handelsrechtliche Bedeutung zu verstehen. Die äußere Gestalt (gebundenes Buch, Loseblattsammlung oder Datenträger) ist unerheblich.

15 Der Kaufmann ist verpflichtet, in den Büchern seine Handelsgeschäfte und die Lage des Vermögens ersichtlich zu machen (§ 238 Absatz 1 Satz 1 HGB). Der Begriff Bücher umfasst sowohl die Handelsbücher der Kaufleute (§§ 238 ff. HGB) als auch die diesen entsprechenden Aufzeichnungen von Geschäftsvorfällen der Nichtkaufleute.

1.9 Geschäftsvorfälle

16 Geschäftsvorfälle sind alle rechtlichen und wirtschaftlichen Vorgänge, die innerhalb eines bestimmten Zeitabschnitts den Gewinn bzw. Verlust oder die Vermögenszusammensetzung in einem Unternehmen dokumentieren oder beeinflussen bzw. verändern

(z. B. zu einer Veränderung des Anlage- und Umlaufvermögens sowie des Eigen- und Fremdkapitals führen).

1.10 Grundsätze ordnungsmäßiger Buchführung (GoB)

Die GoB sind ein unbestimmter Rechtsbegriff, der insbesondere durch Rechtsnormen und Rechtsprechung geprägt ist und von der Rechtsprechung und Verwaltung jeweils im Einzelnen auszulegen und anzuwenden ist (BFH-Urteil vom 12. Mai 1966, BStBl 1966 III S. 372; BVerfG-Beschluss vom 10. Oktober 1961, 2 BvL 1/59, BVerfGE 13 S. 153).

17

Die GoB können sich durch gutachterliche Stellungnahmen, Handelsbrauch, ständige Übung, Gewohnheitsrecht, organisatorische und technische Änderungen weiterentwickeln und sind einem Wandel unterworfen.

18

Die GoB enthalten sowohl formelle als auch materielle Anforderungen an eine Buchführung. Die formellen Anforderungen ergeben sich insbesondere aus den §§ 238 ff. HGB für Kaufleute und aus den §§ 145 bis 147 AO für Buchführungs- und Aufzeichnungspflichtige (siehe unter 3.). Materiell ordnungsmäßig sind Bücher und Aufzeichnungen, wenn die Geschäftsvorfälle nachvollziehbar, vollständig, richtig, zeitgerecht und geordnet in ihrer Auswirkung erfasst und anschließend gebucht bzw. verarbeitet sind (vgl. § 239 Absatz 2 HGB, § 145 AO, § 146 Absatz 1 AO). Siehe Rz. 11 zur Beweiskraft von Buchführung und Aufzeichnungen.

19

1.11 Datenverarbeitungssystem; Haupt-, Vor- und Nebensysteme

Unter DV-System wird die im Unternehmen oder für Unternehmenszwecke zur elektronischen Datenverarbeitung eingesetzte Hard- und Software verstanden, mit denen Daten und Dokumente im Sinne der Rzn. 3 bis 5 erfasst, erzeugt, empfangen, übernommen, verarbeitet, gespeichert oder übermittelt werden. Dazu gehören das Hauptsystem sowie Vor- und Nebensysteme (z. B. Finanzbuchführungssystem, Anlagenbuchhaltung, Lohnbuchhaltungssystem, Kassensystem, Warenwirtschaftssystem, Zahlungsverkehrssystem, Taxameter, Geldspielgeräte, elektronische Waagen, Materialwirtschaft, Fakturierung, Zeiterfassung, Archivsystem, Dokumenten-Management-System) einschließlich der Schnittstellen zwischen den Systemen. Auf die Bezeichnung des DV-Systems oder auf dessen Größe (z. B. Einsatz von Einzelgeräten oder von Netzwerken) kommt es dabei nicht an.

20

2. Verantwortlichkeit

Für die Ordnungsmäßigkeit elektronischer Bücher und sonst erforderlicher elektronischer Aufzeichnungen im Sinne der Rzn. 3 bis 5, einschließlich der eingesetzten Verfahren, ist allein der Steuerpflichtige verantwortlich. Dies gilt auch bei einer teilweisen oder vollständigen organisatorischen und technischen Auslagerung von Buchführungs- und Aufzeichnungsaufgaben auf Dritte (z. B. Steuerberater oder Rechenzentrum).

21

3. Allgemeine Anforderungen

22 Die Ordnungsmäßigkeit elektronischer Bücher und sonst erforderlicher elektronischer Aufzeichnungen im Sinne der Rzn. 3 bis 5 ist nach den gleichen Prinzipien zu beurteilen wie die Ordnungsmäßigkeit bei manuell erstellten Büchern oder Aufzeichnungen.

23 Das Erfordernis der Ordnungsmäßigkeit erstreckt sich – neben den elektronischen Büchern und sonst erforderlichen Aufzeichnungen – auch auf die damit in Zusammenhang stehenden Verfahren und Bereiche des DV-Systems (siehe unter 1.11), da die Grundlage für die Ordnungsmäßigkeit elektronischer Bücher und sonst erforderlicher Aufzeichnungen bereits bei der Entwicklung und Freigabe von Haupt-, Vor- und Nebensystemen einschließlich des dabei angewandten DV-gestützten Verfahrens gelegt wird. Die Ordnungsmäßigkeit muss bei der Einrichtung und unternehmensspezifischen Anpassung des DV-Systems bzw. der DV-gestützten Verfahren im konkreten Unternehmensumfeld und für die Dauer der Aufbewahrungsfrist erhalten bleiben.

24 Die Anforderungen an die Ordnungsmäßigkeit ergeben sich aus:
- ▶ außersteuerlichen Rechtsnormen (z. B. den handelsrechtlichen GoB gem. §§ 238, 239, 257, 261 HGB), die gem. § 140 AO für das Steuerrecht nutzbar gemacht werden können, wenn sie für die Besteuerung von Bedeutung sind und
- ▶ steuerlichen Ordnungsvorschriften (insbesondere gem. §§ 145 bis 147 AO).

25 Die allgemeinen Ordnungsvorschriften in den §§ 145 bis 147 AO gelten nicht nur für Buchführungs- und Aufzeichnungspflichten nach § 140 AO und nach den §§ 141 bis 144 AO Insbesondere § 145 Absatz 2 AO betrifft alle zu Besteuerungszwecken gesetzlich geforderten Aufzeichnungen, also auch solche, zu denen der Steuerpflichtige aufgrund anderer Steuergesetze verpflichtet ist, wie z. B. nach § 4 Absatz 3 Satz 5, Absatz 7 EStG und nach § 22 UStG (BFH-Urteil vom 24. Juni 2009, BStBl 2010 II S. 452).

26 Demnach sind bei der Führung von Büchern in elektronischer oder in Papierform und sonst erforderlicher Aufzeichnungen in elektronischer oder in Papierform im Sinne der Rzn. 3 bis 5 die folgenden Anforderungen zu beachten:
- ▶ Grundsatz der Nachvollziehbarkeit und Nachprüfbarkeit (siehe unter 3.1),
- ▶ Grundsätze der Wahrheit, Klarheit und fortlaufenden Aufzeichnung (siehe unter 3.2):
  – Vollständigkeit (siehe unter 3.2.1),
  – Richtigkeit (siehe unter 3.2.2),
  – zeitgerechte Buchungen und Aufzeichnungen (siehe unter 3.2.3),
  – Ordnung (siehe unter 3.2.4),
  – Unveränderbarkeit (siehe unter 3.2.5).

27 Diese Grundsätze müssen während der Dauer der Aufbewahrungsfrist nachweisbar erfüllt werden und erhalten bleiben.

28 Nach § 146 Absatz 6 AO gelten die Ordnungsvorschriften auch dann, wenn der Unternehmer elektronische Bücher und Aufzeichnungen führt, die für die Besteuerung von Bedeutung sind, ohne hierzu verpflichtet zu sein.

Der Grundsatz der Wirtschaftlichkeit rechtfertigt es nicht, dass Grundprinzipien der Ordnungsmäßigkeit verletzt und die Zwecke der Buchführung erheblich gefährdet werden. Die zur Vermeidung einer solchen Gefährdung erforderlichen Kosten muss der Steuerpflichtige genauso in Kauf nehmen wie alle anderen Aufwendungen, die die Art seines Betriebes mit sich bringt (BFH-Urteil vom 26. März 1968, BStBl 1968 II S. 527). 29

3.1 Grundsatz der Nachvollziehbarkeit und Nachprüfbarkeit (§ 145 Absatz 1 AO, § 238 Absatz 1 Satz 2 und Satz 3 HGB)

Die Verarbeitung der einzelnen Geschäftsvorfälle sowie das dabei angewandte Buchführungs- oder Aufzeichnungsverfahren müssen nachvollziehbar sein. Die Buchungen und die sonst erforderlichen Aufzeichnungen müssen durch einen Beleg nachgewiesen sein oder nachgewiesen werden können (Belegprinzip, siehe auch unter 4.). 30

Aufzeichnungen sind so vorzunehmen, dass der Zweck, den sie für die Besteuerung erfüllen sollen, erreicht wird. Damit gelten die nachfolgenden Anforderungen der progressiven und retrograden Prüfbarkeit – soweit anwendbar – sinngemäß. 31

Die Buchführung muss so beschaffen sein, dass sie einem sachverständigen Dritten innerhalb angemessener Zeit einen Überblick über die Geschäftsvorfälle und über die Lage des Unternehmens vermitteln kann. Die Geschäftsvorfälle müssen sich in ihrer Entstehung und Abwicklung lückenlos verfolgen lassen (progressive und retrograde Prüfbarkeit). 32

Die progressive Prüfung beginnt beim Beleg, geht über die Grund(buch)aufzeichnungen und Journale zu den Konten, danach zur Bilanz mit Gewinn- und Verlustrechnung und schließlich zur Steueranmeldung bzw. Steuererklärung. Die retrograde Prüfung verläuft umgekehrt. Die progressive und retrograde Prüfung muss für die gesamte Dauer der Aufbewahrungsfrist und in jedem Verfahrensschritt möglich sein. 33

Die Nachprüfbarkeit der Bücher und sonst erforderlichen Aufzeichnungen erfordert eine aussagekräftige und vollständige Verfahrensdokumentation (siehe unter 10.1), die sowohl die aktuellen als auch die historischen Verfahrensinhalte für die Dauer der Aufbewahrungsfrist nachweist und den in der Praxis eingesetzten Versionen des DV-Systems entspricht. 34

Die Nachvollziehbarkeit und Nachprüfbarkeit muss für die Dauer der Aufbewahrungsfrist gegeben sein. Dies gilt auch für die zum Verständnis der Buchführung oder Aufzeichnungen erforderliche Verfahrensdokumentation. 35

3.2 Grundsätze der Wahrheit, Klarheit und fortlaufenden Aufzeichnung

3.2.1 Vollständigkeit (§ 146 Absatz 1 AO, § 239 Absatz 2 HGB)

Die Geschäftsvorfälle sind vollzählig und lückenlos aufzuzeichnen (Grundsatz der Einzelaufzeichnungspflicht). Eine vollzählige und lückenlose Aufzeichnung von Geschäftsvorfällen ist auch dann gegeben, wenn zulässigerweise nicht alle Datenfelder eines Datensatzes gefüllt werden. 36

37 Die GoB erfordern in der Regel die Aufzeichnung jedes Geschäftsvorfalls – also auch jeder Betriebseinnahme und Betriebsausgabe, jeder Einlage und Entnahme – in einem Umfang, der eine Überprüfung seiner Grundlagen, seines Inhalts und seiner Bedeutung für den Betrieb ermöglicht. Das bedeutet nicht nur die Aufzeichnung der in Geld bestehenden Gegenleistung, sondern auch des Inhalts des Geschäfts und des Namens des Vertragspartners (BFH-Urteil vom 12. Mai 1966, BStBl 1966 III S. 372) – soweit zumutbar, mit ausreichender Bezeichnung des Geschäftsvorfalls (BFH-Urteil vom 1. Oktober 1969, BStBl 1970 II S. 45). Branchenspezifische Mindestaufzeichnungspflichten und Zumutbarkeitsgesichtspunkte sind zu berücksichtigen.

Beispiele 2:
zu branchenspezifisch entbehrlichen Aufzeichnungen und zur Zumutbarkeit:
- ▶ In einem Einzelhandelsgeschäft kommt zulässigerweise eine PC-Kasse ohne Kundenverwaltung zum Einsatz. Die Namen der Kunden werden bei Bargeschäften nicht erfasst und nicht beigestellt. – Keine Beanstandung.
- ▶ Bei einem Taxiunternehmer werden Angaben zum Kunden im Taxameter nicht erfasst und nicht beigestellt. – Keine Beanstandung.

38 Dies gilt auch für Bareinnahmen; der Umstand der sofortigen Bezahlung rechtfertigt keine Ausnahme von diesem Grundsatz (BFH-Urteil vom 26. Februar 2004, BStBl 2004 II S. 599).

39 Aus Gründen der Zumutbarkeit und Praktikabilität hat der BFH in der Vergangenheit eine Pflicht der Einzelaufzeichnung für den Einzelhandel und vergleichbare Berufsgruppen verneint (BFH-Urteil vom 12. Mai 1966, BStBl 1966 III S. 372; z. B. bei einer Vielzahl von einzelnen Geschäften mit geringem Wert, Verkauf von Waren an der Person nach unbekannte Kunden über den Ladentisch gegen Barzahlung). Werden elektronische Grund(buch)aufzeichnungen zur Erfüllung der Einzelaufzeichnungspflicht tatsächlich technisch, betriebswirtschaftlich und praktisch geführt, dann sind diese Daten auch aufzubewahren und in maschinell auswertbarer Form vorzulegen. Insoweit stellt sich die Frage der Zumutbarkeit und Praktikabilität nicht.
Das BMF-Schreiben vom 5. April 2004 (IV D 2 – S 0315 – 4/04, BStBl 2004 I S. 419) bleibt unberührt.

40 Die vollständige und lückenlose Erfassung und Wiedergabe aller Geschäftsvorfälle ist bei DV-Systemen durch ein Zusammenspiel von technischen (einschließlich programmierten) und organisatorischen Kontrollen sicherzustellen (z. B. Erfassungskontrollen, Plausibilitätskontrollen bei Dateneingaben, inhaltliche Plausibilitätskontrollen, automatisierte Vergabe von Datensatznummern, Lückenanalyse oder Mehrfachbelegungsanalyse bei Belegnummern).

41 Ein und derselbe Geschäftsvorfall darf nicht mehrfach aufgezeichnet werden.

Beispiel 3:
Ein Wareneinkauf wird gewinnwirksam durch Erfassung des zeitgleichen Lieferscheins und später nochmals mittels Erfassung der (Sammel)rechnung erfasst und verbucht. Keine mehrfache Aufzeichnung eines Geschäftsvorfalles in verschiedenen Systemen oder mit verschiedenen Kennungen (z. B. für Handelsbilanz, für steuerliche Zwecke) liegt vor, soweit keine mehrfache bilanzielle oder gewinnwirksame Auswirkung gegeben ist.

Zusammengefasste oder verdichtete Aufzeichnungen im Hauptbuch (Konto) sind zulässig, sofern sie nachvollziehbar in ihre Einzelpositionen in den Grund(buch)aufzeichnungen oder des Journals aufgegliedert werden können. Andernfalls ist die Nachvollziehbarkeit und Nachprüfbarkeit nicht gewährleistet. 42

Die Erfassung oder Verarbeitung von tatsächlichen Geschäftsvorfällen darf nicht unterdrückt werden. So ist z. B. eine Bon- oder Rechnungserteilung ohne Registrierung der bar vereinnahmten Beträge (Abbruch des Vorgangs) in einem DV-System unzulässig. 43

3.2.2 Richtigkeit (§ 146 Absatz 1 AO, § 239 Absatz 2 HGB)

Geschäftsvorfälle sind in Übereinstimmung mit den tatsächlichen Verhältnissen und im Einklang mit den rechtlichen Vorschriften inhaltlich zutreffend durch Belege abzubilden (BFH-Urteil vom 24. Juni 1997, BStBl 1998 II S. 51), der Wahrheit entsprechend aufzuzeichnen und bei kontenmäßiger Abbildung zutreffend zu kontieren. 44

3.2.3 Zeitgerechte Buchungen und Aufzeichnungen (§ 146 Absatz 1 AO, § 239 Absatz 2 HGB)

Das Erfordernis „zeitgerecht" zu buchen verlangt, dass ein zeitlicher Zusammenhang zwischen den Vorgängen und ihrer buchmäßigen Erfassung besteht (BFH-Urteil vom 25. März 1992, BStBl 1992 II S. 1010; BFH-Urteil vom 5. März 1965, BStBl 1965 III S. 285). 45

Jeder Geschäftsvorfall ist zeitnah, d. h. möglichst unmittelbar nach seiner Entstehung in einer Grundaufzeichnung oder in einem Grundbuch zu erfassen. Nach den GoB müssen die Geschäftsvorfälle grundsätzlich laufend gebucht werden (Journal). Es widerspricht dem Wesen der kaufmännischen Buchführung, sich zunächst auf die Sammlung von Belegen zu beschränken und nach Ablauf einer langen Zeit auf Grund dieser Belege die Geschäftsvorfälle in Grundaufzeichnungen oder Grundbüchern einzutragen (vgl. BFH-Urteil vom 10. Juni 1954, BStBl 1954 III S. 298). Die Funktion der Grund(buch)aufzeichnungen kann auf Dauer auch durch eine geordnete und übersichtliche Belegablage erfüllt werden (§ 239 Absatz 4 HGB; § 146 Absatz 5 AO; H 5.2 „Grundbuchaufzeichnungen" EStH). 46

Jede nicht durch die Verhältnisse des Betriebs oder des Geschäftsvorfalls zwingend bedingte Zeitspanne zwischen dem Eintritt des Vorganges und seiner laufenden Erfassung in Grund(buch)aufzeichnungen ist bedenklich. Eine Erfassung von unbaren Geschäftsvorfällen innerhalb von zehn Tagen ist unbedenklich (vgl. BFH-Urteil vom 2. Oktober 1968, BStBl 1969 II S. 157; BFH-Urteil vom 26. März 1968, BStBl 1968 II S. 527 zu Verbindlichkeiten und zu Debitoren). Wegen der Forderung nach zeitnaher chronologischer Erfassung der Geschäftsvorfälle ist zu verhindern, dass die Geschäftsvorfälle buchmäßig für längere Zeit in der Schwebe gehalten werden und sich hierdurch die Möglichkeit eröffnet, sie später anders darzustellen, als sie richtigerweise darzustellen gewesen wären, oder sie ganz außer Betracht zu lassen und im privaten, sich in der Buchführung nicht niederschlagenden Bereich abzuwickeln. Bei zeitlichen Abständen zwischen der Entstehung eines Geschäftsvorfalls und seiner Erfassung sind daher geeignete Maßnahmen zur Sicherung der Vollständigkeit zu treffen. 47

48 Kasseneinnahmen und Kassenausgaben sollen nach § 146 Absatz 1 Satz 2 AO täglich festgehalten werden.

49 Es ist nicht zu beanstanden, wenn Waren- und Kostenrechnungen, die innerhalb von acht Tagen nach Rechnungseingang oder innerhalb der ihrem gewöhnlichen Durchlauf durch den Betrieb entsprechenden Zeit beglichen werden, kontokorrentmäßig nicht (z. B. Geschäftsfreundebuch, Personenkonten) erfasst werden (vgl. R 5.2 Absatz 1 EStR).

50 Werden bei der Erstellung der Bücher Geschäftsvorfälle nicht laufend, sondern nur periodenweise gebucht bzw. den Büchern vergleichbare Aufzeichnungen der Nichtbuchführungspflichtigen nicht laufend, sondern nur periodenweise erstellt, dann ist dies unter folgenden Voraussetzungen nicht zu beanstanden:

► Die Erfassung der unbaren Geschäftsvorfälle eines Monats erfolgt bis zum Ablauf des folgenden Monats in den Büchern bzw. den Büchern vergleichbare Aufzeichnungen der Nichtbuchführungspflichtigen und

► durch organisatorische Vorkehrungen ist sichergestellt, dass die Unterlagen bis zu ihrer Erfassung nicht verloren gehen, z. B. durch laufende Nummerierung der eingehenden und ausgehenden Rechnungen, durch Ablage in besonderen Mappen und Ordnern oder durch elektronische Grund(buch)aufzeichnungen in Kassensystemen, Warenwirtschaftssystemen, Fakturierungssystemen etc.

51 Jeder Geschäftsvorfall ist periodengerecht der Abrechnungsperiode zuzuordnen, in der er angefallen ist. Zwingend ist die Zuordnung zum jeweiligen Geschäftsjahr oder zu einer nach Gesetz, Satzung oder Rechnungslegungszweck vorgeschriebenen kürzeren Rechnungsperiode.

52 Erfolgt die Belegsicherung oder die Erfassung von Geschäftsvorfällen unmittelbar nach Eingang oder Entstehung mittels DV-System (elektronische Grund(buch)aufzeichnungen), so stellt sich die Frage der Zumutbarkeit und Praktikabilität hinsichtlich der zeitgerechten Erfassung/Belegsicherung und längerer Fristen nicht. Erfüllen die Erfassungen Belegfunktion bzw. dienen sie der Belegsicherung (auch für Vorsysteme, wie Kasseneinzelaufzeichnungen und Warenwirtschaftssystem), dann ist eine unprotokollierte Änderung nicht mehr zulässig (siehe unter 3.2.5). Bei zeitlichen Abständen zwischen Erfassung und Buchung, die über den Ablauf des folgenden Monats hinausgehen, sind die Ordnungsmäßigkeitsanforderungen nur dann erfüllt, wenn die Geschäftsvorfälle vorher fortlaufend richtig und vollständig in Grund(buch)aufzeichnungen oder Grundbüchern festgehalten werden. Zur Erfüllung der Funktion der Grund(buch)aufzeichnung vgl. Rz. 46.

3.2.4 Ordnung (§ 146 Absatz 1 AO, § 239 Absatz 2 HGB)

53 Der Grundsatz der Klarheit verlangt u. a. eine systematische Erfassung und übersichtliche, eindeutige und nachvollziehbare Buchungen.

54 Die geschäftlichen Unterlagen dürfen nicht planlos gesammelt und aufbewahrt werden. Ansonsten würde dies mit zunehmender Zahl und Verschiedenartigkeit der Geschäftsvorfälle zur Unübersichtlichkeit der Buchführung führen, einen jederzeitigen Abschluss unangemessen erschweren und die Gefahr erhöhen, dass Unterlagen verloren-

gehen oder später leicht aus dem Buchführungswerk entfernt werden können. Hieraus folgt, dass die Bücher und Aufzeichnungen nach bestimmten Ordnungsprinzipien geführt werden müssen und eine Sammlung und Aufbewahrung der Belege notwendig ist, durch die im Rahmen des Möglichen gewährleistet wird, dass die Geschäftsvorfälle leicht und identifizierbar feststellbar und für einen die Lage des Vermögens darstellenden Abschluss unverlierbar sind (BFH-Urteil vom 26. März 1968, BStBl 1968 II S. 527).

In der Regel verstößt die nicht getrennte Verbuchung von baren und unbaren Geschäftsvorfällen oder von nicht steuerbaren, steuerfreien und steuerpflichtigen Umsätzen ohne genügende Kennzeichnung gegen die Grundsätze der Wahrheit und Klarheit einer kaufmännischen Buchführung. Die nicht getrennte Aufzeichnung von nicht steuerbaren, steuerfreien und steuerpflichtigen Umsätzen ohne genügende Kennzeichnung verstößt in der Regel gegen steuerrechtliche Anforderungen (z. B. § 22 UStG). 55

Bei der doppelten Buchführung sind die Geschäftsvorfälle so zu verarbeiten, dass sie geordnet darstellbar sind und innerhalb angemessener Zeit ein Überblick über die Vermögens- und Ertragslage gewährleistet ist. 56

Die Buchungen müssen einzeln und sachlich geordnet nach Konten dargestellt (Kontenfunktion) und unverzüglich lesbar gemacht werden können. Damit bei Bedarf für einen zurückliegenden Zeitpunkt ein Zwischenstatus oder eine Bilanz mit Gewinn- und Verlustrechnung aufgestellt werden kann, sind die Konten nach Abschlusspositionen zu sammeln und nach Kontensummen oder Salden fortzuschreiben (Hauptbuch, siehe unter 5.4). 57

3.2.5 Unveränderbarkeit (§ 146 Absatz 4 AO, § 239 Absatz 3 HGB)

Eine Buchung oder eine Aufzeichnung darf nicht in einer Weise verändert werden, dass der ursprüngliche Inhalt nicht mehr feststellbar ist. Auch solche Veränderungen dürfen nicht vorgenommen werden, deren Beschaffenheit es ungewiss lässt, ob sie ursprünglich oder erst später gemacht worden sind (§ 146 Absatz 4 AO, § 239 Absatz 3 HGB). 58

Veränderungen und Löschungen von und an elektronischen Buchungen oder Aufzeichnungen (vgl. Rzn. 3 bis 5) müssen daher so protokolliert werden, dass die Voraussetzungen des § 146 Absatz 4 AO bzw. § 239 Absatz 3 HGB erfüllt sind (siehe auch unter 8). Für elektronische Dokumente und andere elektronische Unterlagen, die gem. § 147 AO aufbewahrungspflichtig und nicht Buchungen oder Aufzeichnungen sind, gilt dies sinngemäß. 59

Beispiel 4:

Der Steuerpflichtige erstellt über ein Fakturierungssystem Ausgangsrechnungen und bewahrt die inhaltlichen Informationen elektronisch auf (zum Beispiel in seinem Fakturierungssystem). Die Lesbarmachung der abgesandten Handels- und Geschäftsbriefe aus dem Fakturierungssystem erfolgt jeweils unter Berücksichtigung der in den aktuellen Stamm- und Bewegungsdaten enthaltenen Informationen.

In den Stammdaten ist im Jahr 01 der Steuersatz 16 % und der Firmenname des Kunden A hinterlegt. Durch Umfirmierung des Kunden A zu B und Änderung des Steuersatzes auf 19 % werden die Stammdaten im Jahr 02 geändert. Eine Historisierung der Stammdaten erfolgt nicht.

Der Steuerpflichtige ist im Jahr 02 nicht mehr in der Lage, die inhaltliche Übereinstimmung der abgesandten Handels- und Geschäftsbriefe mit den ursprünglichen Inhalten bei Lesbarmachung sicher zu stellen.

60 Der Nachweis der Durchführung der in dem jeweiligen Verfahren vorgesehenen Kontrollen ist u. a. durch Verarbeitungsprotokolle sowie durch die Verfahrensdokumentation (siehe unter 6. und unter 10.1) zu erbringen.

4. Belegwesen (Belegfunktion)

61 Jeder Geschäftsvorfall ist urschriftlich bzw. als Kopie der Urschrift zu belegen. Ist kein Fremdbeleg vorhanden, muss ein Eigenbeleg erstellt werden. Zweck der Belege ist es, den sicheren und klaren Nachweis über den Zusammenhang zwischen den Vorgängen in der Realität einerseits und dem aufgezeichneten oder gebuchten Inhalt in Büchern oder sonst erforderlichen Aufzeichnungen und ihre Berechtigung andererseits zu erbringen (Belegfunktion). Auf die Bezeichnung als „Beleg" kommt es nicht an.

Die Belegfunktion ist die Grundvoraussetzung für die Beweiskraft der Buchführung und sonst erforderlicher Aufzeichnungen. Sie gilt auch bei Einsatz eines DV-Systems.

62 Inhalt und Umfang der in den Belegen enthaltenen Informationen sind insbesondere von der Belegart (z. B. Aufträge, Auftragsbestätigungen, Bescheide über Steuern oder Gebühren, betriebliche Kontoauszüge, Gutschriften, Lieferscheine, Lohn- und Gehaltsabrechnungen, Barquittungen, Rechnungen, Verträge, Zahlungsbelege) und der eingesetzten Verfahren abhängig.

63 Empfangene oder abgesandte Handels- oder Geschäftsbriefe erhalten erst mit dem Kontierungsvermerk und der Verbuchung auch die Funktion eines Buchungsbelegs.

64 Zur Erfüllung der Belegfunktionen sind deshalb Angaben zur Kontierung, zum Ordnungskriterium für die Ablage und zum Buchungsdatum auf dem Papierbeleg erforderlich. Bei einem elektronischen Beleg kann dies auch durch die Verbindung mit einem Datensatz mit Angaben zur Kontierung oder durch eine elektronische Verknüpfung (z. B. eindeutiger Index, Barcode) erfolgen. Ein Steuerpflichtiger hat andernfalls durch organisatorische Maßnahmen sicherzustellen, dass die Geschäftsvorfälle auch ohne Angaben auf den Belegen in angemessener Zeit progressiv und retrograd nachprüfbar sind.

65 Ein Buchungsbeleg in Papierform oder in elektronischer Form (z. B. Rechnung) kann einen oder mehrere Geschäftsvorfälle enthalten.

66 Aus der Verfahrensdokumentation (siehe unter 10.1) muss ersichtlich sein, wie die elektronischen Belege erfasst, empfangen, verarbeitet, ausgegeben und aufbewahrt (zur Aufbewahrung siehe unter 9.) werden.

4.1 Belegsicherung

Die Belege in Papierform oder in elektronischer Form sind zeitnah, d. h. möglichst unmittelbar nach Eingang oder Entstehung gegen Verlust zu sichern (vgl. zur zeitgerechten Belegsicherung unter 3.2.3, vgl. zur Aufbewahrung unter 9.). 67

Bei Papierbelegen erfolgt eine Sicherung z. B. durch laufende Nummerierung der eingehenden und ausgehenden Lieferscheine und Rechnungen, durch laufende Ablage in besonderen Mappen und Ordnern, durch zeitgerechte Erfassung in Grund(buch)aufzeichnungen oder durch laufende Vergabe eines Barcodes und anschließendes Scannen. 68

Bei elektronischen Belegen (z. B. Abrechnung aus Fakturierung) kann die laufende Nummerierung automatisch vergeben werden (z. B. durch eine eindeutige Belegnummer). 69

Die Belegsicherung kann organisatorisch und technisch mit der Zuordnung zwischen Beleg und Grund(buch)aufzeichnung oder Buchung verbunden werden. 70

4.2 Zuordnung zwischen Beleg und Grund(buch)aufzeichnung oder Buchung

Die Zuordnung zwischen dem einzelnen Beleg und der dazugehörigen Grund(buch)aufzeichnung oder Buchung kann anhand von eindeutigen Zuordnungsmerkmalen (z. B. Index, Paginiernummer, Dokumenten-ID) und zusätzlichen Identifikationsmerkmalen für die Papierablage oder für die Such- und Filtermöglichkeit bei elektronischer Belegablage gewährleistet werden. Gehören zu einer Grund(buch)-aufzeichnung oder Buchung mehrere Belege (z. B. Rechnung verweist für Menge und Art der gelieferten Gegenstände nur auf Lieferschein), bedarf es zusätzlicher Zuordnungs- und Identifikationsmerkmale für die Verknüpfung zwischen den Belegen und der Grund(buch)aufzeichnung oder Buchung. 71

Diese Zuordnungs- und Identifizierungsmerkmale aus dem Beleg müssen bei der Aufzeichnung oder Verbuchung in die Bücher oder Aufzeichnungen übernommen werden, um eine progressive und retrograde Prüfbarkeit zu ermöglichen. 72

Die Ablage der Belege und die Zuordnung zwischen Beleg und Aufzeichnung müssen in angemessener Zeit nachprüfbar sein. So kann z. B. Beleg- oder Buchungsdatum, Kontoauszugnummer oder Name bei umfangreichem Beleganfall mangels Eindeutigkeit in der Regel kein geeignetes Zuordnungsmerkmal für den einzelnen Geschäftsvorfall sein. 73

Beispiel 5: 74

Ein Steuerpflichtiger mit ausschließlich unbaren Geschäftsvorfällen erhält nach Abschluss eines jeden Monats von seinem Kreditinstitut einen Kontoauszug in Papierform mit vielen einzelnen Kontoblättern. Für die Zuordnung der Belege und Aufzeichnungen erfasst der Unternehmer ausschließlich die Kontoauszugsnummer. Alleine anhand der Kontoauszugsnummer – ohne zusätzliche Angabe der Blattnummer und der Positionsnummer – ist eine Zuordnung von Beleg und Aufzeichnung oder Buchung in angemessener Zeit nicht nachprüfbar.

4.3 Erfassungsgerechte Aufbereitung der Buchungsbelege

Eine erfassungsgerechte Aufbereitung der Buchungsbelege in Papierform oder die entsprechende Übernahme von Beleginformationen aus elektronischen Belegen (Daten, Datensätze, elektronische Dokumente und elektronische Unterlagen) ist sicherzustel- 75 len. Diese Aufbereitung der Belege ist insbesondere bei Fremdbelegen von Bedeutung, da der Steuerpflichtige im Allgemeinen keinen Einfluss auf die Gestaltung der ihm zugesandten Handels- und Geschäftsbriefe (z. B. Eingangsrechnungen) hat.

76 Wenn für Geschäftsvorfälle keine bildhaften Urschriften empfangen oder abgesandt, sondern elektronische Meldungen ausgestellt wurden (z. B. EDI), dann erfüllen diese Meldungen mit ihrem vollständigen Dateninhalt die Belegfunktion und müssen mit ihrem vollständigen Inhalt gespeichert und aufbewahrt werden.

77 Jedem Geschäftsvorfall muss ein Beleg zugrunde liegen, mit folgenden Inhalten:

Bezeichnung	Begründung
Eindeutige Belegnummer (z. B. Index, Paginiernummer, Dokumenten-ID, fortlaufende Rechnungsausgangsnummer)	Angabe zwingend (§ 146 Absatz 1 Satz 1 AO, vollständig, geordnet) Kriterium für Vollständigkeitskontrolle (Belegsicherung) Bei umfangreichem Beleganfall ist Zuordnung und Identifizierung regelmäßig nicht aus Belegdatum oder anderen Merkmalen eindeutig ableitbar. Sofern die Fremdbelegnummer eine eindeutige Zuordnung zulässt, kann auch diese verwendet werden.
Belegaussteller und -empfänger	Soweit dies zu den branchenüblichen Mindestaufzeichnungspflichten gehört und keine Aufzeichnungserleichterungen bestehen (z. B. § 33 UStDV)
Betrag bzw. Mengen- oder Wertangaben, aus denen sich der zu buchende Betrag ergibt	Angabe zwingend (BFH v. 12. Mai 1966, BStBl 1966 III S. 372); Dokumentation einer Veränderung des Anlage- und Umlaufvermögens sowie des Eigen- und Fremdkapitals
Währungsangabe und Wechselkurs bei Fremdwährung	Ermittlung des Buchungsbetrags
Hinreichende Erläuterung des Geschäftsvorfalls	Hinweis auf BFH-Urteil v. 12. Mai 1966, BStBl 1966 III S. 372; BFH-Urteil vom 1. Oktober 1969, BStBl 1970 II S. 45
Belegdatum	Angabe zwingend (§ 146 Absatz 1 Satz 1 AO, zeitgerecht). Identifikationsmerkmale für eine chronologische Erfassung, bei Bargeschäften regelmäßig Zeitpunkt des Geschäftsvorfalls Evtl. zusätzliche Erfassung der Belegzeit bei umfangreichem Beleganfall erforderlich
Verantwortlicher Aussteller, soweit vorhanden	Z. B. Bediener der Kasse

Vgl. Rz. 85 zu den Inhalten der Grund(buch)aufzeichnungen.

Vgl. Rz. 94 zu den Inhalten des Journals.

Für umsatzsteuerrechtliche Zwecke können weitere Angaben erforderlich sein. Dazu gehören beispielsweise die Rechnungsangaben nach §§ 14, 14a UStG und § 33 UStDV. 78

Buchungsbelege sowie abgesandte oder empfangene Handels- oder Geschäftsbriefe in Papierform oder in elektronischer Form enthalten darüber hinaus vielfach noch weitere Informationen, die zum Verständnis und zur Überprüfung der für die Besteuerung gesetzlich vorgeschriebenen Aufzeichnungen im Einzelfall von Bedeutung und damit ebenfalls aufzubewahren sind. Dazu gehören z. B.: 79

- ► Mengen- oder Wertangaben zur Erläuterung des Buchungsbetrags, sofern nicht bereits unter Rz. 77 berücksichtigt,
- ► Einzelpreis (z. B. zur Bewertung),
- ► Valuta, Fälligkeit (z. B. zur Bewertung),
- ► Angaben zu Skonti, Rabatten (z. B. zur Bewertung),
- ► Zahlungsart (bar, unbar),
- ► Angaben zu einer Steuerbefreiung.

4.4 Besonderheiten

Bei DV-gestützten Prozessen wird der Nachweis der zutreffenden Abbildung von Geschäftsvorfällen oft nicht durch konventionelle Belege erbracht (z. B. Buchungen aus Fakturierungssätzen, die durch Multiplikation von Preisen mit entnommenen Mengen aus der Betriebsdatenerfassung gebildet werden). Die Erfüllung der Belegfunktion ist dabei durch die ordnungsgemäße Anwendung des jeweiligen Verfahrens wie folgt nachzuweisen: 80

- ► Dokumentation der programminternen Vorschriften zur Generierung der Buchungen,
- ► Nachweis oder Bestätigung, dass die in der Dokumentation enthaltenen Vorschriften einem autorisierten Änderungsverfahren unterlegen haben (u. a. Zugriffsschutz, Versionsführung, Test- und Freigabeverfahren),
- ► Nachweis der Anwendung des genehmigten Verfahrens sowie
- ► Nachweis der tatsächlichen Durchführung der einzelnen Buchungen.

Bei Dauersachverhalten sind die Ursprungsbelege Basis für die folgenden Automatikbuchungen. Bei (monatlichen) AfA-Buchungen nach Anschaffung eines abnutzbaren Wirtschaftsguts ist der Anschaffungsbeleg mit der AfA-Bemessungsgrundlage und weiteren Parametern (z. B. Nutzungsdauer) aufbewahrungspflichtig. Aus der Verfahrensdokumentation und der ordnungsmäßigen Anwendung des Verfahrens muss der automatische Buchungsvorgang nachvollziehbar sein. 81

5. Aufzeichnung der Geschäftsvorfälle in zeitlicher Reihenfolge und in sachlicher Ordnung (Grund(buch)aufzeichnungen, Journal- und Kontenfunktion)

82 Der Steuerpflichtige hat organisatorisch und technisch sicherzustellen, dass die elektronischen Buchungen und sonst erforderlichen elektronischen Aufzeichnungen vollständig, richtig, zeitgerecht und geordnet vorgenommen werden (§ 146 Absatz 1 Satz 1 AO, § 239 Absatz 2 HGB). Jede Buchung oder Aufzeichnung muss im Zusammenhang mit einem Beleg stehen (BFH-Urteil vom 24. Juni 1997, BStBl 1998 II S. 51).

83 Bei der doppelten Buchführung müssen alle Geschäftsvorfälle in zeitlicher Reihenfolge (Grund(buch)aufzeichnung, Journalfunktion) und in sachlicher Gliederung (Hauptbuch, Kontenfunktion, siehe unter 5.4) darstellbar sein. Im Hauptbuch bzw. bei der Kontenfunktion verursacht jeder Geschäftsvorfall eine Buchung auf mindestens zwei Konten (Soll- und Habenbuchung).

84 Die Erfassung der Geschäftsvorfälle in elektronischen Grund(buch)aufzeichnungen (siehe unter 5.1 und 5.2) und die Verbuchung im Journal (siehe unter 5.3) kann organisatorisch und zeitlich auseinander fallen (z. B. Grund(buch)aufzeichnung in Form von Kassenauftragszeilen). Erfüllen die Erfassungen Belegfunktion bzw. dienen sie der Belegsicherung, dann ist eine unprotokollierte Änderung nicht mehr zulässig (vgl. Rz. 58 und 59). In diesen Fällen gelten die Ordnungsvorschriften bereits mit der ersten Erfassung der Geschäftsvorfälle und der Daten und müssen über alle nachfolgenden Prozesse erhalten bleiben (z. B. Übergabe von Daten aus Vor- in Hauptsysteme).

5.1 Erfassung in Grund(buch)aufzeichnungen

85 Die fortlaufende Aufzeichnung der Geschäftsvorfälle erfolgt zunächst in Papierform oder in elektronischen Grund(buch)aufzeichnungen (Grundaufzeichnungsfunktion), um die Belegsicherung und die Garantie der Unverlierbarkeit des Geschäftsvorfalls zu gewährleisten. Sämtliche Geschäftsvorfälle müssen der zeitlichen Reihenfolge nach und materiell mit ihrem richtigen und erkennbaren Inhalt festgehalten werden.

Zu den aufzeichnungspflichtigen Inhalten gehören

► die in Rz. 77, 78 und 79 enthaltenen Informationen,

► das Erfassungsdatum, soweit abweichend vom Buchungsdatum
Begründung:
   – Angabe zwingend (§ 146 Absatz 1 Satz 1 AO, zeitgerecht),
   – Zeitpunkt der Buchungserfassung und -verarbeitung,
   – Angabe der „Festschreibung" (Veränderbarkeit nur mit Protokollierung) zwingend, soweit nicht Unveränderbarkeit automatisch mit Erfassung und Verarbeitung in Grund(buch)aufzeichnung.

Vgl. Rz. 94 zu den Inhalten des Journals.

86 Die Grund(buch)aufzeichnungen sind nicht an ein bestimmtes System gebunden. Jedes System, durch das die Geschäftsvorfälle fortlaufend, vollständig und richtig festgehal-

ten werden, so dass die Grundaufzeichnungsfunktion erfüllt wird, ist ordnungsmäßig (vgl. BFH-Urteil vom 26. März 1968, BStBl 1968 II S. 527 für Buchführungspflichtige).

5.2 Digitale Grund(buch)aufzeichnungen

Sowohl beim Einsatz von Haupt- als auch von Vor- oder Nebensystemen ist eine Verbuchung im Journal des Hauptsystems (z. B. Finanzbuchhaltung) bis zum Ablauf des folgenden Monats nicht zu beanstanden, wenn die einzelnen Geschäftsvorfälle bereits in einem Vor- oder Nebensystem die Grundaufzeichnungsfunktion erfüllen und die Einzeldaten aufbewahrt werden. 87

Durch Erfassungs-, Übertragungs- und Verarbeitungskontrollen ist sicherzustellen, dass alle Geschäftsvorfälle vollständig erfasst oder übermittelt werden und danach nicht unbefugt (d. h. nicht ohne Zugriffsschutzverfahren) und nicht ohne Nachweis des vorausgegangenen Zustandes verändert werden können. Die Durchführung der Kontrollen ist zu protokollieren. Die konkrete Ausgestaltung der Protokollierung ist abhängig von der Komplexität und Diversifikation der Geschäftstätigkeit und der Organisationsstruktur sowie des eingesetzten DV-Systems. 88

Neben den Daten zum Geschäftsvorfall selbst müssen auch alle für die Verarbeitung erforderlichen Tabellendaten (Stammdaten, Bewegungsdaten, Metadaten wie z. B. Grund- oder Systemeinstellungen, geänderte Parameter), deren Historisierung und Programme gespeichert sein. Dazu gehören auch Informationen zu Kriterien, die eine Abgrenzung zwischen den steuerrechtlichen, den handelsrechtlichen und anderen Buchungen (z. B. nachrichtliche Datensätze zu Fremdwährungen, alternative Bewertungsmethoden, statistische Buchungen, GuV-Kontennullstellungen, Summenkonten) ermöglichen. 89

5.3 Verbuchung im Journal (Journalfunktion)

Die Journalfunktion erfordert eine vollständige, zeitgerechte und formal richtige Erfassung, Verarbeitung und Wiedergabe der eingegebenen Geschäftsvorfälle. Sie dient dem Nachweis der tatsächlichen und zeitgerechten Verarbeitung der Geschäftsvorfälle. 90

Werden die unter 5.1 genannten Voraussetzungen bereits mit fortlaufender Verbuchung im Journal erfüllt, ist eine zusätzliche Erfassung in Grund(buch)aufzeichnungen nicht erforderlich. Eine laufende Aufzeichnung unmittelbar im Journal genügt den Erfordernissen der zeitgerechten Erfassung in Grund(buch)aufzeichnungen (vgl. BFH-Urteil vom 16. September 1964, BStBl 1964 III S. 654). Zeitversetzte Buchungen im Journal genügen nur dann, wenn die Geschäftsvorfälle vorher fortlaufend richtig und vollständig in Grundaufzeichnungen oder Grundbüchern aufgezeichnet werden. Die Funktion der Grund(buch) aufzeichnungen kann auf Dauer auch durch eine geordnete und übersichtliche Belegablage erfüllt werden (§ 239 Absatz 4 HGB, § 146 Absatz 5 AO, H 5.2 „Grundbuchaufzeichnungen" EStH; vgl. Rz. 46). 91

Die Journalfunktion ist nur erfüllt, wenn die gespeicherten Aufzeichnungen gegen Veränderung oder Löschung geschützt sind. 92

XVI. Anhang

93 Fehlerhafte Buchungen können wirksam und nachvollziehbar durch Stornierungen oder Neubuchungen geändert werden (siehe unter 8.). Es besteht deshalb weder ein Bedarf noch die Notwendigkeit für weitere nachträgliche Veränderungen einer einmal erfolgten Buchung. Bei der doppelten Buchführung kann die Journalfunktion zusammen mit der Kontenfunktion erfüllt werden, indem bereits bei der erstmaligen Erfassung des Geschäftsvorfalls alle für die sachliche Zuordnung notwendigen Informationen erfasst werden.

94 Zur Erfüllung der Journalfunktion und zur Ermöglichung der Kontenfunktion sind bei der Buchung insbesondere die nachfolgenden Angaben zu erfassen oder bereit zu stellen:

- Eindeutige Belegnummer (siehe Rz. 77),
- Buchungsbetrag (siehe Rz. 77),
- Währungsangabe und Wechselkurs bei Fremdwährung (siehe Rz. 77),
- Hinreichende Erläuterung des Geschäftsvorfalls (siehe Rz. 77) – kann (bei Erfüllung der Journal- und Kontenfunktion) im Einzelfall bereits durch andere in Rz. 94 aufgeführte Angaben gegeben sein,
- Belegdatum, soweit nicht aus den Grundaufzeichnungen ersichtlich (siehe Rzn. 77 und 85)
- Buchungsdatum,
- Erfassungsdatum, soweit nicht aus der Grundaufzeichnung ersichtlich (siehe Rz. 85),
- Autorisierung soweit vorhanden,
- Buchungsperiode/Voranmeldungszeitraum (Ertragsteuer/Umsatzsteuer),
- Umsatzsteuersatz (siehe Rz. 78),
- Steuerschlüssel, soweit vorhanden (siehe Rz. 78),
- Umsatzsteuerbetrag (siehe Rz. 78),
- Umsatzsteuerkonto (siehe Rz. 78),
- Umsatzsteuer-Identifikationsnummer (siehe Rz. 78),
- Steuernummer (siehe Rz. 78),
- Konto und Gegenkonto,
- Buchungsschlüssel (soweit vorhanden),
- Soll- und Haben-Betrag,
- eindeutige Identifikationsnummer (Schlüsselfeld) des Geschäftsvorfalls (soweit Aufteilung der Geschäftsvorfälle in Teilbuchungssätze Buchungs-Halbsätze] oder zahlreiche Soll- oder Habenkonten Splitbuchungen] vorhanden). Über die einheitliche und je Wirtschaftsjahr eindeutige Identifikationsnummer des Geschäftsvorfalls muss die Identifizierung und Zuordnung aller Teilbuchungen einschließlich Steuer-, Sammel-, Verrechnungs- und Interimskontenbuchungen eines Geschäftsvorfalls gewährleistet sein.

5.4 Aufzeichnung der Geschäftsvorfälle in sachlicher Ordnung (Hauptbuch)

Die Geschäftsvorfälle sind so zu verarbeiten, dass sie geordnet darstellbar sind (Kontenfunktion) und damit die Grundlage für einen Überblick über die Vermögens- und Ertragslage darstellen. Zur Erfüllung der Kontenfunktion bei Bilanzierenden müssen Geschäftsvorfälle nach Sach- und Personenkonten geordnet dargestellt werden. 95

Die Kontenfunktion verlangt, dass die im Journal in zeitlicher Reihenfolge einzeln aufgezeichneten Geschäftsvorfälle auch in sachlicher Ordnung auf Konten dargestellt werden. Damit bei Bedarf für einen zurückliegenden Zeitpunkt ein Zwischenstatus oder eine Bilanz mit Gewinn- und Verlustrechnung aufgestellt werden kann, müssen Eröffnungsbilanzbuchungen und alle Abschlussbuchungen in den Konten enthalten sein. Die Konten sind nach Abschlussposition zu sammeln und nach Kontensummen oder Salden fortzuschreiben. 96

Werden innerhalb verschiedener Bereiche des DV-Systems oder zwischen unterschiedlichen DV-Systemen differierende Ordnungskriterien verwendet, so müssen entsprechende Zuordnungstabellen (z. B. elektronische Mappingtabellen) vorgehalten werden (z. B. Wechsel des Kontenrahmens, unterschiedliche Nummernkreise in Vor- und Hauptsystem). Dies gilt auch bei einer elektronischen Übermittlung von Daten an die Finanzbehörde (z. B. unterschiedliche Ordnungskriterien in Bilanz/GuV und EÜR einerseits und USt-Voranmeldung, LSt-Anmeldung, Anlage EÜR und E-Bilanz andererseits). Sollte die Zuordnung mit elektronischen Verlinkungen oder Schlüsselfeldern erfolgen, sind die Verlinkungen in dieser Form vorzuhalten. 97

Die vorstehenden Ausführungen gelten für die Nebenbücher entsprechend. 98

Bei der Übernahme verdichteter Zahlen ins Hauptsystem müssen die zugehörigen Einzelaufzeichnungen aus den Vor- und Nebensystemen erhalten bleiben. 99

6. Internes Kontrollsystem (IKS)

Für die Einhaltung der Ordnungsvorschriften des § 146 AO (siehe unter 3.) hat der Steuerpflichtige Kontrollen einzurichten, auszuüben und zu protokollieren. Hierzu gehören beispielsweise 100

- ▶ Zugangs- und Zugriffsberechtigungskontrollen, auf Basis entsprechender Zugangs- und Zugriffsberechtigungskonzepte (z. B. spezifische Zugangs- und Zugriffsberechtigungen),
- ▶ Funktionstrennungen,
- ▶ Erfassungskontrollen (Fehlerhinweise, Plausibilitätsprüfungen),
- ▶ Abstimmungskontrollen bei der Dateneingabe,
- ▶ Verarbeitungskontrollen,
- ▶ Schutzmaßnahmen gegen die beabsichtigte und unbeabsichtigte Verfälschung von Programmen, Daten und Dokumenten.

Die konkrete Ausgestaltung des Kontrollsystems ist abhängig von der Komplexität und Diversifikation der Geschäftstätigkeit und der Organisationsstruktur sowie des eingesetzten DV-Systems.

101 Im Rahmen eines funktionsfähigen IKS muss auch anlassbezogen (z. B. Systemwechsel) geprüft werden, ob das eingesetzte DV-System tatsächlich dem dokumentierten System entspricht (siehe Rz. 155 zu den Rechtsfolgen bei fehlender oder ungenügender Verfahrensdokumentation).

102 Die Beschreibung des IKS ist Bestandteil der Verfahrensdokumentation (siehe unter 10.1).

7. Datensicherheit

103 Der Steuerpflichtige hat sein DV-System gegen Verlust (z. B. Unauffindbarkeit, Vernichtung, Untergang und Diebstahl) zu sichern und gegen unberechtigte Eingaben und Veränderungen (z. B. durch Zugangs- und Zugriffskontrollen) zu schützen.

104 Werden die Daten, Datensätze, elektronischen Dokumente und elektronischen Unterlagen nicht ausreichend geschützt und können deswegen nicht mehr vorgelegt werden, so ist die Buchführung formell nicht mehr ordnungsmäßig.

105 **Beispiel 6:**

Unternehmer überschreibt unwiderruflich die Finanzbuchhaltungsdaten des Vorjahres mit den Daten des laufenden Jahres.

Die sich daraus ergebenden Rechtsfolgen sind vom jeweiligen Einzelfall abhängig.

106 Die Beschreibung der Vorgehensweise zur Datensicherung ist Bestandteil der Verfahrensdokumentation (siehe unter 10.1). Die konkrete Ausgestaltung der Beschreibung ist abhängig von der Komplexität und Diversifikation der Geschäftstätigkeit und der Organisationsstruktur sowie des eingesetzten DV-Systems.

8. Unveränderbarkeit, Protokollierung von Änderungen

107 Nach § 146 Absatz 4 AO darf eine Buchung oder Aufzeichnung nicht in einer Weise verändert werden, dass der ursprüngliche Inhalt nicht mehr feststellbar ist. Auch solche Veränderungen dürfen nicht vorgenommen werden, deren Beschaffenheit es ungewiss lässt, ob sie ursprünglich oder erst später gemacht worden sind.

108 Das zum Einsatz kommende DV-Verfahren muss die Gewähr dafür bieten, dass alle Informationen (Programme und Datenbestände), die einmal in den Verarbeitungsprozess eingeführt werden (Beleg, Grundaufzeichnung, Buchung), nicht mehr unterdrückt oder ohne Kenntlichmachung überschrieben, gelöscht, geändert oder verfälscht werden können. Bereits in den Verarbeitungsprozess eingeführte Informationen (Beleg, Grundaufzeichnung, Buchung) dürfen nicht ohne Kenntlichmachung durch neue Daten ersetzt werden.

109 **Beispiele 7 für unzulässige Vorgänge:**
- Elektronische Grund(buch)aufzeichnungen aus einem Kassen- oder Warenwirtschaftssystem werden über eine Datenschnittstelle in ein Officeprogramm exportiert, dort unprotokolliert editiert und anschließend über eine Datenschnittstelle reimportiert.

▶ Vorerfassungen, Stapelbuchungen werden bis zur Erstellung des Jahresabschlusses und darüber hinaus offen gehalten. Alle Eingaben können daher unprotokolliert geändert werden.

Die Unveränderbarkeit der Daten, Datensätze, elektronischen Dokumente und elektronischen Unterlagen (vgl. Rzn. 3 bis 5) kann sowohl hardwaremäßig (z. B. unveränderbare und fälschungssichere Datenträger) als auch softwaremäßig (z. B. Sicherungen, Sperren, Festschreibung, Löschmerker, automatische Protokollierung, Historisierungen, Versionierungen) als auch organisatorisch (z. B. mittels Zugriffsberechtigungskonzepten) gewährleistet werden. Die Ablage von Daten und elektronischen Dokumenten in einem Dateisystem erfüllt die Anforderungen der Unveränderbarkeit regelmäßig nicht, soweit nicht zusätzliche Maßnahmen ergriffen werden, die eine Unveränderbarkeit gewährleisten. 110

Spätere Änderungen sind ausschließlich so vorzunehmen, dass sowohl der ursprüngliche Inhalt als auch die Tatsache, dass Veränderungen vorgenommen wurden, erkennbar bleiben. Bei programmgenerierten bzw. programmgesteuerten Aufzeichnungen (automatisierte Belege bzw. Dauerbelege) sind Änderungen an den der Aufzeichnung zugrunde liegenden Generierungs- und Steuerungsdaten ebenfalls aufzuzeichnen. Dies betrifft insbesondere die Protokollierung von Änderungen in Einstellungen oder die Parametrisierung der Software. Bei einer Änderung von Stammdaten (z. B. Abkürzungs- oder Schlüsselverzeichnisse, Organisationspläne) muss die eindeutige Bedeutung in den entsprechenden Bewegungsdaten (z. B. Umsatzsteuerschlüssel, Währungseinheit, Kontoeigenschaft) erhalten bleiben. Ggf. müssen Stammdatenänderungen ausgeschlossen oder Stammdaten mit Gültigkeitsangaben historisiert werden, um mehrdeutige Verknüpfungen zu verhindern. Auch eine Änderungshistorie darf nicht nachträglich veränderbar sein. 111

Werden Systemfunktionalitäten oder Manipulationsprogramme eingesetzt, die diesen Anforderungen entgegenwirken, führt dies zur Ordnungswidrigkeit der elektronischen Bücher und sonst erforderlicher elektronischer Aufzeichnungen. 112

Beispiel 8:
Einsatz von Zappern, Phantomware, Backofficeprodukten mit dem Ziel unprotokollierter Änderungen elektronischer Einnahmenaufzeichnungen.

9. Aufbewahrung

Der sachliche Umfang der Aufbewahrungspflicht in § 147 Absatz 1 AO besteht grundsätzlich nur im Umfang der Aufzeichnungspflicht (BFH-Urteil vom 24. Juni 2009, BStBl 2010 II S. 452; BFH-Urteil vom 26. Februar 2004, BStBl 2004 II S. 599). 113

Müssen Bücher für steuerliche Zwecke geführt werden, sind sie in vollem Umfang aufbewahrungs- und vorlagepflichtig (z. B. Finanzbuchhaltung hinsichtlich Drohverlustrückstellungen, nicht abziehbare Betriebsausgaben, organschaftliche Steuerumlagen; BFH-Beschluss vom 26. September 2007, BStBl 2008 II S. 415). 114

Auch Steuerpflichtige, die nach § 4 Absatz 3 EStG als Gewinn den Überschuss der Betriebseinnahmen über die Betriebsausgaben ansetzen, sind verpflichtet, Aufzeichnun- 115 gen und Unterlagen nach § 147 Absatz 1 AO aufzubewahren (BFH-Urteil vom 24. Juni 2009, BStBl 2010 II S. 452; BFH-Urteil vom 26. Februar 2004, BStBl 2004 II S. 599).

116 Aufbewahrungspflichten können sich auch aus anderen Rechtsnormen (z. B. § 14b UStG) ergeben.

117 Die aufbewahrungspflichtigen Unterlagen müssen geordnet aufbewahrt werden. Ein bestimmtes Ordnungssystem ist nicht vorgeschrieben. Die Ablage kann z. b. nach Zeitfolge, Sachgruppen, Kontenklassen, Belegnummern oder alphabetisch erfolgen. Bei elektronischen Unterlagen ist ihr Eingang, ihre Archivierung und ggf. Konvertierung sowie die weitere Verarbeitung zu protokollieren. Es muss jedoch sichergestellt sein, dass ein sachverständiger Dritter innerhalb angemessener Zeit prüfen kann.

118 Die nach außersteuerlichen und steuerlichen Vorschriften aufzeichnungspflichtigen und nach § 147 Absatz 1 AO aufbewahrungspflichtigen Unterlagen können nach § 147 Absatz 2 AO bis auf wenige Ausnahmen auch als Wiedergabe auf einem Bildträger oder auf anderen Datenträgern aufbewahrt werden, wenn dies den GoB entspricht und sichergestellt ist, dass die Wiedergabe oder die Daten

1. mit den empfangenen Handels- oder Geschäftsbriefen und den Buchungsbelegen bildlich und mit den anderen Unterlagen inhaltlich übereinstimmen, wenn sie lesbar gemacht werden,

2. während der Dauer der Aufbewahrungsfrist jederzeit verfügbar sind, unverzüglich lesbar gemacht und maschinell ausgewertet werden können.

119 Sind aufzeichnungs- und aufbewahrungspflichtige Daten, Datensätze, elektronische Dokumente und elektronische Unterlagen im Unternehmen entstanden oder dort eingegangen, sind sie auch in dieser Form aufzubewahren und dürfen vor Ablauf der Aufbewahrungsfrist nicht gelöscht werden. Sie dürfen daher nicht mehr ausschließlich in ausgedruckter Form aufbewahrt werden und müssen für die Dauer der Aufbewahrungsfrist unveränderbar erhalten bleiben (z. B. per E-Mail eingegangene Rechnung im PDF-Format oder eingescannte Papierbelege). Dies gilt unabhängig davon, ob die Aufbewahrung im Produktivsystem oder durch Auslagerung in ein anderes DV-System erfolgt. Unter Zumutbarkeitsgesichtspunkten ist es nicht zu beanstanden, wenn der Steuerpflichtige elektronisch erstellte und in Papierform abgesandte Handels- und Geschäftsbriefe nur in Papierform aufbewahrt.

120 **Beispiel 9 zu Rz. 119:**

Ein Steuerpflichtiger erstellt seine Ausgangsrechnungen mit einem Textverarbeitungsprogramm. Nach dem Ausdruck der jeweiligen Rechnung wird die hierfür verwendete Maske (Dokumentenvorlage) mit den Inhalten der nächsten Rechnung überschrieben. Es ist in diesem Fall nicht zu beanstanden, wenn das Doppel des versendeten Schreibens in diesem Fall nur als Papierdokument aufbewahrt wird. Werden die abgesandten Handels- und Geschäftsbriefe jedoch tatsächlich in elektronischer Form aufbewahrt (z. B. im File-System oder einem DMS-System), so ist eine ausschließliche Aufbewahrung in Papierform nicht mehr zulässig. Das Verfahren muss dokumentiert werden. Werden Handels- oder Geschäftsbriefe mit Hilfe eines Fakturierungssystems oder ähnlicher Anwendungen erzeugt, bleiben die elektronischen Daten aufbewahrungspflichtig.

Bei den Daten und Dokumenten ist – wie bei den Informationen in Papierbelegen – auf deren Inhalt und auf deren Funktion abzustellen, nicht auf deren Bezeichnung. So sind beispielsweise E-Mails mit der Funktion eines Handels- oder Geschäftsbriefs oder eines Buchungsbelegs in elektronischer Form aufbewahrungspflichtig. Dient eine E-Mail nur als „Transportmittel", z. B. für eine angehängte elektronische Rechnung, und enthält darüber hinaus keine weitergehenden aufbewahrungspflichtigen Informationen, so ist diese nicht aufbewahrungspflichtig (wie der bisherige Papierbriefumschlag). 121

Ein elektronisches Dokument ist mit einem nachvollziehbaren und eindeutigen Index zu versehen. Der Erhalt der Verknüpfung zwischen Index und elektronischem Dokument muss während der gesamten Aufbewahrungsfrist gewährleistet sein. Es ist sicherzustellen, dass das elektronische Dokument unter dem zugeteilten Index verwaltet werden kann. Stellt ein Steuerpflichtiger durch organisatorische Maßnahmen sicher, dass das elektronische Dokument auch ohne Index verwaltet werden kann, und ist dies in angemessener Zeit nachprüfbar, so ist aus diesem Grund die Buchführung nicht zu beanstanden. 122

Das Anbringen von Buchungsvermerken, Indexierungen, Barcodes, farblichen Hervorhebungen usw. darf – unabhängig von seiner technischen Ausgestaltung – keinen Einfluss auf die Lesbarmachung des Originalzustands haben. Die elektronischen Bearbeitungsvorgänge sind zu protokollieren und mit dem elektronischen Dokument zu speichern, damit die Nachvollziehbarkeit und Prüfbarkeit des Originalzustands und seiner Ergänzungen gewährleistet ist. 123

Hinsichtlich der Aufbewahrung digitaler Unterlagen bei Bargeschäften wird auf das BMF-Schreiben vom 26. November 2010 (IV A 4 – S 0316/08/10004-07, BStBl 2010 I S. 1342) hingewiesen. 124

ANMERKUNG DES AUTORS:
Bezüglich des BMF-Schreibens vom 26. 11. 2014 wird auf Tz. 16.2 hingewiesen.

9.1 Maschinelle Auswertbarkeit (§ 147 Absatz 2 Nummer 2 AO)

Art und Umfang der maschinellen Auswertbarkeit sind nach den tatsächlichen Informations- und Dokumentationsmöglichkeiten zu beurteilen. 125

Beispiel 10:

Neues Datenformat für elektronische Rechnungen ZUGFeRD (Zentraler User Guide des Forums elektronische Rechnung Deutschland)

Hier ist vorgesehen, dass Rechnungen im PDF/A-3-Format versendet werden. Diese bestehen aus einem Rechnungsbild (dem augenlesbaren, sichtbaren Teil der PDF-Datei) und den in die PDF-Datei eingebetteten Rechnungsdaten im standardisierten XML-Format.

Entscheidend ist hier jetzt nicht, ob der Rechnungsempfänger nur das Rechnungsbild (Image) nutzt, sondern, dass auch noch tatsächlich XML-Daten vorhanden sind, die nicht durch eine Formatumwandlung (z. B. in TIFF) gelöscht werden dürfen. Die maschinelle Auswertbarkeit bezieht sich auf sämtliche Inhalte der PDF/A-3-Datei.

126 Eine maschinelle Auswertbarkeit ist nach diesem Beurteilungsmaßstab bei aufzeichnungs- und aufbewahrungspflichtigen Daten, Datensätzen, elektronischen Dokumenten und elektronischen Unterlagen (vgl. Rzn. 3 bis 5) u. a. gegeben, die
- ▶ mathematisch-technische Auswertungen ermöglichen,
- ▶ eine Volltextsuche ermöglichen,
- ▶ auch ohne mathematisch-technische Auswertungen eine Prüfung im weitesten Sinne ermöglichen (z. B. Bildschirmabfragen, die Nachverfolgung von Verknüpfungen und Verlinkungen oder die Textsuche nach bestimmten Eingabekriterien).

127 Mathematisch-technische Auswertung bedeutet, dass alle in den aufzeichnungs- und aufbewahrungspflichtigen Daten, Datensätzen (vgl. Rzn. 3 bis 5) enthaltenen Informationen automatisiert (DV-gestützt) interpretiert, dargestellt, verarbeitet sowie für andere Datenbankanwendungen und eingesetzter Prüfsoftware direkt, ohne weitere Konvertierungs- und Bearbeitungsschritte und ohne Informationsverlust nutzbar gemacht werden können (z. B. für wahlfreie Sortier-, Summier-, Verbindungs- und Filterungsmöglichkeiten).

Mathematisch-technische Auswertungen sind z. B. möglich bei:
- ▶ Elektronischen Grund(buch)aufzeichnungen (z. B. Kassendaten, Daten aus Warenwirtschaftssystem, Inventurlisten),
- ▶ Journaldaten aus Finanzbuchhaltung oder Lohnbuchhaltung,
- ▶ Textdateien oder Dateien aus Tabellenkalkulationen mit strukturierten Daten in tabellarischer Form (z. B. Reisekostenabrechnung, Überstundennachweise).

128 Neben den Daten in Form von Datensätzen und den elektronischen Dokumenten sind auch alle zur maschinellen Auswertung der Daten im Rahmen des Datenzugriffs notwendigen Strukturinformationen (z. B. über die Dateiherkunft eingesetztes System], die Dateistruktur, die Datenfelder, verwendete Zeichensatztabellen) in maschinell auswertbarer Form sowie die internen und externen Verknüpfungen vollständig und in unverdichteter, maschinell auswertbarer Form aufzubewahren. Im Rahmen einer Datenträgerüberlassung ist der Erhalt technischer Verlinkungen auf dem Datenträger nicht erforderlich, sofern dies nicht möglich ist.

129 Die Reduzierung einer bereits bestehenden maschinellen Auswertbarkeit, beispielsweise durch Umwandlung des Dateiformats oder der Auswahl bestimmter Aufbewahrungsformen, ist nicht zulässig (siehe unter 9.2).

Beispiele 11:
- ▶ Umwandlung von PDF/A-Dateien ab der Norm PDF/A-3 in ein Bildformat (z. B. TIFF, JPEG etc.), da dann die in den PDF/A-Dateien enthaltenen XML-Daten und ggf. auch vorhandene Volltextinformationen gelöscht werden.
- ▶ Umwandlung von elektronischen Grund(buch)aufzeichnungen (z. B. Kasse, Warenwirtschaft) in ein PDF-Format.
- ▶ Umwandlung von Journaldaten einer Finanzbuchhaltung oder Lohnbuchhaltung in ein PDF-Format.

Eine Umwandlung in ein anderes Format (z. B. Inhouse-Format) ist zulässig, wenn die maschinelle Auswertbarkeit nicht eingeschränkt wird und keine inhaltliche Veränderung vorgenommen wird (siehe Rz. 135).

Der Steuerpflichtige muss dabei auch berücksichtigen, dass entsprechende Einschränkungen in diesen Fällen zu seinen Lasten gehen können (z. B. Speicherung einer E-Mail als PDF-Datei. Die Informationen des Headers z. B. Informationen zum Absender] gehen dabei verloren und es ist nicht mehr nachvollziehbar, wie der tatsächliche Zugang der E-Mail erfolgt ist).

9.2 Elektronische Aufbewahrung

Werden Handels- oder Geschäftsbriefe und Buchungsbelege in Papierform empfangen und danach elektronisch erfasst (scannen), ist das Scanergebnis so aufzubewahren, dass die Wiedergabe mit dem Original bildlich übereinstimmt, wenn es lesbar gemacht wird. Werden gescannte Dokumente per Optical-Character-Recognition-Verfahren (OCR-Verfahren) um Volltextinformationen angereichert (zum Beispiel volltextrecherchierbare PDFs), so ist dieser Volltext nach Verifikation und Korrektur über die Dauer der Aufbewahrungsfrist aufzubewahren und auch für Prüfzwecke verfügbar zu machen. 130

Eingehende elektronische Handels- oder Geschäftsbriefe und Buchungsbelege müssen in dem Format aufbewahrt werden, in dem sie empfangen wurden (z. B. Rechnungen oder Kontoauszüge im PDF- oder Bildformat). Eine Umwandlung in ein anderes Format (z. B. MSG in PDF) ist dann zulässig, wenn die maschinelle Auswertbarkeit nicht eingeschränkt wird und keine inhaltlichen Veränderungen vorgenommen werden (siehe Rz. 135). Erfolgt eine Anreicherung der Bildinformationen, z. B. durch OCR (Beispiel: Erzeugung einer volltextrecherchierbaren PDF-Datei im Erfassungsprozess), sind die dadurch gewonnenen Informationen nach Verifikation und Korrektur ebenfalls aufzubewahren. 131

Im DV-System erzeugte Daten im Sinne der Rzn. 3 bis 5 (z. B. Grund(buch)aufzeichnungen in Vor- und Nebensystemen, Buchungen, generierte Datensätze zur Erstellung von Ausgangsrechnungen) oder darin empfangene Daten (z. B. EDI-Verfahren) müssen im Ursprungsformat aufbewahrt werden. 132

Im DV-System erzeugte Dokumente (z. B. als Textdokumente erstellte Ausgangsrechnungen § 14b UStG], elektronisch abgeschlossene Verträge, Handels- und Geschäftsbriefe, Verfahrensdokumentation) sind im Ursprungsformat aufzubewahren. Unter Zumutbarkeitsgesichtspunkten ist es nicht zu beanstanden, wenn der Steuerpflichtige elektronisch erstellte und in Papierform abgesandte Handels- und Geschäftsbriefe nur in Papierform aufbewahrt (Hinweis auf Rzn. 119, 120). Eine Umwandlung in ein anderes Format (z. B. Inhouse-Format) ist zulässig, wenn die maschinelle Auswertbarkeit nicht eingeschränkt wird und keine inhaltliche Veränderung vorgenommen wird (siehe Rz. 135). 133

Bei Einsatz von Kryptografietechniken ist sicherzustellen, dass die verschlüsselten Unterlagen im DV-System in entschlüsselter Form zur Verfügung stehen. Werden Signaturprüfschlüssel verwendet, sind die eingesetzten Schlüssel aufzubewahren. Die Auf- 134 bewahrungspflicht endet, wenn keine der mit den Schlüsseln signierten Unterlagen mehr aufbewahrt werden müssen.

135 Bei Umwandlung (Konvertierung) aufbewahrungspflichtiger Unterlagen in ein unternehmenseigenes Format (sog. Inhouse-Format) sind beide Versionen zu archivieren, derselben Aufzeichnung zuzuordnen und mit demselben Index zu verwalten sowie die konvertierte Version als solche zu kennzeichnen. Nicht aufbewahrungspflichtig sind die während der maschinellen Verarbeitung durch das Buchführungssystem erzeugten Dateien, sofern diese ausschließlich einer temporären Zwischenspeicherung von Verarbeitungsergebnissen dienen und deren Inhalte im Laufe des weiteren Verarbeitungsprozesses vollständig Eingang in die Buchführungsdaten finden. Voraussetzung ist jedoch, dass bei der weiteren Verarbeitung keinerlei „Verdichtung" aufzeichnungs- und aufbewahrungspflichtiger Daten (vgl. Rzn. 3 bis 5) vorgenommen wird.

9.3 Elektronische Erfassung von Papierdokumenten (Scanvorgang)

136 Papierdokumente werden durch den Scanvorgang in elektronische Dokumente umgewandelt. Das Verfahren muss dokumentiert werden. Der Steuerpflichtige sollte daher eine Organisationsanweisung erstellen, die unter anderem regelt:

- ▶ wer scannen darf,
- ▶ zu welchem Zeitpunkt gescannt wird (z. B. beim Posteingang, während oder nach Abschluss der Vorgangsbearbeitung),
- ▶ welches Schriftgut gescannt wird,
- ▶ ob eine bildliche oder inhaltliche Übereinstimmung mit dem Original erforderlich ist,
- ▶ wie die Qualitätskontrolle auf Lesbarkeit und Vollständigkeit und
- ▶ wie die Protokollierung von Fehlern zu erfolgen hat.

Die konkrete Ausgestaltung dieser Verfahrensdokumentation ist abhängig von der Komplexität und Diversifikation der Geschäftstätigkeit und der Organisationsstruktur sowie des eingesetzten DV-Systems.

137 Eine vollständige Farbwiedergabe ist erforderlich, wenn der Farbe Beweisfunktion zukommt (z. B. Minusbeträge in roter Schrift, Sicht-, Bearbeitungs- und Zeichnungsvermerke in unterschiedlichen Farben).

138 Für Besteuerungszwecke ist eine elektronische Signatur oder ein Zeitstempel nicht erforderlich.

139 Im Anschluss an den Scanvorgang darf die weitere Bearbeitung nur mit dem elektronischen Dokument erfolgen. Die Papierbelege sind dem weiteren Bearbeitungsgang zu entziehen, damit auf diesen keine Bemerkungen, Ergänzungen usw. vermerkt werden können, die auf dem elektronischen Dokument nicht enthalten sind. Sofern aus organisatorischen Gründen nach dem Scanvorgang eine weitere Vorgangsbearbeitung des Papierbeleges erfolgt, muss nach Abschluss der Bearbeitung der bearbeitete Papierbeleg erneut eingescannt und ein Bezug zum ersten Scanobjekt hergestellt werden (gemeinsamer Index).

Nach dem Einscannen dürfen Papierdokumente vernichtet werden, soweit sie nicht nach außersteuerlichen oder steuerlichen Vorschriften im Original aufzubewahren sind. Der Steuerpflichtige muss entscheiden, ob Dokumente, deren Beweiskraft bei der Aufbewahrung in elektronischer Form nicht erhalten bleibt, zusätzlich in der Originalform aufbewahrt werden sollen. 140

Der Verzicht auf einen Papierbeleg darf die Möglichkeit der Nachvollziehbarkeit und Nachprüfbarkeit nicht beeinträchtigen. 141

9.4 Auslagerung von Daten aus dem Produktivsystem und Systemwechsel

Im Falle eines Systemwechsels (z. B. Abschaltung Altsystem, Datenmigration), einer Systemänderung (z. B. Änderung der OCR-Software, Update der Finanzbuchhaltung etc.) oder einer Auslagerung von aufzeichnungs- und aufbewahrungspflichtigen Daten (vgl. Rzn. 3 bis 5) aus dem Produktivsystem ist es nur dann nicht erforderlich, die ursprüngliche Hard- und Software des Produktivsystems über die Dauer der Aufbewahrungsfrist vorzuhalten, wenn die folgenden Voraussetzungen erfüllt sind: 142

1. Die aufzeichnungs- und aufbewahrungspflichtigen Daten (einschließlich Metadaten, Stammdaten, Bewegungsdaten und der erforderlichen Verknüpfungen) müssen unter Beachtung der Ordnungsvorschriften (vgl. §§ 145 bis 147 AO) quantitativ und qualitativ gleichwertig in ein neues System, in eine neue Datenbank, in ein Archivsystem oder in ein anderes System überführt werden. Bei einer erforderlichen Datenumwandlung (Migration) darf ausschließlich das Format der Daten (z. B. Datums- und Währungsformat) umgesetzt, nicht aber eine inhaltliche Änderung der Daten vorgenommen werden. Die vorgenommenen Änderungen sind zu dokumentieren. Die Reorganisation von OCR-Datenbanken ist zulässig, soweit die zugrunde liegenden elektronischen Dokumente und Unterlagen durch diesen Vorgang unverändert bleiben und die durch das OCR-Verfahren gewonnenen Informationen mindestens in quantitativer und qualitativer Hinsicht erhalten bleiben.

2. Das neue System, das Archivsystem oder das andere System muss in quantitativer und qualitativer Hinsicht die gleichen Auswertungen der aufzeichnungs- und aufbewahrungspflichtigen Daten ermöglichen, als wären die Daten noch im Produktivsystem.

Andernfalls ist die ursprüngliche Hard- und Software des Produktivsystems – neben den aufzeichnungs- und aufbewahrungspflichtigen Daten – für die Dauer der Aufbewahrungsfrist vorzuhalten. Auf die Möglichkeit der Bewilligung von Erleichterungen nach § 148 AO wird hingewiesen. 143

Eine Aufbewahrung in Form von Datenextrakten, Reports oder Druckdateien ist unzulässig, soweit nicht mehr alle aufzeichnungs- und aufbewahrungspflichtigen Daten übernommen werden. 144

10. Nachvollziehbarkeit und Nachprüfbarkeit

Die allgemeinen Grundsätze der Nachvollziehbarkeit und Nachprüfbarkeit sind unter 3.1 aufgeführt. 145

Die Prüfbarkeit der formellen und sachlichen Richtigkeit bezieht sich sowohl auf einzelne Geschäftsvorfälle (Einzelprüfung) als auch auf die Prüfbarkeit des gesamten Verfahrens (Verfahrens- oder Systemprüfung anhand einer Verfahrensdokumentation, siehe unter 10.1).

146 Auch an die DV-gestützte Buchführung wird die Anforderung gestellt, dass Geschäftsvorfälle für die Dauer der Aufbewahrungsfrist retrograd und progressiv prüfbar bleiben müssen.

147 Die vorgenannten Anforderungen gelten für sonst erforderliche elektronische Aufzeichnungen sinngemäß (§ 145 Absatz 2 AO).

148 Von einem sachverständigen Dritten kann zwar Sachverstand hinsichtlich der Ordnungsvorschriften der §§ 145 bis 147 AO und allgemeiner DV-Sachverstand erwartet werden, nicht jedoch spezielle, produktabhängige System- oder Programmierkenntnisse.

149 Nach § 146 Absatz 3 Satz 3 AO muss im Einzelfall die Bedeutung von Abkürzungen, Ziffern, Buchstaben und Symbolen eindeutig festliegen und sich aus der Verfahrensdokumentation ergeben.

150 Für die Prüfung ist eine aussagefähige und aktuelle Verfahrensdokumentation notwendig, die alle System- bzw. Verfahrensänderungen inhaltlich und zeitlich lückenlos dokumentiert.

10.1 Verfahrensdokumentation

151 Da sich die Ordnungsmäßigkeit neben den elektronischen Büchern und sonst erforderlichen Aufzeichnungen auch auf die damit in Zusammenhang stehenden Verfahren und Bereiche des DV-Systems bezieht (siehe unter 3.), muss für jedes DV-System eine übersichtlich gegliederte Verfahrensdokumentation vorhanden sein, aus der Inhalt, Aufbau, Ablauf und Ergebnisse des DV-Verfahrens vollständig und schlüssig ersichtlich sind. Der Umfang der im Einzelfall erforderlichen Dokumentation wird dadurch bestimmt, was zum Verständnis des DV-Verfahrens, der Bücher und Aufzeichnungen sowie der aufbewahrten Unterlagen notwendig ist. Die Verfahrensdokumentation muss verständlich und damit für einen sachverständigen Dritten in angemessener Zeit nachprüfbar sein. Die konkrete Ausgestaltung der Verfahrensdokumentation ist abhängig von der Komplexität und Diversifikation der Geschäftstätigkeit und der Organisationsstruktur sowie des eingesetzten DV-Systems.

152 Die Verfahrensdokumentation beschreibt den organisatorisch und technisch gewollten Prozess, z. B. bei elektronischen Dokumenten von der Entstehung der Informationen über die Indizierung, Verarbeitung und Speicherung, dem eindeutigen Wiederfinden und der maschinellen Auswertbarkeit, der Absicherung gegen Verlust und Verfälschung und der Reproduktion.

153 Die Verfahrensdokumentation besteht in der Regel aus einer allgemeinen Beschreibung, einer Anwenderdokumentation, einer technischen Systemdokumentation und einer Betriebsdokumentation.

Für den Zeitraum der Aufbewahrungsfrist muss gewährleistet und nachgewiesen sein, dass das in der Dokumentation beschriebene Verfahren dem in der Praxis eingesetzten Verfahren voll entspricht. Dies gilt insbesondere für die eingesetzten Versionen der Programme (Programmidentität). Die Verfahrensdokumentation ist bei Änderungen zu versionieren und eine nachvollziehbare Änderungshistorie vorzuhalten. Aus der Verfahrensdokumentation muss sich ergeben, wie die Ordnungsvorschriften (z. B. §§ 145 ff. AO, §§ 238 ff. HGB) und damit die in diesem Schreiben enthaltenen Anforderungen beachtet werden. Die Aufbewahrungsfrist für die Verfahrensdokumentation läuft nicht ab, soweit und solange die Aufbewahrungsfrist für die Unterlagen noch nicht abgelaufen ist, zu deren Verständnis sie erforderlich ist. 154

Soweit eine fehlende oder ungenügende Verfahrensdokumentation die Nachvollziehbarkeit und Nachprüfbarkeit nicht beeinträchtigt, liegt kein formeller Mangel mit sachlichem Gewicht vor, der zum Verwerfen der Buchführung führen kann. 155

10.2 Lesbarmachung von elektronischen Unterlagen

Wer aufzubewahrende Unterlagen in der Form einer Wiedergabe auf einem Bildträger oder auf anderen Datenträgern vorlegt, ist nach § 147 Absatz 5 AO verpflichtet, auf seine Kosten diejenigen Hilfsmittel zur Verfügung zu stellen, die erforderlich sind, um die Unterlagen lesbar zu machen. Auf Verlangen der Finanzbehörde hat der Steuerpflichtige auf seine Kosten die Unterlagen unverzüglich ganz oder teilweise auszudrucken oder ohne Hilfsmittel lesbare Reproduktionen beizubringen. 156

Der Steuerpflichtige muss durch Scannen digitalisierte Unterlagen über sein DV-System per Bildschirm lesbar machen. Ein Ausdruck auf Papier ist nicht ausreichend. Die elektronischen Dokumente müssen für die Dauer der Aufbewahrungsfrist jederzeit lesbar sein (BFH-Beschluss vom 26. September 2007, BStBl 2008 II S. 415). 157

11. Datenzugriff

Nach § 147 Absatz 6 AO hat die Finanzbehörde das Recht, die mit Hilfe eines DV-Systems erstellten und nach § 147 Absatz 1 AO aufbewahrungspflichtigen Unterlagen durch Datenzugriff zu prüfen. Das Recht auf Datenzugriff steht der Finanzbehörde nur im Rahmen steuerlicher Außenprüfungen zu. Durch die Regelungen zum Datenzugriff wird der sachliche Umfang der Außenprüfung (§ 194 AO) nicht erweitert; er wird durch die Prüfungsanordnung (§ 196 AO, § 5 BpO) bestimmt. 158

11.1 Umfang und Ausübung des Rechts auf Datenzugriff nach § 147 Absatz 6 AO

Gegenstand der Prüfung sind die nach außersteuerlichen und steuerlichen Vorschriften aufzeichnungspflichtigen und die nach § 147 Absatz 1 AO aufbewahrungspflichtigen Unterlagen. Hierfür sind insbesondere die Daten der Finanzbuchhaltung, der Anlagenbuchhaltung, der Lohnbuchhaltung und aller Vor- und Nebensysteme, die aufzeichnungs- und aufbewahrungspflichtige Unterlagen enthalten (vgl. Rzn. 3 bis 5), für den Datenzugriff bereitzustellen. Die Art der Außenprüfung ist hierbei unerheblich, so dass z. B. die Daten der Finanzbuchhaltung auch Gegenstand der Lohnsteuer-Außenprüfung sein können. 159

160 Neben den Daten müssen insbesondere auch die Teile der Verfahrensdokumentation auf Verlangen zur Verfügung gestellt werden können, die einen vollständigen Systemüberblick ermöglichen und für das Verständnis des DV-Systems erforderlich sind. Dazu gehört auch ein Überblick über alle im DV-System vorhandenen Informationen, die aufzeichnungs- und aufbewahrungspflichtige Unterlagen betreffen (vgl. Rzn. 3 bis 5); z. B. Beschreibungen zu Tabellen, Feldern, Verknüpfungen und Auswertungen. Diese Angaben sind erforderlich, damit die Finanzverwaltung das durch den Steuerpflichtigen ausgeübte Erstqualifikationsrecht (vgl. Rz. 161) prüfen und Aufbereitungen für die Datenträgerüberlassung erstellen kann.

161 Soweit in Bereichen des Unternehmens betriebliche Abläufe mit Hilfe eines DV-Systems abgebildet werden, sind die betroffenen DV-Systeme durch den Steuerpflichtigen zu identifizieren, die darin enthaltenen Daten nach Maßgabe der außersteuerlichen und steuerlichen Aufzeichnungs- und Aufbewahrungspflichten (vgl. Rzn. 3 bis 5) zu qualifizieren (Erstqualifizierung) und für den Datenzugriff in geeigneter Weise vorzuhalten (siehe auch unter 9.4). Bei unzutreffender Qualifizierung von Daten kann die Finanzbehörde im Rahmen ihres pflichtgemäßen Ermessens verlangen, dass der Steuerpflichtige den Datenzugriff auf diese nach außersteuerlichen und steuerlichen Vorschriften tatsächlich aufgezeichneten und aufbewahrten Daten nachträglich ermöglicht.

Beispiele 12:

▶ Ein Steuerpflichtiger stellt aus dem PC-Kassensystem nur Tagesendsummen zur Verfügung. Die digitalen Grund(buch)aufzeichnungen (Kasseneinzeldaten) wurden archiviert, aber nicht zur Verfügung gestellt.

▶ Ein Steuerpflichtiger stellt für die Datenträgerüberlassung nur einzelne Sachkonten aus der Finanzbuchhaltung zur Verfügung. Die Daten der Finanzbuchhaltung sind archiviert.

▶ Ein Steuerpflichtiger ohne Auskunftsverweigerungsrecht stellt Belege in Papierform zur Verfügung. Die empfangenen und abgesandten Handels- und Geschäftsbriefe und Buchungsbelege stehen in einem Dokumenten-Management-System zur Verfügung.

162 Das allgemeine Auskunftsrecht des Prüfers (§§ 88, 199 Absatz 1 AO) und die Mitwirkungspflichten des Steuerpflichtigen (§§ 90, 200 AO) bleiben unberührt.

163 Bei der Ausübung des Rechts auf Datenzugriff stehen der Finanzbehörde nach dem Gesetz drei gleichberechtigte Möglichkeiten zur Verfügung.

164 Die Entscheidung, von welcher Möglichkeit des Datenzugriffs die Finanzbehörde Gebrauch macht, steht in ihrem pflichtgemäßen Ermessen; falls erforderlich, kann sie auch kumulativ mehrere Möglichkeiten in Anspruch nehmen:

165 **Unmittelbarer Datenzugriff (Z1)**

Die Finanzbehörde hat das Recht, selbst unmittelbar auf das DV-System dergestalt zuzugreifen, dass sie in Form des Nur-Lesezugriffs Einsicht in die aufzeichnungs- und aufbewahrungspflichtigen Daten nimmt und die vom Steuerpflichtigen oder von einem beauftragten Dritten eingesetzte Hard- und Software zur Prüfung der gespeicherten

Daten einschließlich der jeweiligen Meta-, Stamm- und Bewegungsdaten sowie der entsprechenden Verknüpfungen (z. B. zwischen den Tabellen einer relationalen Datenbank) nutzt.

Dabei darf sie nur mit Hilfe dieser Hard- und Software auf die elektronisch gespeicherten Daten zugreifen. Dies schließt eine Fernabfrage (Online-Zugriff) der Finanzbehörde auf das DV-System des Steuerpflichtigen durch die Finanzbehörde aus. Der Nur-Lesezugriff umfasst das Lesen und Analysieren der Daten unter Nutzung der im DV-System vorhandenen Auswertungsmöglichkeiten (z. B. Filtern und Sortieren).

Mittelbarer Datenzugriff (Z2) 166

Die Finanzbehörde kann vom Steuerpflichtigen auch verlangen, dass er an ihrer Stelle die aufzeichnungs- und aufbewahrungspflichtigen Daten nach ihren Vorgaben maschinell auswertet oder von einem beauftragten Dritten maschinell auswerten lässt, um anschließend einen Nur-Lesezugriff durchführen zu können. Es kann nur eine maschinelle Auswertung unter Verwendung der im DV-System des Steuerpflichtigen oder des beauftragten Dritten vorhandenen Auswertungsmöglichkeiten verlangt werden.

Datenträgerüberlassung (Z3) 167

Die Finanzbehörde kann ferner verlangen, dass ihr die aufzeichnungs- und aufbewahrungspflichtigen Daten, einschließlich der jeweiligen Meta-, Stamm- und Bewegungsdaten sowie der internen und externen Verknüpfungen (z. B. zwischen den Tabellen einer relationalen Datenbank), und elektronische Dokumente und Unterlagen auf einem maschinell lesbaren und auswertbaren Datenträger zur Auswertung überlassen werden. Die Finanzbehörde ist nicht berechtigt, selbst Daten aus dem DV-System herunterzuladen oder Kopien vorhandener Datensicherungen vorzunehmen.

Die Datenträgerüberlassung umfasst die Mitnahme der Daten aus der Sphäre des Steuerpflichtigen. Eine Mitnahme der Datenträger aus der Sphäre des Steuerpflichtigen sollte im Regelfall nur in Abstimmung mit dem Steuerpflichtigen erfolgen. 168

Der zur Auswertung überlassene Datenträger ist spätestens nach Bestandskraft der aufgrund der Außenprüfung ergangenen Bescheide an den Steuerpflichtigen zurückzugeben und die Daten sind zu löschen. 169

Die Finanzbehörde hat bei Anwendung der Regelungen zum Datenzugriff den Grundsatz der Verhältnismäßigkeit zu beachten. 170

11.2 Umfang der Mitwirkungspflicht nach §§ 147 Absatz 6 und 200 Absatz 1 Satz 2 AO

Der Steuerpflichtige hat die Finanzbehörde bei Ausübung ihres Rechts auf Datenzugriff zu unterstützen (§ 200 Absatz 1 AO). Dabei entstehende Kosten hat der Steuerpflichtige zu tragen (§ 147 Absatz 6 Satz 3 AO). 171

Enthalten elektronisch gespeicherte Datenbestände z. B. nicht aufzeichnungs- und aufbewahrungspflichtige, personenbezogene oder dem Berufsgeheimnis (§ 102 AO) unterliegende Daten, so obliegt es dem Steuerpflichtigen oder dem von ihm beauftragten Dritten, die Datenbestände so zu organisieren, dass der Prüfer nur auf die aufzeich- 172 nungs- und aufbewahrungspflichtigen Daten des Steuerpflichtigen zugreifen kann. Dies kann z. B. durch geeignete Zugriffsbeschränkungen oder „digitales Schwärzen" der zu schützenden Informationen erfolgen. Für versehentlich überlassene Daten besteht kein Verwertungsverbot.

173 Mangels Nachprüfbarkeit akzeptiert die Finanzbehörde keine Reports oder Druckdateien, die vom Unternehmen ausgewählte („vorgefilterte") Datenfelder und -sätze aufführen, jedoch nicht mehr alle aufzeichnungs- und aufbewahrungspflichtigen Daten (vgl. Rzn. 3 bis 5) enthalten.

Im Einzelnen gilt Folgendes:

174 **Beim unmittelbaren Datenzugriff** hat der Steuerpflichtige dem Prüfer die für den Datenzugriff erforderlichen Hilfsmittel zur Verfügung zu stellen und ihn für den Nur-Lesezugriff in das DV-System einzuweisen. Die Zugangsberechtigung muss so ausgestaltet sein, dass dem Prüfer dieser Zugriff auf alle aufzeichnungs- und aufbewahrungspflichtigen Daten eingeräumt wird. Sie umfasst die im DV-System genutzten Auswertungsmöglichkeiten (z. B. Filtern, Sortieren, Konsolidieren) für Prüfungszwecke, (z. B. in Revisionstools, Standardsoftware, Backofficeprodukten). In Abhängigkeit vom konkreten Sachverhalt kann auch eine vom Steuerpflichtigen nicht genutzte, aber im DV-System vorhandene Auswertungsmöglichkeit verlangt werden. Eine Volltextsuche, eine Ansichtsfunktion oder ein selbsttragendes System, das in einer Datenbank nur die für archivierte Dateien vergebenen Schlagworte als Indexwerte nachweist, reicht regelmäßig nicht aus.

Eine Unveränderbarkeit des Datenbestandes und des DV-Systems durch die Finanzbehörde muss seitens des Steuerpflichtigen oder eines von ihm beauftragten Dritten gewährleistet werden.

175 **Beim mittelbaren Datenzugriff** gehört zur Mithilfe des Steuerpflichtigen beim Nur-Lesezugriff neben der Zurverfügungstellung von Hard- und Software die Unterstützung durch mit dem DV-System vertraute Personen. Der Umfang der zumutbaren Mithilfe richtet sich nach den betrieblichen Gegebenheiten des Unternehmens. Hierfür können z. B. seine Größe oder Mitarbeiterzahl Anhaltspunkte sein.

176 **Bei der Datenträgerüberlassung** sind der Finanzbehörde mit den gespeicherten Unterlagen und Aufzeichnungen alle zur Auswertung der Daten notwendigen Informationen (z. B. über die Dateiherkunft eingesetztes System], die Dateistruktur, die Datenfelder, verwendete Zeichensatztabellen sowie interne und externe Verknüpfungen) in maschinell auswertbarer Form zur Verfügung zu stellen. Dies gilt auch in den Fällen, in denen sich die Daten bei einem Dritten befinden.

Auch die zur Auswertung der Daten notwendigen Strukturinformationen müssen in maschinell auswertbarer Form zur Verfügung gestellt werden.

Bei unvollständigen oder unzutreffenden Datenlieferungen kann die Finanzbehörde neue Datenträger mit vollständigen und zutreffenden Daten verlangen. Im Verlauf der Prüfung kann die Finanzbehörde auch weitere Datenträger mit aufzeichnungs- und aufbewahrungspflichtigen Unterlagen anfordern.

Das Einlesen der Daten muss ohne Installation von Fremdsoftware auf den Rechnern der Finanzbehörde möglich sein. Eine Entschlüsselung der übergebenen Daten muss spätestens bei der Datenübernahme auf die Systeme der Finanzverwaltung erfolgen.

Der Grundsatz der Wirtschaftlichkeit rechtfertigt nicht den Einsatz einer Software, die den in diesem Schreiben niedergelegten Anforderungen zur Datenträgerüberlassung nicht oder nur teilweise genügt und damit den Datenzugriff einschränkt. Die zur Herstellung des Datenzugriffs erforderlichen Kosten muss der Steuerpflichtige genauso in Kauf nehmen wie alle anderen Aufwendungen, die die Art seines Betriebes mit sich bringt. 177

Ergänzende Informationen zur Datenträgerüberlassung stehen auf der Internet-Seite des Bundesfinanzministeriums (www.bundesfinanzministerium.de) zum Download bereit. 178

12. Zertifizierung und Software-Testate

Die Vielzahl und unterschiedliche Ausgestaltung und Kombination der DV-Systeme für die Erfüllung außersteuerlicher oder steuerlicher Aufzeichnungs- und Aufbewahrungspflichten lassen keine allgemein gültigen Aussagen der Finanzbehörde zur Konformität der verwendeten oder geplanten Hard- und Software zu. Dies gilt umso mehr, als weitere Kriterien (z. B. Releasewechsel, Updates, die Vergabe von Zugriffsrechten oder Parametrisierungen, die Vollständigkeit und Richtigkeit der eingegebenen Daten) erheblichen Einfluss auf die Ordnungsmäßigkeit eines DV-Systems und damit auf Bücher und die sonst erforderlichen Aufzeichnungen haben können. 179

Positivtestate zur Ordnungsmäßigkeit der Buchführung – und damit zur Ordnungsmäßigkeit DV-gestützter Buchführungssysteme – werden weder im Rahmen einer steuerlichen Außenprüfung noch im Rahmen einer verbindlichen Auskunft erteilt. 180

„Zertifikate" oder „Testate" Dritter können bei der Auswahl eines Softwareproduktes dem Unternehmen als Entscheidungskriterium dienen, entfalten jedoch aus den in Rz. 179 genannten Gründen gegenüber der Finanzbehörde keine Bindungswirkung. 181

13. Anwendungsregelung

Im Übrigen bleiben die Regelungen des BMF-Schreibens vom 1. Februar 1984 (IV A 7 – S 0318-1/84, BStBl 1984 I S. 155) unberührt. 182

Dieses BMF-Schreiben gilt für Veranlagungszeiträume, die nach dem 31. Dezember 2014 beginnen. Es tritt an die Stelle der BMF-Schreiben vom 7. November 1995 – IV A 8 – S 0316 – 52/95 – (BStBl 1995 I S. 738) und vom 16. Juli 2001 – IV D 2 – S 0316 – 136/01 – (BStBl 2001 I S. 415), das durch BMF-Schreiben vom 14. September 2012 – IV A 4 – S 0316/12/10001 – (BStBl 2012 I S. 930) geändert wurde. 183

Fundstellen:

BStBl 2014 I Seite 1450

NWB DokID: HAAAE-37193

LITERATURVERZEICHNIS

Arbeitskreis des Steuerberaterverbandes Westfalen – Lippe und der Steuerberaterkammer Westfalen-Lippe „AK-FA": Jahresveranstaltung „Unerfüllbare Anforderungen an die Kassenführung" vom 13. 3. 2013.

Becker: Beweismittelunterdrückung gem. § 274 Abs. 1 StGB – Ein kaum beachteter Straftatbestand in der Außen- und Fahndungsprüfung, StBP 2008 S. 29 ff. (Teil I), S. 61 ff. (Teil II), S. 104 ff. (Teil III).

Becker/Wiethölter: Aufzeichnungspflichten beim Einnahmen-Überschuss-Rechner gemäß § 4 Abs. 3 EStG – Der falsch verstandene Beschluss des BFH vom 16. 2. 2006, StBP 2006 S. 377-379.

Bellinger: Umfang der Datenzugriffsrechte nach § 147 Abs. 6 AO in Kasseneinzeldaten, StBP 2011 S. 278-283.

Bundesrechnungshof (2003): Bemerkungen 2003 zur Haushalts und Wirtschaftsführung des Bundes, Berlin.

Devermann, in: Offerhaus/Söhn/Lange, Kommentar zur USt, Heidelberg 2013, §§ 22 Rn. 27.

Drüen, in: Tipke/Kruse, Kommentar zur AO/FGO, Köln 2014, § 146 AO Rz. 27 und 29, § 162 AO Rz. 28.

Frotscher, in: Schwarz, Kommentar zur Abgabenordnung, zu § 158 AO Rz. 23.

Harle/Olles: Datenzugriff auf Einzelaufzeichnungen im Einzelhandel, StBP 2013 S. 333-337.

Harle/Olles: Die moderne Betriebsprüfung, NWB Verlag 2014.

Härtl: Einzelaufzeichnungspflicht und Datenzugriff auf digital aufgezeichnete Geschäftsvorfälle von Bargeschäften, StBP 2014 S. 1-6.

Huber: Manipulationssysteme, Urkundenunterdrückung und Beweisverderber – von der Systemkontrolle zur Generalschätzung, Wien, StBP 2003 S. 193 ff. (Teil 1), S. 225 ff. (Teil 2);
Über Registrierkassen, Phantomware, Zapping und Fiskallösungen aus Deutschland und Österreich, StBP 2009 S. 153 ff. (Teil I), S. 185 ff. (Teil II), S. 217 ff. (Teil III), S. 253 ff. (Teil IV), S. 286 ff. (Teil V), S. 317 ff. (Teil VI), S. 342 ff. (Teil VII).

Huber/Reckendorf/Zisky: Die Unveränderbarkeit der (Kassen-)Buchführung nach § 146 Abs. 4 AO im EDV-Zeitalter und INSIKA, Teil III: Konzept, Technik, Praxis; BBK Nr. 14 v. 19. 7. 2013 S. 663 ff., NWB Dok-ID: SAAAE-40175.

Huber/Wähnert: Neue interaktive Prüfungstechnik, NWB 2009 S. 2814-2818.

Kalischke: Betriebe bangen vor Steuerprüfern – Beamte verwerfen immer mehr Kassenbuchführungen, Westfälische Nachrichten (WN) vom 15. 3. 2013.

Nowotzin/Teutemacher: Manipulationen beim Einsatz von PC- und elektronischen Kassen, Zentrale Fahndungsnachrichten (ZFN) 2009, S. 110.

OECD (2013): Originaltitel: Electronic Sales Suppression: A Threat to Tax Revenues, Paris.

Rätke, in: Klein, Kommentar zur AO, 12. Auflage, München 2014, § 146 Rz. 23 und 28.

Rudio: Zu Gast bei Betrügern, in: Die Zeit Nr. 9/2014 vom 27. 2. 2014.

Schummel beim Bezahlen, in: Die Zeit Nr. 16/2014 vom 10. 4. 2014 und Die Welt vom 23. 3. 2014.

Seer, in: Tipke/Kruse, Kommentar zur AO/FGO, Köln 2014, § 162 AO Rz. 40 ff.

Teutemacher: Checkliste für eine ordnungsgemäße Kassenführung, BBK 23/2012 S. 1073 ff.

VERZEICHNIS Literatur

Wähnert: Anwendbarkeit, Aussagekraft und Grenzen stochastischer Manipulationstests, Steuerliche Betriebsprüfung 2008 S. 312-318.

Wähnert: Der Beweiswert der neuen interaktiven Prüfungstechnik, BBK 2014 S. 80-391.

VERZEICHNIS WICHTIGER URTEILE

lfd. Nr.	Gericht	Urteil (U) / Beschluss (B)	Datum	Aktenzeichen	Inhalt (in Kürze)
1	BFH	U	12. 5. 1966	IV 472/60	Einzelhandelsunternehmer, die im allg. Waren an ihnen der Person nach nicht bekannte Kunden über den Ladentisch gegen Bargeld verkaufen, sind nicht verpflichtet, die baren Betriebseinnahmen einzeln aufzuzeichnen, **aber:** Kasseneinnahmen und Kassenausgaben sollen mindestens täglich aufgezeichnet werden.
2	BFH	U	14. 12. 1966	VI 245/65	Ordnungsgemäße Buchführung bei Versehen aufgrund menschlicher Unzulänglichkeiten.
3	BFH	U	12. 1. 1968	VI R 33/67	Die Führung eines Kassenbuchs und einer Geschäftskasse ist eine wesentliche Voraussetzung für eine ordnungsgemäße Buchführung.
4	BFH	U	13. 7. 1971	VIII 1/65	Die Aufbewahrung von Einnahmeursprungsaufzeichnungen ist nicht erforderlich, wenn deren Inhalt unmittelbar nach Auszählung der Tageskasse in das in Form aneinander gereihter Tageskassenberichte geführte Kassenbuch übertragen wird. Allerdings müssen auch die angefallenen Registrierkassenstreifen, Kassenzettel und Bons und sonstige Belege aufbewahrt werden, soweit nicht der Aufbewahrungszweck auf andere Weise gesichert und die Vollständigkeit der übertragenen Aufzeichnungen nach den tatsächlichen Verhältnissen gegeben ist.
5	BFH	U	17. 11. 1981	VIII R 174/77	Mehrere Geschäftskassen, fehlende Kassensturzfähigkeit, Kalkulation als Nachweis für unrichtiges Buchführungsergebnis (formell ordnungsgemäß), Genauigkeit einer Kalkulation bei Mängeln.
6	BFH	U	2. 2. 1982	VIII R 65/80	Schwerwiegende Buchführungsmängel rechtfertigen ein verhältnismäßig grobes Schätzungsverfahren.
7	FG des Saarlandes	U	28. 7. 1983	I 280-281/82, I 280/82, I 281/82	Verletzung der Mitwirkung dokumentieren, ordnungsgemäßige Nachkalkulation.

8	BFH	U	18. 10. 1983	VIII R 190/82	Keine Richtsatzschätzung bei formell ordnungsgemäßiger Buchführung, wenn keine Hinweise auf sachliche Unrichtigkeit vorliegen.
9	BFH	U	18. 12. 1984	VIII R 195/82	Schätzung schlüssig und vernünftig, wenn Schätzung nach Vergleichsbetrieben, Kasseneinnahmen und Kassenausgaben wurden nicht täglich aufgezeichnet, Kasseneinlagen/Kassenentnahmen mit geschätzten Beträgen ohne Beleg, unvollständiger Wareneinkauf.
10	BFH	U	20. 6. 1985	IV R 41/82 (NV)	Kassenbuch wesentlicher Teil der Buchführung. Die im Kassenbuch in einer Summe eingetragenen Kasseneinnahmen müssen durch die Aufbewahrung der angefallenen Kassenstreifen, Kassenzettel und Bons nachgewiesen werden. Radierungen und Überschreibungen heben den Beweiswert der Eintragungen im Kassenbuch auf.
11	BFH	B	27. 1. 1989	III B 130/88 (NV)	Aufzeichnungs- und Aufbewahrungspflichten in Hotel- und Restaurantbetrieben, hier: Aufbewahrungspflicht von Meldezetteln, da diese für die Besteuerung von Bedeutung. Bei Fehlen Schätzungsbefugnis der Finanzbehörde.
12	BFH	U	15. 2. 1989	X R 16/86	Der Beweisverderber oder Beweisvereitler darf aus seinem Verhalten keinen Vorteil ziehen! Die Finanzbehörde ist bei Verletzung bestimmter Mitwirkungspflichten zur Schätzung verpflichtet.
13	Hess. FG	U	18. 4. 1989	XI 230-231/82	10 % Sicherheitszuschlag, Richtsatzschätzung und Aufbewahrung von Preisunterlagen.
14	BFH	U	20. 9. 1989	X R 39/87	Schätzung von einem bis zur Summe aller Kassenfehlbeträge.
15	BFH	U	21. 2. 1990	X R 54/87 (NV)	Schwerwiegende Kassenmängel, Folge: grobe Zuschlagsschätzung, Richtsatzschätzung oder Schätzung über Kassenfehlbeträge hinaus.
16	BFH	U	11. 2. 1993	V R 128/89 (NV)	Mitwirkungspflicht des Stpfl. erhöht sich bei außergewöhnlichen Gestaltungen, z. B. der Einzahlung hoher Barbeträge, bei widersprüchlichen, teilweise eindeutig widerlegten Angaben zur Herkunft der eingezahlten Mittel.
17	FG Münster	B	7. 3. 1997	2 V 3448/96 E	Nichtnutzung einer EDV-Registrierkasse nicht glaubhaft, fehlende Kassensturzfähigkeit, Eintragungen im Kassenbericht glatte 5,00 € und 10,00 €.

18	BFH	U	11. 2. 1999	V R 40/98	Nachkalkulation ist offenzulegen.
19	BFH	U	11. 2. 1999	V R 40/98	Das rechnerische Ergebnis einer Nachkalkulation ist offenzulegen und auf Verlangen sind auch die Ermittlungen bekanntzugeben, die zu diesem Ergebnis geführt haben.
20	FG Münster	U	17. 2. 1999	10 K 3407/98	ZRV periodengerechte Schätzungsgrundlage.
21	BFH	U	15. 4. 1999	IV R 68/98	Gewinnermittlung nach § 4 Abs. 3 EStG, Zulässigkeit einer Richtsatzschätzung, Aufbewahrung von Belegen über BE und BA.
22	BFH	B	12. 5. 1999	IV B 89/98 (NV)	Auch Stpfl., die den Gewinn nach § 4 Abs. 3 EStG ermitteln, sind verpflichtet, die ihrer Gewinnermittlung zugrunde liegenden Belege aufzubewahren (hier: Tagesendsummenbons bei Einsatz einer EDV-Registrierkasse). Dies ergibt sich aus § 147 AO, aber auch aus der dem Stpfl. obliegenden Feststellungslast.
23	FG Münster	U	20. 10. 1999	10 K 3902/98	Zuschätzung mithilfe des Zeitreihenvergleichs zulässig, bei nicht ordnungsgemäßer Kassenführung, da diese nachträglich erstellt.
24	FG Münster	U	15. 12. 1999	10 K 7869/99	Zuschätzungsbefugnis bei Eisdiele wegen Kassenmängeln, hier: fehlende Kassensturzfähigkeit, keine Kassenbestände, Mengenverprobung mittels Zeitreihenvergleichs für große Eiskugeln, Kalkulationsprogramm ist <u>nicht</u> herauszugeben.
25	FG Münster	B	11. 2. 2000	9 V 5542/99	Mangelhafte Kassenbuchführung, Hinzuschätzung nach Zeitreihenvergleich.
26	FG Münster	B	23. 3. 2000	5 V 7028 99	Nicht ordnungsgemäße Kassenführung berechtigt Kalkulation nach Gästezahl, weil Wareneinkauf und Betriebseinnahmen nicht ordnungsgemäß aufgezeichnet.
27	FG Münster	U	23. 3. 2000	14 K 4134/97	Manipulierte Kassenstreifen; Tagesendsummenbons, Richtsatzschätzung zulässig; Unsicherheiten gehen zu Lasten der Klägerin.
28	BFH	B	11. 5. 2000	I B 7/00 (NV)	Der Stpfl. muss grundsätzlich die Registrierkassenstreifen, Kassenzettel, Bons und sonstige Belege aufbewahren.
29	FG Münster	U	31. 8. 2000	14 K 3305/98	Nichtnutzung EDV-Registrierkasse nicht glaubhaft, Ermittlung der Kasseneinnahmen unschlüssig, Innerer Betriebsvergleich als Nachweis für Schätzung.
30	FG Münster	U	31. 10. 2000	5 K 6661/98	Richtsatzschätzung zulässig, wenn sämtliche Buchführungsunterlagen fehlen.

31	BFH	B	2. 11. 2000	X B 39/00	Inwiefern es angesichts der konkreten Schätzungssituation und der ausführlichen Erläuterungen im Rahmen der Nachkalkulation auf die Kenntnis der "in dem Computerprogramm des Beklagten hinterlegten Berechnungsformeln" ankommen soll, ist unerheblich.
32	FG München	U	11. 12. 2002	9 K 252/01	Gemischtes Bankkonto bei der Einnahmenüberschussrechnung.
33	BFH	B	12. 6. 2003	XI B 8/03 (NV)	Sicherheitszuschätzung in Höhe von 10 % bei steuererhöhenden Merkmalen.
34	FG des Saarlandes	U	15. 7. 2003	1 K 174/00	Merkmale einer ordnungsgemäßen Kassenführung: Kassensturzfähigkeit, Kassenbuch, Kassenbericht, Ur-Aufzeichnungen.
35	FG Münster	B	14. 8. 2003	8 V 2651/03	Anhaltspunkte für eine formelle Fehlerhaftigkeit.
36	FG Bremen	B	1. 10. 2003	2 V 628/02, 2 V 634/02	Rechtmäßigkeit der Schätzung des Gewinns bei einer Pizzeria, hier: Nichtaufbewahrung von Kassenstreifen, Tagesendsummenbons und Tageseinnahmen mit glatten Beträgen (schwere Mängel –> grobes Schätzungsverfahren).
37	FG Münster	B	10. 11. 2003	6 V 4562/03	Tagesendsummenbons sind gem. § 147 Abs. 1 Nr. 4 AO aufzubewahren.
38	BFH	U	21. 1. 2004	XI R 3/03	Manipulation bei Registrierkassen, hier: Unterdrückung von Stornobuchungen, Schwarzgeschäfte durch Rechnungssplitting.
39	BFH	U	26. 2. 2004	XI R 25/02	Aufzeichnungspflichten im Taxigewerbe; Belege bei Einnahmenüberschussrechnung; Aufzeichnungspflichten nach § 22 UStG; Schichtzettel, Kassenberichte/Kassenbuch; Folgen bei Verletzung der Aufzeichnungspflichten.
40	FG Nürnberg	U	27. 4. 2004	II 8/2003	Gastwirtschaft mit daneben betriebenen Fleisch- und Wurstwarengeschäft, hier: keine getrennte Aufzeichnung von Entgelten, keine Einzelnachweise in der Kassenbuchführung, Folge: Schätzungsbefugnis des Finanzamts.
41	FG Münster	B	19. 8. 2004	8 V 3055/04	Hinzuschätzungsbefugnis bei einer Eisdiele, hier: erhebliche Mängel in der Kassenführung, FG setzt sich mit Anforderungen an eine ordnungsgemäße Kassenführung auseinander.
42	Niedersächsisches FG	B	2. 9. 2004	10 V 52/04	Fehlender Ausweis von Stornobuchungen. Testkäufe als probates Mittel zur Ermittlung des konkreten besteuerungsrelevanten Sachverhalts.

43	FG Düsseldorf	B	8. 12. 2004	8 V 5628/04	Zuschätzungen zum Umsatz eines Imbisswaren-Herstellers bei schwerwiegenden Mängeln in der Kassenführung (u. a. fehlende Kassensturzfähigkeit, fehlende Tagesendbestände etc.).
44	BFH	U	23. 12. 2004	III B 14/04 (NV)	Schätzungsbefugnis bei Kassen- und Aufzeichnungsmängeln, Ursprungsaufzeichnungen müssen unmittelbar nach Auszählung der Tageskasse in den Tageskassenbericht übertragen werden.
45	FG München	U	1. 6. 2005	9 K 4739/02	Aufzeichnungspflichten bei der Gewinnermittlung nach § 4 Abs. 3 EStG, hier: fehlendes Kassenbuch, aufzeichnungspflichtige Unterlagen, Getränke- u. Speisenkarten.
46	FG Hamburg	U	24. 6. 2005	I 153/04	Fehlerhaftigkeit durch Chi^2 bestätigt. Zuschätzung von einem Kassenfehlbetrag bis zur Summe aller Kassenfehlbeträge, auch Sicherheitszuschlag zulässig.
47	FG München	B	14. 10. 2005	10 V 1834/05	Tagesendsummenbons einer Registrierkasse und Preislisten sind aufzubewahren.
48	FG Rheinl.-Pfalz	U	16. 11. 2005	1 K 2311/03	Kassenmängel bei einer Pizzeria. Ausbeutekalkulation als Mittel zur Ermittlung der Zuschätzungshöhe.
49	FG Münster	U	7. 12. 2005	1 K 6384/03	Chi-Quadrat-Test beim Fahrtenbuch durch FG.
50	Sächsisches FG	U	1. 2. 2006	2 K 2306/02	Erhebliche Kassenmängel: Kassenfehlbeträge, nicht aufbewahrte Tagesendsummenbons, Mitwirkung des Stpfl. hinsichtlich Mittelherkunft, Zuschätzung: ungeklärte Bankeinzahlungen + Sicherheitszuschlag.
51	BFH	B	16. 2. 2006	X B 57/05 (NV)	Bei der Einnahmenüberschussrechnung sind Aufzeichnungen zu führen, die über eine bloße Belegablage hinausgehen.
52	FG des Saarlandes	B	25. 10. 2006	1 V 185/06	Kassenfehlbeträge, Mitwirkung, Mittelherkunft, niedrige Entnahmen, Richtsatzschätzung, „Auf einen groben Klotz ein grober Keil."
53	Sächsisches FG	B	24. 11. 2006	4 V 1528/06 n.n.v.	Zulässigkeit von Kassenauslesungen, Datenzugriff auf Registrierkasse einer Fleischerei.
54	FG Bremen	U	17. 1. 2007	2 K 229/04 (5)	Schätzungsbefugnis bei schwerwiegenden Mängeln in der Kassenbuchführung.
55	FG Düsseldorf	B	15. 2. 2007	16 V 4691/06 A	Zulässigkeit einer Zuschätzung bei einer manipulierten Registrierkasse und Schwarzeinkäufen.

56	BFH	U	27. 2. 2007	X B 7/06 (NV)	Vollschätzung bei schwerwiegenden Buchführungsmängeln bzw. fehlenden Aufzeichnungen.
57	BFH	B	12. 3. 2008	I B 176/07	Schätzungsbefugnis wegen Kassenmängeln, hier: Sonderveranstaltungen mit offener Ladenkasse, für die keine Kassenberichte geschrieben wurden, Einsatz von EDV-Registrierkassen, deren Daten nachträglich manipuliert wurden.
58	FG Hamburg	U	30. 3. 2007	7 K 10/06	Einnahmenüberschussrechnung, Schätzung, freiwillige Aufzeichnungen nach §146 Abs. 6 AO, Ergebnis einer Geldverkehrsrechnung entspricht nicht der Wirklichkeit.
59	FG Berlin-Brandenburg	U	26. 7. 2007	14 K 3368/06 B	Buchführungs- und Aufzeichnungspflichten hinsichtlich der Kassenführung bei der Einnahmenüberschussrechnung.
60	BFH	U	7. 2. 2008	X B 189/07 (NV)	Einnahmenüberschussrechnung, Tagesendsummenbons sind bei Einsatz einer EDV-Registrierkasse aufzubewahren.
61	Hess. FG	B	14. 2. 2008	6 V 1019/07	Schätzung bei nicht zeitgerechten Aufzeichnungen.
62	FG Düsseldorf	U	20. 3. 2008	16 K 4689/06	Zuschätzungsbefugnis bei Manipulation an der Registrierkasse und Schwarzeinkäufen.
63	Sächsisches FG	B	4. 4. 2008	5 V 1035/07	Einnahmenüberschussrechnung, 10 % Sicherheitszuschlag, bei erheblichen Mängeln in der Kassenführung.
64	FG Köln	U	21. 8. 2008	2 K 3468/07	Aufzeichnungen nach § 22 UStG bei der Gewinnermittlung nach § 4 Abs. 3 EStG, Kassenberichte fehlen.
65	BFH	B	2. 9. 2008	V B 4/08	Kein Kassenbuch; aber Aufzeichnungen nach § 22 UStG bei Gewinnermittlung nach § 4 Abs. 3 EStG.
66	FG Köln	U	27. 1. 2009	6 K 3954/07	Ordnungsmäßigkeit der Buchführung trotz geringer Mängel, hier: Erfassung von Trinkgeldern der Angestellten in der Kasse, Bedeutung eines Zeitreihenvergleichs.
67	FG Köln	U	6. 5. 2009	15 K 1154/05	Zeitreihenvergleich bei ordnungsgemäßer Buchführung.
68	Hess. FG	B	2. 9. 2009	9 V 959/09 (NV)	Schätzung: innerer Betriebsvergleich + 6 % Sicherheitszuschlag, das Ergebnis musste aber innerhalb der Richtsätze liegen.
69	FG des Saarlandes	U	13. 1. 2010	1 K 1101/05	Unglaubwürdige Aufzeichnungen und Kassenführung bei der Einnahmenüberschussrechnung, die zu einer Zuschätzung befähigen.

70	Hess. FG	B	26. 4. 2010	12 V 3112/09	Zuschätzung nach innerem Betriebsvergleich, Zeitreihenvergleich und Sicherheitszuschlag.
71	FG München	B	24. 8. 2010	5 V 1474/10	Aufzeichnungspflichten bei der Gewinnermittlung nach § 4 Abs. 3 EStG.
72	FG München	B	17. 5. 2011	13 V 357/11	Aufzeichnung der Kasseneinnahmen, keine Kassenberichte und Registrierkassenbelege als gravierende Mängel.
73	FG Nürnberg	U	24. 5. 2011	2 K 449/08	Richtsatzschätzung mittels äußerem Betriebsvergleich, wenn Kassenbuch und Kassenkonto fehlen.
74	FG Rheinl.-Pfalz	U	24. 8. 2011	2 K 1277/10	Chi-Quadrat-Test, Terminbuch, Kassenkonto in Fibu.
75	FG Hamburg	B	31. 8. 2011	6 V 2/11	Taxi, Aufzeichnungspflichten nach § 22 UStG bei der Einnahmenüberschussrechnung.
76	Niedersächsisches FG	U	8. 12. 2011	12 K 389/09	Auch bei der Gewinnermittlung gem. § 4 Abs. 3 EStG muss die vollständige Erfassung der (baren) Betriebseinnahmen nachvollziehbar dokumentiert und überprüfbar sein.
77	BFH	U	14. 12. 2011	XI R 5/10 (NV)	Aufzeichnungen, Schätzungsbefugnis, Fehlerbeseitigung, Aufbewahrung u. a. Speisen- und Getränkekarten.
78	FG Düsseldorf	U	26. 3. 2012	6 K 2749/11 K,G,U,F	Betriebe mit hohem Bargeldanteil => Kassenaufzeichnungen unterliegen einer strengen Beurteilung, Sicherheitszuschlag von 8 % des erklärten Umsatzes wegen fehlender Wareneinkäufe.
79	FG Münster	U	8. 5. 2012	1 K 602/09	Kassenmängel, Ausbeutekalkulation.
80	FG des Saarlandes	U	21. 6. 2012	1 K 1124/10	Einnahmenüberschussrechnung; Aufzeichnungspflichten, Aufbewahrungspflichten von Tagesendsummenbons, Schätzungsbefugnis.
81	FG Münster	U	26. 7. 2012	4 K 2071/09 E, U	Schätzungsbefugnis bei nicht ordnungsgemäßer Kassenführung, Schätzung auf Grundlage eines Zeitreihenvergleichs.
82	BFH	B	25. 10. 2012	X B 133/11	Pflicht zur Aufbewahrung von Schichtzetteln im Taxigewerbe.
83	Thüringer FG	U	30. 1. 2013	3 K 212/11	Kassenmängel als Grundlage für eine Schätzungsbefugnis des FAs.
84	BFH	B	13. 3. 2013	X B 16/12	Dokumentiert ein Stpfl., der den Gewinn nach § 4 Abs. 3 EStG ermittelt, seine Betriebseinnahmen in Kassenberichten, ist das FA zur Schätzung befugt, wenn diese wiederholt korrigiert und in sich widersprüchlich sind.

Nr.	Gericht	Art	Datum	Aktenzeichen	Inhalt
85	FG Nürnberg	U	28. 3. 2013	4 K 26/11	Anforderungen an eine ordnungsgemäße Kassen- und Buchführung. Sicherheitszuschätzung bis 10 % zulässig.
86	FG Münster	U	16. 5. 2013	2 K 3030/ 11	Schätzungsbefugnis bei mangelhafter Kassenbuchführung. Bei Nutzung einer EDV-Registrierkasse sind nicht nur die TEB, sondern auch alle Dokumentationsunterlagen vorzulegen. Fehlende Stornobuchungen deuten auf einen bewussten Eingriff in das System der Kasse hin. Bei fehlender Kassensturzfähigkeit ist die Buchführung eines Betriebs materiell nicht ordnungsgemäß. Zur Höhe von Hinzuschätzungen bei fehlender Ordnungsmäßigkeit der Kassenbuchführung, hier: Überschreitung der höchsten Reingewinnsätze lt. Richtsatzsammlung nicht zulässig.
87	FG Köln	B	27. 8. 2013	3 V 3747/12	Schätzung der Besteuerungsgrundlagen eines Taxiunternehmens wegen fehlender Schichtzettel.
88	Sächsisches FG	U	16. 12. 2013	1 K 1147/12	Schätzung bei mangelhafter Kassenführung und unvollständigen Aufzeichnungen. Mitwirkungspflicht bei der Aufklärung der Herkunft der Mittel.
89	Hess. FG	B	24. 2. 2014	4 V 84/13	Schätzungsbefugnis bei der Gewinnermittlung nach § 4 Abs. 3 EStG, wenn Tagesendsummenbons nur wochenweise erstellt und in einer Summe im Konto Kasse verbucht werden.
90	Hess. FG	U	24. 3. 2014	4 K 2340/12	Hinzuschätzungen bei einem Restaurant wegen fehlender technischer Kassenunterlagen.
91	Sächsisches FG	U	19. 5. 2014	5 K 1165/10	Hinzuschätzungen bei im Wesentlichen ohne Beanstandung gebliebener Einnahmenüberschussrechnung.
92	BFH	U	24. 6. 2014	VIII R 54/10	Kassenaufzeichnungen müssen so beschaffen sein, dass ein Buchsachverständiger jederzeit in der Lage ist, den Sollbestand mit dem Istbestand der Geschäftskasse zu vergleichen. Die Einnahmeermittlung bei Einsatz von Registrierkassen muss nachvollziehbar dokumentiert und überprüfbar sein. Mängel in der Kassenbuchführung berechtigen zur Schätzung der Besteuerungsgrundlagen.

93	FG Hamburg	U	11. 11. 2014	6 K 206/11	Für ein Taxiunternehmen genügen nur die sog. Schichtzettel den sich aus der Einzelaufzeichnungspflicht ergebenden Mindestanforderungen.
94	FG Münster	B	7. 1. 2015	8 V 1774/14 G	Schätzungsbefugnis bis max. zum höchsten Reingewinnsatz lt. Richtsatzsammlung bei erheblichen Mängeln in der Kassenbuchführung.
95	FG Münster	B	22. 12. 2015	9 V 1742/14 G	Schätzungsbefugnis bis max. zum höchsten Reingewinnsatz lt. Richtsatzsammlung bei erheblichen Mängeln in der Kassenbuchführung.

STICHWORTVERZEICHNIS

A

Abrechnungssysteme 5
Anwenderdokumentation 126, 210
Apotheke 5, 16, 21, 25 ff., 34, 81, 127 ff., 133, 137, 153
Apothekenbücher 54
Approbation 2
Arbeitsgruppe Sanktionen 26
Archivierung 204
Archivierungsmedien 186
Archivsystem 66, 182, 187, 209
Artikelbericht 106, 114, 121 ff., 170
– Muster 148
Aufbewahrungsfristen 11, 17, 29, 38, 41, 53, 71, 111, 115, 127
– Checkliste Aufbewahrungsfristen bei Kassenunterlagen 174 ff.
Aufbewahrungspflichten
– bei der Gewinnermittlung nach § 4 Abs. 3 EStG 75 ff.
– bei EDV-Registrierkassen (älterer Bauart) 99 ff.
– bei EDV-Registrierkassen (neuerer Bauart oder proprietäre Systeme) 111 ff.
– bei offener Ladenkasse 97 ff.
– bei PC-(Kassen-)Systemen 114 ff.
– Checkliste aufbewahrungspflichtige Kassenunterlagen 174 ff.
– digitaler Unterlagen bei Bargeschäften (2. Kassenrichtlinie) 64 ff.
– nach Handelsrecht 53
– nach Steuerrecht 53 ff.
– Verzicht auf die Aufbewahrung (1. Kassenrichtlinie) 55 ff.
Aufmerksamkeiten 14
Aufzeichnungen 2, 7, 19, 40, 52, 54, 81, 99 ff., 120, 125, 130, 133 ff., 137, 146, 159
Aufzeichnungspflichten 9 ff.
– bei der Gewinnermittlung nach § 4 Abs. 3 EStG 75 ff.
– bei PC-(Kassen-)Systemen 115 ff.
– branchenspezifische 16, 22, 34, 184 ff.
– nach anderen Gesetzen, u. a. nach § 22 UStG 14 ff.
– nach Handelsrecht 12 ff.
– nach Steuerrecht 13 ff.
Ausbeutekalkulation 223, 225
Auskunftsverweigerungsrecht 212
Außer-Haus-Verkauf 5
Auswertbarkeit
– maschinelle 205 ff.
Automatenaufsteller 5
Automatikbuchungen 197
Autorisierung 20

B

Back-Office
– Produkte 203, 214
– Software 109, 112, 127, 128, 133
Bank 22
Bankeinzahlungen 89 ff.
Bankkonto 22, 44, 76
Barcode 194 ff.
Barcodescanner 107
Bareinlage 30, 82, 96
Bargeld 1, 20, 22 ff., 43, 46, 145, 219, 225
Bargeldbestand 77, 86
Bargeldverkehr 75
Bediener 50, 55, 57, 67, 99, 102 ff., 107, 112
– Programmierung 100, 109
– Schlüssel 121, 145
– Selbstabrechnung 104
– Trainingsbediener 63
Bedienerbericht 120 ff., 150
– Muster 121
Bedienungsanleitung 27, 30, 56, 61, 63, 66, 109, 118 ff.
Beihilfe
– zur Steuerhinterziehung 2
Beitragsabrechnung 16
Beleg/e 18, 23, 26, 35, 76
– -ablage 125
– -prinzip 26, 30

– -sicherung 18, 42
– Buchungs- 28 ff.
Belegablage 38, 96
Belegfunktion 41, 66
– im Zusammenhang mit den GoBD 71
Belegübergabe 85
Belegzusammenhang 57, 124
Bestandskonten 28
Betriebsdokumentation 126, 210
Betriebseinnahmen 6, 14, 44, 57, 70, 76, 82, 94, 108, 160, 162 f., 203, 219, 221, 225
Betriebsvergleich 81, 122, 160, 221, 224 f.
Bewegungsdaten 126, 130, 193, 199, 203, 209, 213
Bewirtung 6
– Bewirtungskosten 23
Bewirtungsbelege 6, 23, 100, 107
Bewirtungsunterlagen 174
Bilanz 28 f., 54
Bleistift 40
Bluetooth 115
Bonierung/en 114 ff.
– Anzahl der 102
Bonierungspflicht 5
Buchführung
– Grundsätze ordnungsgemäßer 6
Buchführungsjournal 34
Buchführungspflicht
– nach Handelsrecht 6, 13
Buchungsbeleg/e 28 f., 53 ff., 161
Bücher 6, 129
Bundesrechnungshof 138 f.

C

Customizing/Customization 27, 57, 68, 113

D

Darlehen 53
Dateiformate 65
Datenbankart 67
Datenbanken 27, 30, 37, 48, 58, 112, 114, 130, 133
Datenbankkenntnisse 7
Datenbankprozeduren 68, 114

Datenbankstrukturen 29
Datenbanksysteme 111
Datenbanktabellen 49, 68, 114, 126
Datenerfassungsprotokoll/e 36, 41, 67, 112, 114, 116
Datensicherheit 41, 71, 155, 202
Datenzugriff 6 ff., 11, 23, 25, 28, 64 ff., 71, 83, 93, 99, 108, 112, 115, 182, 223
– Datenträgerüberlassung 131 f.
– der Finanzverwaltung nach § 147 Abs. 6 AO 125 ff.
– im Zusammenhang mit den GoBD 184 ff.
– mittelbarer Zugriff 131
– Mitwirkungspflichten im Zusammenhang mit dem Datenzugriff 133 ff.
– unmittelbarer Zugriff 130
Debitoren 28, 53, 177, 191
Diebstahl 5, 47, 202
Dokumentation 5, 7 f., 22, 30, 38, 41, 44, 48, 66, 102, 145
– Aufbewahrungsfristen 178
– Dokumentationspflichten bei Taxametern 69 f.
– Dokumentationsunterlagen 57, 67, 100
– Verfahrens- 27 ff., 67 f., 125 f, 189, 194, 208, 210 ff.
Dokumenten-Management-System (DMS) 204
Druckwerke 167
Durchlaufende Posten
– Warengruppen als durchlaufende Posten 151
Durchstreichungen 40

E

EDV-Registrierkassen 3 ff., 11, 21, 23, 25, 27, 29, 31, 37, 40, 47 ff., 71 f., 82, 86, 95, 126, 133, 137
– 1. Kassenrichtlinie 55 ff.
– 2. Kassenrichtlinie 64 ff.
– Berichte aus … 117 ff.
– Definition und Funktionsweise 98 ff.
– Manipulationen bei.. 137 ff.
EEPROM 99
Eichordnung 184
Eigenbeleg/e 40, 78, 194
– Entnahme und Einlage 28, 30, 82, 86 ff.
Einnahmenaufzeichnungen 43

Einnahmenüberschussrechnung   4, 9, 15, 46
Einzelaufzeichnungen   48 ff., 65, 96, 111, 127
– Grundsatz der   20 ff.
– im digitalen Zeitalter   25 ff.
– im Taxigewerbe   23 ff.
– im Zusammenhang mit den GoBD   71 ff.
Einzelstornobeleg   49
Elektronische Meldungen   196
Elektronisches Journal   55, 77, 101 ff.
E-Journal   117
E-Mail   204 ff.
Entnahmen   14, 30, 36, 82, 86 ff., 96, 111, 113, 120, 175, 181, 220, 223
EPROM   100
Erfassungskontrollen   35, 190, 201
Erfassungsprotokolle (s. Datenerfassungsprotokoll/e)
Erfolgskonten   28
Erlösjournale   175
Eröffnungsbilanz   53, 55, 129
Erstqualifikationsrecht   212
Excel (-Kassenbericht, Kassenbuch)   91

F

Falschbuchung/en   112
Familienfeiern   23
Festschreibung   37, 41 f., 77, 82, 91, 198, 203
– Erkennbarkeit der Festschreibung bei Datenträgerüberlassung   38
Finanzbericht (= Z-Bon)   102, 120, 124, 140
– Muster   106, 119, 142
Fiskalspeicher   156
Flash-Speicher   99, 101, 111
Fortlaufende
– Nummer   101
– Nummerierung   63, 104
– Z-Nummer   63, 103, 113, 119 f.
Fotokopien   55
Freiwillige Aufzeichnungen   224
Fremdbeleg   194, 196

G

GDPdU   6, 9, 43, 47, 54 f., 64 ff., 71 ff., 77, 100, 113, 129, 137, 182
Geldverkehrsrechnung   80 f., 162, 224

Geldverschiebungen   43, 47, 91
Geschäftsfreundebuch   28
Gewinnermittlung nach § 4 Abs. 3 EStG   15, 75 ff., 162, 221, 223 ff.
GoB   184 ff.
GoBD   6, 9, 11, 34, 37, 41 ff., 47, 54, 55, 65, 77, 90, 93, 99, 100 ff., 113, 115, 125, 127, 129 ff., 137, 146
– Auswirkungen auf die Kassenführung   71 ff.
– BMF-Schreiben vom 14. 11. 2014   184 ff.
– Grundsätze   182 ff.
– im Zusammenhang mit dem Datenzugriff   125 ff.
GoBS   9, 11, 41, 47, 54 f., 93, 100, 125, 129, 137, 182 ff.
– im Zusammenhang mit den GoBD   71 ff.
– im Zusammenhang mit der 2. Kassenrichtlinie   64 ff.
Goldschmiede   23
Grand Total   57, 58, 62, 63, 103, 105, 119
Grundaufzeichnungen   18, 35 ff., 55, 57, 65, 112, 127, 144, 153, 191, 199, 200
– Definition   67
Grundbuch   18, 28, 29, 36, 191, 199
Grundbuchaufzeichnungen   22, 36
Grundsätze ordnungsgemäßer Buchführung   6
– im Zusammenhang mit Kassenaufzeichnungen   17 ff.
GT-Speicher (s. auch Grand Total)   62 ff., 103, 119, 170
Gutschein   107
– Behandlung von Gutscheinen in der Kasse   45 ff.
Gutschrift/en   194

H

Haftungsschuldner   2
Handelsbrief/e   53, 54, 175
Handschriftliche/s
– Handelsbücher   186
– Kassenbuch   91
– Listen   76
– Notiz   150
Hauptbuch   28, 29, 191, 193, 198, 201
Hauptsystem   187, 198 f., 201
Historie (Änderungshistorie)   203, 211

I

Index 194 ff., 205, 208
Indexierung 205
Indexwerte 133, 214
INSIKA-Verfahren 138 ff., 144, 155 ff.
– Internetseite INSIKA 157
Internes Kontrollsystem (IKS) 71, 173,
– im Zusammenhang mit den GoBD 201 ff.
Internet 156, 168, 215
Internetlink 153
Internetseiten Kassenhersteller 168
Inventuraufzeichnungen 53

J

Journal/e 18, 28, 29, 31, 35 f., 41, 49, 68, 107, 172, 173, 176, 191, 197, 198 ff.
– -daten 66, 206
– -druckwerk 100
– -funktion (GoBD) 71, 199 ff.
– -rolle (Papier) 55, 56, 77, 93, 99, 101, 108, 169, 176, 182, 189
– Elektronisches 67, 77, 101 ff., 142, 167
– Papierjournal 149, 169, 176
– Rotierendes Journal 142
Journaldruck 167
Journaleinträge 146
Journallücken 154
Journalnummer/n 35, 49
Juwelier 23

K

Kalkulation 80, 122, 123, 160, 219
Kalkulationsdifferenzen 80
Kalkulationsmethoden 2
Kassenaufsteller 1, 3, 20, 58, 63, 70, 101, 103 f., 109, 112, 124, 126, 131 ff., 139, 153, 166 ff.
Kassenauftragszeilen 198
Kassenaufzeichnungen 17 ff., 44 ff., 98, 161 ff.
Kassenauslesungen 131, 140, 147, 223
Kassenbeleg/e 39, 40, 85
Kassenbelegführung 161
Kassenbericht/e 20, 22, 25, 28, 30, 32, 34, 37, 39, 40, 43 ff., 51, 53, 56, 63, 77, 82, 85 ff., 96, 98, 108, 111, 113, 120, 141, 160, 162 f., 165 ff., 176, 181, 220, 222, 224 f.
– auf Basis eines Tabellenkalkulationsprogramms 90 ff.
– Muster progressiv aufgebauter Kassenbericht 89
– Muster retrograd aufgebauter Kassenbericht 87
– Progressiv aufgebaute Kassenberichte 89 ff.
– Retrograd aufgebaute Kassenberichte 86 ff.
Kassenbestand 39, 43 ff., 77, 86 ff., 161, 166
– im Zusammenhang mit offener Ladenkasse 96 ff.
Kassenbuch 20, 22, 25, 27 f., 32, 34, 43 ff., 50, 96, 108, 111, 113, 160, 163, 219, 222 ff.
– Aufbewahrungspflicht 53
– bei Gewinnermittlung nach § 4 Abs. 3 EStG 75 ff.
– Definition und Muster 91 ff.
– Führung eines Kassenbuchs 219
– Kassenbuchführung 37 ff., 40, 98, 133, 160
Kassenbuchungen 98
Kassenfehlbetrag 44, 161, 223
Kassenführung 2, 8
Kassenhersteller 1, 3, 20, 63, 65, 70, 99 ff., 105, 109, 132, 167 ff.
Kassenjournale 113
Kassenjournalstreifen 111
Kassenkonto 93, 163, 225
– bei der Gewinnermittlung nach § 4 Abs. 3 EStG 75 ff.
Kassensturz 86, 89, 90, 98
Kassensturzfähigkeit 37 ff., 77, 85, 91, 96, 165, 219 ff.
– Grundsatz der Kassensturzfähigkeit 42 ff.
Kassenzettel 111
Kaufmann
– Definition (Ist-, Kann-, Formkaufmann) 12
– Prüfungsschema 13
Kellnerbericht/e (s. auch Bedienerbericht/e) 57, 58, 181
Kettenbericht/e 124 ff.
Kino 46
Kleinunternehmer 15
Kombibericht 169 ff.
Konfiguration 130
Kontenfunktion 71, 172, 193, 198 ff.
Kontierungsvermerk 194

Stichwort VERZEICHNIS

Kontoauszug   195
Kontoauszugsnummer   195
Kreditkarte   68, 69, 102, 107, 113, 119
Kreditkartenbelege   177
Kreditkartenlesegerät   68
Kundenanzahl (Anzahl der Kunden)   102, 110
Kundenkartei   96

L

Lieferscheine   177, 194 f.

M

Managerstorno   48, 50 f., 56, 103 f., 145, 147, 170, 173, 181
Manipulationsmöglichkeiten bei Kassen   151 ff.
Maschinelle Auswertbarkeit   205 ff.
Metadaten   199, 209
Mindestaufzeichnungspflichten   22, 34, 190, 196
Minusbestand   44
Mobile Kassen   47, 49, 64, 68, 107, 115, 137, 167
– Manipulation mit mobilen Geräten   151 f.
Monatsbericht/e   108, 117, 137

N

Nachbuchung   82
Nachkalkulation   46, 81, 160, 221
Nebenkasse   37
Nebenkassenbücher   47, 91
Nichtaufbewahrung   222
Nummerierung, fortlaufende   63, 104, 192, 195

O

Offene Ladenkassse   1, 22, 27, 43, 71, 77, 95 ff., 145, 155
Orderman   47, 48, 68, 107, 115, 137, 167
Ordnungssystem   104
Ordnungswidrigkeit   41, 159, 203
Organisationsunterlagen   53 ff., 66, 68, 109, 113, 168, 175, 177, 181 ff.

P

Paginiernummer   195
Papierbelege   6, 48, 49, 55
Papierjournal (s. Journal)

PC-(Kassen-)Systeme   3, 4, 5, 6, 11, 21, 23, 25, 26, 27, 29, 35, 37, 40, 41, 47, 48, 49, 50, 64, 65, 67, 71, 72, 82, 95, 111, 114 ff., 117, 118, 125, 127, 133, 137, 138, 146, 147, 153, 154, 155, 157
Phantomware   203, 154 ff.
Physikalisch-Technische Bundesanstalt (PTB)   138, 156
PLU (Price Look Up) (s. Artikelbericht)
Point-of-Sale (POS)   138, 167
Preislisten   177, 223
Primanota   28
Privateinlagen   40
– Ausweis im Kassenbericht   87, 89
Privatentnahmen   40, 82
– Ausweis im Kassenbericht   87, 89
Produktivsystem   204
Proforma-Rechnungen   144, 150
Programmabrufe   56, 109, 113, 181
Programmieranleitung   27, 29, 56, 58, 66, 109, 113, 126, 140, 168, 181
Programmierdaten   65
Programmierprotokoll   140
Progressiv aufgebaute Kassenberichte (mit Muster)   89 ff.
Progressive Prüfbarkeit   29
Proprietäre Kassen   22, 72, 73

Q

Quittung/en   40, 81, 96, 138, 177

R

Rabatt/e   197
Radierungen   40, 93, 220
Rasuren   40, 81
Rechenfehler   82
Rechnung/en   6, 15, 21, 23, 28, 48, 56, 64, 68, 113, 116, 137
– Muster (Bewirtungsbeleg aus der Kasse)   31
– über Bewirtungskosten   23
– von der Erfassung bis zur Rechnung   106 ff.
– Zwischenrechnung   69
Rechnungseingangsprüfung   53
Registrierkasse (s. EDV-Registrierkasse)
Registrierkassenbelege   225
Retouren   48, 56, 113, 145 f., 181

Retourenbeleg/e 48
Retrograd aufgebaute Kassenberichte (mit Muster) 86 ff.
Retrograde Prüfbarkeit 29

S

Sachverständiger Dritter 10, 48, 68, 125, 131, 204
Schätzungsbefugnis 2, 159 ff.
Schankanlage 5
Schecks 81, 102
Schichtzettel 23, 54, 178, 222 ff.
– Mindestaufzeichnungen 24, 69, 183
Schnittstellen 156, 187
Schriftbild 45, 166
Schuhkarton 85
Schutzmaßnahmen 201
Schwarzeinkauf 80, 162, 223 f.
Schwarzgeschäfte 222
Schwarzlöhne 138
Schwarzverkauf 162
SD-Karte 38, 58, 101, 111, 137, 139
Selbstanzeige 1
Sequenznummer 116, 173
Silberschmiede 23
Skonto/Skonti 197
Smartcard 139, 156
Softwareanpassung 70, 118, 183
Sollkassenbestand 39
Sonderkassen 47, 91
Spartenberichte 57, 181
Speichererweiterung 70, 112, 118, 168, 183
Stammdaten 8, 55, 65, 66, 101 ff., 113, 193 ff.
Stammdatenverzeichnis 126
Steuerfahndung 2, 7, 137, 153, 154, 157
Steuerlich relevante Daten 64 ff., 113
Storno 35
– Unterdrückung 145 f.
Stornobeleg/e 46, 124, 146 f.
Stornobuchungen (Sofort-, Manager-, Nachstorno) 48 ff., 56, 62, 103, 113, 120, 131, 142
Strafrechtlicher Aspekt 157
Stundenbericht 124
– Muster 123
Systemdokumentation 126, 210

Systeme
– vorgelagerte 6, 28, 57, 125, 133
Systemwechsel 202, 209

T

Tabellenkalkulationen 206
Tabellenkalkulationsprogramm 88, 90 ff.
Tagesendsummenbon 4, 6, 23, 31, 39, 43, 47 ff., 77, 81 ff., 90, 93, 100 ff., 106, 109 ff., 117 ff., 145, 148, 151, 161
– Informationen zu einzelnen Bestandteilen 60 ff.
– Mindestbestandteile nach der 1. Kassenrichtlinie 56 ff.
– Muster 32
Tageskassenberichte 93, 219, 223
Taxameter 23, 24, 34, 41, 64, 66, 69, 154
Taxiunternehmen 5, 54
Testeingaben 28
Thermopapier 40, 169
Tischbericht 124
Trainings..
– bediener 63, 100, 102
– speicher 63
– Manipulationen mit Trainingsbedienern 148 ff.
Transaktionsbericht (s. auch Tagesendsummenbon) 101, 109, 117
Trinkgelder 47 f.

U

Uhrzeit 101, 110, 113, 119
Umsatzsteuernachschau 140, 147, 152
Umsatzsteuersonderprüfung 127
(Un-)Sicherheitszuschlag 161, 220, 223 ff.
Unterschlagung/Diebstahl 47
Unveränderbarkeit
– Grundsatz 42 ff.
Unverlierbarkeit des Geschäftsvorfalls 18, 36, 198
Update 67, 209
– Software 27, 66, 112
– System 125
Ursprungsaufzeichnungen 39, 43, 47, 90, 93
Ursprungsbelege 90

V

Verantwortlichkeit 19 f., 71, 187 f.
Verfahrensdokumentation 27 ff., 67, 125, 210 f.
Vermutung der sachlichen Richtigkeit (§ 158 AO) 79 ff.
Vernichtung 111, 202
Verrechnungsfahrten 24
Verzicht auf die Aufbewahrung von Kassenstreifen 55 ff.
Vorsysteme 7

W

Waagen mit Kassenfunktion 37, 41, 64 ff., 98, 125, 154
Warengruppenbericht 121 ff.
Warenwirtschaftssystem (WWS) 5
Wechselgeld/-bestand 98

X

X-Berichte 104, 141
– Finanzbericht als X-Bericht 142
– Muster 105

Z

Zählprotokoll
– Muster 97
Zahlungswege 102, 107, 113, 120, 181
Zapper 153 f.
Z-Bon (s. auch Tagesendsummenbon) 25, 81, 102, 104, 162
– Muster 106
Zeitgerechte Verbuchung 36 f.
Zeitreihenvergleich 81
Zeitzonenbericht (s. Stundenumsatzbericht) 123 f.
Zertifizierung 215
Zugriffsmöglichkeiten (= Datenzugriff) 130 ff.
Zumutbarkeit (s. Grundsatz der Einzelaufzeichnung) 20 ff.
Zwischenaufzeichnungen 39, 98

Richtig handeln. Jeden Tag.

Egal, ob Sie in einer Steuerkanzlei, im Buchführungsbüro oder in der Fachabteilung eines Unternehmens arbeiten: **NWB Rechnungswesen – BBK** entlastet Sie im Tagesgeschäft mit aktuellstem Anwenderwissen und vielen wertvollen Arbeitshilfen. Damit geht Ihre Rechnung auf! Vom einzelnen Buchungssatz bis zum kompletten Jahresabschluss!

Jetzt vier Wochen kostenlos testen!

Die perfekte Einheit: Zeitschrift inklusive Digital-Paket mit Lizenz für 5 Nutzer!

Hier anfordern: **www.nwb.de/go/bbk** ▶ **nwb** GUTE ANTWORT

NWB Kommentar

Topaktuelle Neuauflage

Sicher entscheiden – richtig bilanzieren!
Die topaktuelle Auflage des bewährten Klassikers ist da!

Der NWB Kommentar Bilanzierung nach Handels- und Steuerrecht ist eine zuverlässige Informationsquelle, um fundiert zu entscheiden, richtig zu bilanzieren und sicher zu prüfen. Topaktuell und umfassend bietet Ihnen der Kommentar auf über 2.500 Seiten Praxiskommentierungen der HGB-Paragraphen (§§ 238-342e HGB) unter ausführlicher Berücksichtigung der Steuerbilanz.

Das begeistert die Fachwelt:

„Eine Fundgrube für den Praktiker"
Prof. Dr. Peter Oser, Ernst & Young GmbH

„Ein neuer Fixstern am Fachbuchhimmel"
Michael Wendt, Vorsitzender Richter am BFH

„Ein unverzichtbarer Kommentar – immer griffbereit auf dem Schreibtisch"
Dr. Egmont Kulosa, Richter am BFH

Rechtsstand der Online-Version 1.4.2015

Mit dem Buch haben Sie Zugriff auf die digitale Ausgabe des NWB Kommentar Bilanzierung in der NWB Datenbank. Dort erfolgt eine quartalsweise Aktualisierung. Im April 2015 sind u.a. der Regierungsentwurf zum BiLRUG sowie Bilanzierungsfragen bei Anwachsung und Gesellschaftsdarlehen nach § 3c Abs. 2 EstG mit Blick auf die Praxis kommentiert worden – so sind Sie immer topaktuell informiert.

NWB Kommentar Bilanzierung
Hoffmann · Lüdenbach
6. Auflage. 2015. Gebunden. XXVIII, 2.653 Seiten. € 199,-
ISBN 978-3-482-**59376**-5
○ Aktualisierung im Internet inklusive

Online-Version inklusive
Im Buch: Freischaltcode für die digitale Ausgabe in der NWB Datenbank.

Bestellen Sie jetzt unter **www.nwb.de/go/shop**

Bestellungen über unseren Online-Shop:
Lieferung auf Rechnung, Bücher versandkostenfrei.

NWB versendet Bücher, Zeitschriften und Briefe CO$_2$-neutral. Mehr über unseren
Beitrag zum Umweltschutz unter www.nwb.de/go/nachhaltigkeit

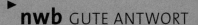